Michael Dickreiter:
Musikinstrumente
Moderne Instrumente, historische Instrumente,
Klangakustik

Deutscher
Taschenbuch
Verlag

Bärenreiter
Verlag

1. Auflage September 1987
2. Auflage Januar 1990: 9. bis 11. Tausend
Gemeinschaftliche Originalausgabe:
Deutscher Taschenbuch Verlag GmbH & Co. KG,
München, und
Bärenreiter-Verlag Karl Vötterle GmbH & Co. KG,
Kassel · Basel · London · New York
© 1987 Bärenreiter-Verlag, Kassel
Umschlaggestaltung: Celestino Piatti
Satz, Druck und Bindung: C. H. Beck'sche Buchdruckerei,
Nördlingen
Printed in Germany · ISBN 3-423-03287-1 (dtv)
      ISBN 3-7618-3287-7 (Bärenreiter)

Das Buch

Dieses praktische Handbuch der Instrumentenkunde gibt neue Auskunft über die Grundlagen, den Bau und die Klangakustik der wichtigen modernen Musikinstrumente und ihrer historischen Vorläufer. Die Einführung in die Klangakustik klärt Grundbegriffe und weist die akustischen Zusammenhänge nach. Bei der Behandlung der Instrumente werden zunächst die Gemeinsamkeiten der Familien einschließlich ihrer Akustik dargestellt, sodann wird das Spezifische einzelner Instrumente herausgearbeitet. Der Rückblick auf die Geschichte der Instrumente ist jedoch nicht antiquarisches Aufstöbern, er erschließt vielmehr eine Vielfalt von Typen und Erscheinungsformen, die in den heutigen Aufführungen alter Musik zunehmend wieder zum Leben erweckt werden. Das reichhaltige Material ist systematisch geordnet, die Darstellung übersichtlich gegliedert. Das lebendig geschriebene Werk ist aber nicht nur zum Nachschlagen da, es vermittelt auch Verständnis für das Wesen der Musikinstrumente, ihre Spieltechnik und ihren Klang.

Der Autor

Michael Dickreiter, 1942 in Konstanz geboren, absolvierte die Diplom-Tonmeister-Ausbildung an der Musikhochschule in Detmold und studierte Musikwissenschaft, Physik und Psychologie an der Universität Heidelberg. Dort promovierte er 1971 mit der Dissertation ›Der Musikbegriff bei Johannes Kepler‹. 1968–1970 lehrte er als Professor an der Universität von Valdivia/Chile. Seit 1972 ist er Mitarbeiter der Schule für Rundfunktechnik für Aus- und Fortbildung von Rundfunk- und Fernsehmitarbeitern in Nürnberg. 1976–1980 nahm er einen Lehrauftrag für Musikinstrumente, musikalische Akustik und Medienästhetik an der Universität Heidelberg wahr.
Veröffentlichungen u. a.: ›Musikinstrumente‹ (3. Auflage 1982), ›Der Klang der Musikinstrumente‹ (1977), ›Historische Musikinstrumente‹ (1980), ›Partiturlesen‹ (2. Auflage 1984), ›Handbuch der Tonstudiotechnik‹ (5. Auflage 1986), ›Mikrofon-Aufnahmetechnik‹ (1984).

INHALT

VORWORT

Die Idee zu diesem Buch war, Musikinstrumente nicht nur aus einem Blickwinkel zu betrachten, also nicht nur unsere modernen Instrumente darzustellen, nur eine Geschichte der Instrumente zu schreiben oder nur die Klangakustik zu behandeln, sondern aufeinander abgestimmt alle drei Aspekte der Musikinstrumente zusammenzufassen. So folgt der Darstellung der modernen Instrumente jeweils ein Kapitel über historische Instrumente. Die historischen Instrumente sind nicht als Vorläufer oder Urahnen der modernen Instrumente beschrieben, sondern als eine Gruppe von Instrumenten, die zunehmend für die Aufführung älterer Musik benutzt werden; in der Musizierpraxis sind diese »alten« Instrumente »neue« Instrumente. Daß den historischen Instrumenten zum Teil mehr Platz zur Darstellung gegeben wird, liegt einfach daran, daß die Vielfalt der Instrumente größer war und der gesamte Zeitraum von etwa 1600 bis ins 19. Jahrhundert erfaßt wird. Es schließt sich jeweils ein Abschnitt über die Klangakustik der Instrumente an.

Vorangestellt ist eine Einführung, in der die Klangakustik einen breiteren Raum einnimmt. Hier sind vorab Begriffe zu klären und Zusammenhänge zu erläutern, die zum Verständnis der Abschnitte über die Klangakustik notwendig sind.

Innerhalb der einzelnen Abschnitte wird nicht eine lexikonhafte Aneinanderreihung der einzelnen Instrumente geboten; vielmehr geht die Darstellung vom Gemeinsamen einer Instrumentenfamilie aus und schließt daran das Spezifische einzelner Instrumente an. Zur Akustik bietet das einleitende Kapitel zunächst das Allgemeine, während in den jeweiligen Akustikkapiteln das Besondere besprochen wird. Diese Art der Darstellung mag das Buch als reines Nachschlagewerk weniger geeignet erscheinen lassen, aber das Verständnis für das Wesen der Instrumente, für ihre Spieltechnik und ihren Klang, aber auch ihre Unterschiede können so besser herausgearbeitet werden.

1. EINLEITUNG

Die Beschäftigung mit Musikinstrumenten hat etwas Faszinierendes, weil Musikinstrumente eine Fülle interessanter Fragen aufwerfen. Fragen beispielsweise nach der Handhabung: wie schwer ist es, ein bestimmtes Instrument zu spielen, oder Fragen nach der Konstruktion und dem Material, was etwa hat es mit dem Lack alter Geigen auf sich, aber auch Fragen nach dem Klang historischer Instrumente, die in jüngster Zeit zunehmend gespielt werden; schließlich hat die Klangakustik der Instrumente einerseits durch den Übergang von der handwerklichen zur industriellen Fertigung, andererseits durch die Zuwendung der digitalen Musikproduktion zu realen Klängen neben der synthetischen Klangerzeugung erhebliche Aktualität erlangt. Das Ineinandergreifen von technischen, historischen und künstlerischen Aspekten gibt dem Thema Musikinstrumente seinen besonderen Reiz.

1.1 Was ist ein Musikinstrument?

In Atlantic City/USA steht die größte Konzertorgel der Welt; mit ihren 935 Registern, 7 Manualen und über 50 000 Pfeifen ist sie wohl das größte Musikinstrument der Welt; die Orgel im Passauer Dom, immerhin die größte Kirchenorgel, nimmt sich mit 215 Registern, 5 Manualen und etwa 16 500 Pfeifen dagegen bescheiden aus. Die Anzahl der Klangfarben, die mit solchen Instrumenten zur Verfügung steht, ist astronomisch. Zu den kleinsten und einfachsten Musikinstrumenten gehört sicher die Maultrommel, eine kleine federnde Stahlzunge in einem Haltebügel. Was haben diese beiden Musikinstrumente gemeinsam? Es sind nicht Merkmale ihres Aussehens, es ist ihre Funktion, ihr Zweck: Ein *Musikinstrument* ist ein Gerät, mit dem man Schall erzeugen kann, den wir als Musik bezeichnen.

Auch Händeklatschen kann musikalisch verwendet werden, z.B. zur Erzeugung und Verdeutlichung von Rhythmus. So können auch die Hände Musikinstrumente sein. Ob ein Gerät ein Musikinstrument ist, hängt davon ab, ob man seinen Schall als Musik bezeichnen will oder nicht. Bei den meisten Instrumenten wird man sich allerdings einig sein, daß sie reine Musikinstrumente sind, etwa bei der Geige oder bei der Orgel. Sie wurden speziell für die Aufführung von Musik erfunden. Hier soll nur von diesen Musikinstrumenten die Rede sein, nicht aber von den Geräten, mit denen man neben anderem auch noch Musik machen kann.

Tausende verschiedener Musikinstrumente sind erfunden worden, davon die wenigsten in Europa. Einige Instrumente sind hier jedoch zu hoher Vollkommenheit ihrer klanglichen Eigenschaften und ihrer

Spielbarkeit entwickelt worden. Die Zahl dieser Instrumente ist immer noch sehr groß. Deshalb wurden die Instrumente in Gruppen oder Familien mit gemeinsamen Merkmalen eingeteilt. Man hat Begriffe gebildet wie »Blasinstrumente«, »Tasteninstrumente«, »Saiteninstrumente« oder »Rhythmusinstrumente«. Die Zuordnung der einzelnen Instrumente zu Gruppen – man bezeichnet dies auch als *Systematik der Musikinstrumente* – kann nach verschiedenen Prinzipien erfolgen:

Physikalisch betrachtet besteht ein Musikinstrument aus zwei Funktionseinheiten: dem Generator und dem Resonator. Der Generator ist der Teil des Instruments, der zu Schwingungen angeregt wird, der Resonator gestaltet und verstärkt diese Schwingungen und strahlt sie schließlich in den Raum ab. Bei der Violine z. B. stellen die Saiten den Generator dar, der hölzerne Corpus den Resonator.

Wissenschaftliche Einteilungen der Musikinstrumente treffen ihre Unterscheidungen nach den Merkmalen des Generators: nach seinem Material, nach den Eigenschaften dieses Materials, nach seiner Form und Montage. Auch die Art der Schwingungserzeugung kann eine Ordnung in die Vielfalt der Instrumente bringen: hier wird das Klavier z. B. zum Schlaginstrument, die Orgel zum Blasinstrument. Nach rein musikalischen Gesichtspunkten könnte man folgende Gruppen bilden: Melodieinstrumente, akkordfähige Instrumente, Rhythmusinstrumente. In diesem Buch sind die Instrumente nach Gesichtspunkten geordnet, die sich an der Tätigkeit des Musikers orientieren, also an Gesichtspunkten, die für die Musizierpraxis von Bedeutung sind; das führt dazu, daß auch nach Bauart und Klangphysik so unterschiedliche Instrumente wie Klavier und Orgel zu derselben Gruppe gehören, aber für die Praxis ist es ganz wichtig, daß sich ein Pianist auch einmal an eine Orgel oder an ein E-Piano setzen kann. Diese an der Musizierpraxis orientierte Systematik stimmt im übrigen größtenteils mit der gängigen wissenschaftlichen Systematik überein, die von dem belgischen Musikologen Victor-Charles Mahillon erarbeitet wurde.

1.2 Historische Instrumente

Es ist noch nicht lange her, da begann ein kleines Instrument viele Musikfreunde zu faszinieren: die Bach-Trompete. Genauer muß es heißen, die sogenannte »Bach-Trompete«, denn mit Bach hat das Instrument gar nichts zu tun. Die Bach-Trompete ist eine moderne Trompete halber Größe. Sie wurde konstruiert mit dem Ziel, ein Instrument für die Trompetenstimmen der Musik Bachs und anderer Komponisten des Barock zur Verfügung zu haben. Es ist aber ein ganz neues Instrument entstanden, das manchem Musikfreund schon die Freude an Bachscher Musik genommen hat, zu oft haben Bach-

Trompeten die anderen Mitspieler völlig übertönt; manches Stück geriet so gegen den Geist der Musik zum Trompeten-Konzert. Gerade dies geschah aber nicht mehr, als man vor etwa zwanzig Jahren begann, wieder an originalen oder sorgfältig nachgebauten Trompeten aus der Bachzeit zu spielen. Nun wurde es auch verständlich, daß Bach in einem seiner Brandenburgischen Konzerte eine Blockflöte klanglich gleichgewichtig neben eine Trompete stellen konnte. Diese »echte« Bach-Trompete, nennen wir sie lieber Barocktrompete, ist für uns ein ebenso neues Instrument wie die »falsche« Bach-Trompete. Die »echte« Bach-Trompete sieht aber völlig anders aus, sie ist viermal länger, wenn sie ausgestreckt wird, als die sogenannte Bach-Trompete und immer noch doppelt so lang wie eine moderne Trompete. Für unser Klangerleben ist die historische Barocktrompete ein neues Instrument, denn neu heißt zunächst einmal anders, ungewohnt. Und darum können alte Instrumente neue Instrumente sein, neu für uns.

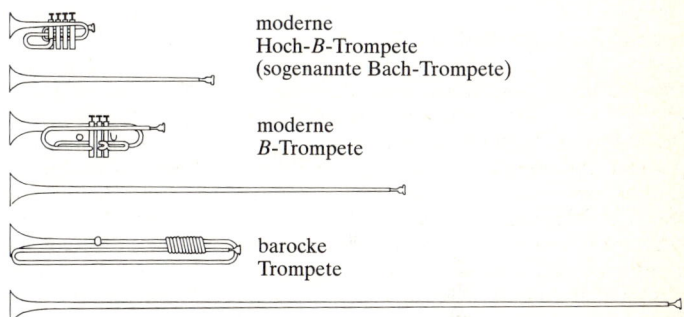

moderne
Hoch-*B*-Trompete
(sogenannte Bach-Trompete)

moderne
B-Trompete

barocke
Trompete

Kann ein Flügel aus Mozarts Zeit einfach als Produkt eines frühen, unvollkommenen Entwicklungsstadiums unseres modernen Flügels abgetan werden? Wäre das so, dann könnte der Mozart-Flügel in den Magazinen der Museen bleiben. Mozarts Flügel hatte aber nur ein Viertel oder Drittel des Gewichts eines gleich großen modernen Instruments. Hier kann es nicht nur um technische Details gehen, hier müssen – im wahrsten Sinne des Wortes – schwerwiegende Unterschiede sein. Auch Mozarts Flügel – man nennt solche historischen Flügel Hammerflügel – ist für unsere Ohren ein neues, ein anderes Instrument. Daß ein Flügel aus dieser Zeit nicht nur für uns, sondern auch für Mozart selbst gewisse klangliche Unvollkommenheiten hatte, ist unbestreitbar. Dennoch müssen wir es als vollwertiges Instrument für die Musik seiner Zeit anerkennen, für das gerade Mozart so viele Werke geschrieben hatte.

Und noch ein Beispiel: Seit Beginn unseres Jahrhunderts werden wieder Cembali gebaut, nachdem sie hundert Jahre lang in völlige Vergessenheit geraten waren. Absicht der Wiederbelebung des Cembalobaus war die historisch richtige Aufführung der Barockmusik. Welcher Unterschied zwischen diesen Cembali und den erst seit kurzem wieder gespielten, wirklich originalen Instrumenten oder guten Nachbauten tatsächlich besteht, muß vor allem ein Hörvergleich zeigen. Wie beim Flügel sind, abgesehen von allen anderen Unterschieden, die Gewichtsverhältnisse schon aufschlußreich: Historische Instrumente haben nur ein Viertel bis die Hälfte des Gewichts der modernen Cembali. Diese Beobachtung läßt sich verallgemeinern: Fast alle historischen Instrumente sind erheblich leichter als ihre modernen Verwandten.

Leichte Instrumente können aber in all ihren Teilen leichter schwingen, der Klang ist heller, durchsichtiger, feiner, silbriger. Moderne Instrumente bieten demgegenüber mehr Klangvolumen und Dynamik.

Wird heute Musik z. B. aus dem 17. Jahrhundert aufgeführt, so muß zunächst entschieden werden, ob die Werke mit historischen oder modernen Instrumenten gespielt werden sollen, eine Entscheidung, die derzeit bis zu den Werken Johann Sebastian Bachs zu treffen ist. Aber schon werden auch Kompositionen aus dem 19. Jahrhundert auf historischen Instrumenten interpretiert. Jede Interpretation – historisch oder nicht – hat ihre Berechtigung und ihre Vorzüge. Moderne Instrumente sprechen eine für unsere Ohren bekanntere Klangsprache; für uns ist sie deshalb vielleicht auch oft verständlicher. Historische Instrumente bewahren oft besser das Gleichgewicht der Stimmen und überraschen durch besondere klangliche Durchsichtigkeit. Sie vermitteln ein für uns neues Klangbild. Natürlich ist es ein Irrtum zu glauben, allein mit historischen Instrumenten und stilgerechten Interpretationen kämen Aufführungen zustande wie damals, als die Musik zum ersten Mal erklang. Auch wenn die klangliche Gestaltung ganz der jener Zeit entspricht, auch wenn Kerzen brennen, Perücken getragen werden, niemals können alle Bedingungen wiederhergestellt werden, die Zeit kann man nicht zurückdrehen. Der Reiz des Neuen, des Andersseins, wird uns an einer solchen historischen Aufführung immer zuerst faszinieren, und schon das ist sozusagen unhistorisch; denn das Normale von damals wird zum Besonderen von heute.

Diese Darstellung betrachtet die historischen Instrumente als Erweiterung des modernen Instrumentariums, als Erweiterung des musikalischen und klanglichen Ausdruckrepertoirs unserer Zeit. Die historischen Instrumente stehen nicht als musikalische Urahnen irgendwo im Hintergrund, sie stehen gleichberechtigt neben den modernen Instrumenten. Klangästhetische Werturteile sind hier nicht nützlich, die Vielfalt der Klangsprache ist wichtiger. Aus den teils kontinuierlichen, teils in Schüben verlaufenden Entwicklungen der Instrumente werden wichtige Stationen festgehalten und beschrieben. Dabei wird durchaus berücksichtigt, welche historischen Instrumente heute tatsächlich wieder gespielt werden, sei es als Originalinstrumente oder als Kopien. Gewisse Ungerechtigkeiten gegenüber der Geschichte sind dabei nicht auszuschließen; so werden historische Klarinetten heute kaum gespielt, sie sollen auch hier nur kurz behandelt werden; historische Cembali sind aber heute praktisch zur Norm geworden, ihnen wird deshalb mehr Raum gegeben.

1.2.1 Original und Kopie, Rekonstruktion und Neukonstruktion

Allen »historischen Instrumenten« gemeinsam ist ihr Klang, er kommt dem Klang der Instrumente früherer Epochen wenigstens nahe. Solche historischen Instrumente können also sein:

Originale, ganz erhalten oder restauriert,
Kopien (Nachbauten),
Rekonstruktionen,
Neukonstruktionen.

Der Begriff *Original* ist bei Musikinstrumenten ebenso schwer zu fassen wie z.B. bei alten Möbeln. Während sich bei einem französischen Möbel aus einer Meisterwerkstatt des 18. Jahrhunderts schon das Fehlen eines Originalbeschlags katastrophal auf den Wert auswirkt, duldet man bei einer Geige aus dieser Zeit beträchtliche Eingriffe. Man muß sie dulden, weil fast alle alten Meisterinstrumente

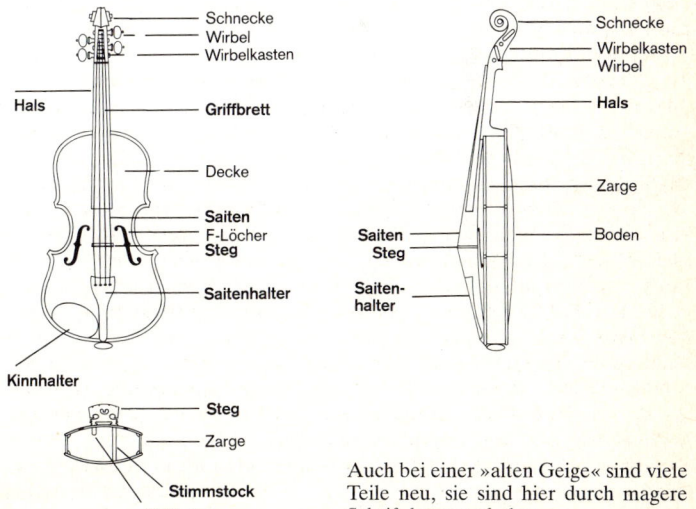

Auch bei einer »alten Geige« sind viele Teile neu, sie sind hier durch magere Schrift hervorgehoben.

15

teils bereits vor 1800, besonders aber im 19. Jahrhundert, für ein neues Klangideal umgebaut wurden. Jede Zeit hat ihr eigenes Klangideal, darum schafft sie sich ihre eigenen Instrumente oder verändert die vorhandenen. Auch ausgesprochene Verschleißteile können nicht original sein. Das Bild zeigt, welche Teile üblicherweise an einer Geige von Antonio Stradivari nicht von diesem legendären Geigenbauer sind. Die gekennzeichneten neuen Teile bestimmen aber den Klang ganz wesentlich mit. Dennoch bezeichnet man ein so verändertes Instrument als Original. Wenn alle anderen Teile noch original sind, so ist das bereits ein Glücksfall.

Restaurierungen beschädigter Instrumente sind nicht immer möglich. Die Decke einer alten Violine, also ein wesentlicher Teil des Resonanzkörpers, läßt sich z. B. unmöglich ersetzen, ohne daß sich der Klang des Instruments ändert; andererseits kann man ohne weiteres ganze Orgelregister erneuern. Orgelpfeifen können nach Material und Form exakt nachgebaut werden, eine Geigendecke aber nicht.

Original erhalten sind insbesondere wertvolle Instrumente. Wertvoll sind Instrumente, wenn sie kunsthandwerklich ausgestaltet sind, wenn sie aus besonderem Material bestehen, wenn sie als Kuriosität gelten oder wenn sie sozusagen neben ihrer Funktion als Musikinstrument Kunstwerke sind. Gerade viele der ersten Instrumentensammlungen, die wir in den sogenannten Musikkammern der Kunst- und Raritätenkammern der Renaissance-Fürsten finden, spiegeln eine Instrumentenauswahl nach diesen Gesichtspunkten wider. Instrumente, die einem starken Verschleiß ausgesetzt sind, haben die Zeiten naturgemäß schlechter überlebt, besonders wenn sie außerdem noch neu entwickelten Instrumenten weichen mußten; dieses Schicksal traf vor allem die Blasinstrumente.

Als Beispiel für kunsthandwerkliche Ausgestaltung eines Instruments zeigt das Bild ein Virginal, ein Instrument, das eine besondere Ausführung des Cembalos darstellt. Cembali und Clavichorde bieten auf der Innenseite ihres Deckels eine große ebene Fläche, die zum Bemalen geradezu herausfordert. So finden sich viele herrliche Gemälde auf diesen alten Instrumenten. Das Doppelvirginal von 1580 aus Antwerpen zeigt als Bemalung im Hauptteil einen Liebesgarten, datiert aus dem 17. Jahrhundert. Instrumentenbauer und Maler gehörten damals übrigens derselben Gilde an. Akustisch wichtige Teile erhalten im allgemeinen keine Verzierungen, die den Klang verändern würden; Resonanzböden bleiben frei von Schnitzereien und Einlegearbeiten. Es gibt aber auch Instrumente, bei denen der Charakter eines Kunstwerks die Funktion des Musikinstruments überwuchert: eine Violine aus Schildpatt, aus Delfter Fayence oder sogar aus Marmor ist nicht mehr zum Spielen gedacht.

Genaue *Kopien* alter Instrumente sind heute für die Musizierpraxis sehr wichtig geworden, da alte Instrumente wertvoll und selten sind und zunehmend in die Museen wandern, wo sie am besten erhalten

Doppelvirginal von Martinus van der Biest, Antwerpen 1580

werden können. So kann man heute gute Kopien von praktisch allen
historischen Tasteninstrumenten, Blas- und Schlaginstrumenten,
Zupfinstrumenten und Streichinstrumenten kaufen. Sie stehen den
Originalen dann klanglich kaum nach, wenn die akustisch wichtigen
Teile exakt ausgemessen werden können und wenn Materialeigen-
schaften eine geringere Rolle spielen. Das trifft nun insbesondere auf
alle Blasinstrumente einschließlich der Orgel zu, weiterhin auf die
besaiteten Tasteninstrumente Cembalo, Clavichord und das historische Klavier, weniger auf Streichinstrumente, instrumentenbaulich
wohl die subtilste Instrumentenfamilie.

Rekonstruktionen werden von denjenigen Instrumenten erstellt, die
als Originale nicht erhalten sind. Dazu gehören z.B. einige Oboeninstrumente der Renaissance, die uns nur durch Beschreibungen und
Abbildungen überliefert sind.

Schließlich gehören zu den historischen Instrumenten auch noch
Neukonstruktionen von solchen Instrumenten, deren Konstruktion im
einzelnen nicht bekannt ist oder die erst technisch verbessert unseren
Klanganssprüchen genügen. Beispiele hierfür sind die vielfachen Ver-
suche, ein Streichklavier zu konstruieren, also ein Tasteninstrument,
bei dem die Saiten wie bei einer Geige angestrichen werden.

1.2.2 Musikinstrumente in Museen
Nur original erhaltene Musikinstrumente werden in öffentlichen und
privaten Museen gesammelt. Meist ist nur ein Teil der Bestände aus-

gestellt, viele Instrumente werden in den Magazinen verwahrt. Die Instrumente sind nicht nur zu besichtigen, sie stehen für die wissenschaftliche Forschung, aber auch für Konzerte, Aufnahmen und als Vorbilder für Kopien und Restaurierungen zur Verfügung.

Die Karte verzeichnet die wichtigsten öffentlichen Instrumentensammlungen im deutschsprachigen Bereich. Darüber hinaus befinden sich hervorragende Sammlungen zumindest in allen Hauptstädten Europas. Die größten Bestände haben das Kunsthistorische Museum in Wien, das Museum des Musikkonservatoriums in Brüssel und das Metropolitan Museum in New York.

Bundesrepublik Deutschland
  Berlin: Musikinstrumentensammlung des Staatlichen Instituts für Musikforschung
  Bochum: Stadthistorische Sammlung
  Braunschweig: Städtisches Museum
  Darmstadt: Historisches Landesmuseum
  Frankfurt: Historisches Museum

Hamburg: Museum für Hamburgische Geschichte
Köln: Kölnisches Stadtmuseum
Lübeck: St.-Annen-Museum
Mittenwald: Geigenbau-Museum
München: Deutsches Museum, Städt. Musikinstrumentensamm-
lung
Nürnberg: Germanisches Nationalmuseum
Stuttgart: Württembergisches Landesmuseum

Schweiz
Basel: Historisches Museum
Bern: Bernisches Historisches Museum
Burgdorf bei Bern: Historisches Museum
Luzern: Richard-Wagner-Museum Tribschen

Deutsche Demokratische Republik
Eisenach: Bach-Haus
Freiberg (Sa): Stadt- und Bergbaumuseum
Gera: Museum für Kulturgeschichte
Gotha: Ekhof-Theater
Halle: Händel-Haus
Leipzig: Musikinstrumentenmuseum der Universität
Markneukirchen: Musikinstrumenten-Museum

Österreich
Bregenz: Vorarlberger Landesmuseum
Graz: Landesmuseum Joanneum
Innsbruck: Tiroler Landesmuseum Ferdinandeum
Salzburg: Museum Carolino-Augusteum, Mozart-Haus
Wien: Kunsthistorisches Museum

1.2.3 Bücher und Bilder

Originalinstrumente sind in nennenswerter Anzahl erst aus der Zeit nach 1500 erhalten. Für die Zeit davor sind wir auf bildliche Darstellungen und Beschreibungen angewiesen. Bis zur *Gotik* sind die Darstellungen der Buchmalerei wichtige Quellen, nach etwa 1200 kommen zunächst Steinskulpturen an Kirchen, später auch Holzskulpturen hinzu. Neben den bildlichen Quellen stehen verschiedene Schriftquellen, deren Informationswert aber hinter bildlichen Darstellungen zurückbleibt. Selbst eine einfache Zeichnung kann meist mehr aussagen als viele Worte.

Noch die Zeit um 1600 hat uns nicht ihr gesamtes Instrumentarium überliefert. Aber in der *Renaissance,* seit etwa 1500 also, werden Bücher über einzelne Instrumente oder das ganze Instrumentarium verfaßt, die, mit exakten Holzschnitten oder Kupferstichen ausgestattet, uns gut über die verwendeten Instrumente informieren. Zwei

wichtige Schriften gleich nach 1500 sind Sebastian Virdungs ›Musica getutscht und auszgezogen‹ und Martin Agricolas ›Musica instrumentalis deudsch‹. Beide Bücher sind schon deutsch geschrieben; Agricola, ein wahrer Fanatiker der deutschen Sprache, hat sein Büchlein in Knittelversen verfaßt. Bei weitem die wichtigste Schrift über das Instrumentarium der Renaissance und der frühen *Barockzeit* ist das ›Syntagma Musicum‹ Band II (1619), verfaßt von Michael Praetorius. Der Anhang des Buches zeigt alle damals hauptsächlich in Deutschland gebräuchlichen Instrumente mit Maßangaben. Das Titelbild dieses ›Theatrum Instrumentorum‹ von 1620 läßt den Betrachter erahnen, daß Musik und Musikinstrumente damals nicht nur Klangwerkzeuge waren, sondern noch eine symbolische Bedeutung hatten; der Chor der irdischen Instrumente – bei der Orgel und auf zwei Emporen musizierend – ist nur Abbild und Nachahmung des Chors der Engel, irdische Musik ist Nachahmung der himmlischen Musik.

Wenig später veröffentlicht der Mathematiker und Theologe Marin Mersenne eine ähnlich umfassende Instrumentenkunde. Ein drittes

Werk dieser Art aus dem *17. Jahrhundert* schrieb der Jesuit Athanasius Kircher.

Aus dem *18. Jahrhundert* sind uns eine größere Zahl von Büchern, auch über einzelne Instrumente überliefert. Autoren sind u. a. Johann Mattheson, Joseph Friedrich Majer, Johann Christoph Weigel. Die Druckwerke aus dieser Zeit informieren schon über Einzelheiten.

1.2.4 Die Geschichte der Musikinstrumente und ihres Klangstils

Man kann die Geschichte der Malerei zum einen als eine Geschichte der Bildinhalte und Bildmotive schreiben, zum anderen als eine Geschichte der malerischen Techniken, der Farbzusammensetzungen, des Farbauftrags, des Lichteinfalls, der Perspektive usw. Beide Betrachtungsweisen haben ihre Reize, eine wahre Geschichte der Malerei kann aber die inhaltliche Betrachtung nicht von der maltechnischen trennen. Ebenso kann man die Geschichte der Musik einmal ganz auf Aspekte konzentrieren, die von der jeweiligen klanglichen Realisierung unabhängig sind, also z. B. auf die musikalische Satzstruktur, auf die Form oder auf die programmatischen Inhalte; das ist bisher schon in mannigfaltiger Weise geschehen.

Man könnte aber auch eine Geschichte unter einem akustisch-musikalischen, also rein klanglichen Aspekt schreiben, hierfür gibt es bisher nur Ansätze. Aber erst die gemeinsame Betrachtung beider Aspekte kann die ganze Faszination abendländischer Musik einfangen. Instrumentenkunde hat sicher nichtklangliche Aspekte; ob aber die Frage nach der Symbolik der Instrumente oder nach ihrer sozialen Zugehörigkeit wirklich unabhängig vom Klang der Instrumente ist, muß doch grundsätzlich bezweifelt werden. Für den Hörer von heute jedenfalls bleibt nur das Klangerlebnis; Symbolik und soziale Einordnung der Musikinstrumente sind uns beim Hören kaum mehr bewußt.

Für eine Geschichte der Klangstile der Musikinstrumente werden hier einige Indizien zusammengetragen. Zunächst soll die historische Entwicklung der *Zusammensetzung des Instrumentariums* betrachtet werden: Nur ein kurzer Blick in das schon erwähnte Buch von Michael Praetorius zeigt, daß das Instrumentarium der *Renaissance* viel reicher und vielfältiger war als das unsere. Im 16. und frühen 17. Jahrhundert gab es nicht nur eine große Typenvielfalt, sondern in der Regel gleich von jedem Typ eine ganze Familie; das Instrument wurde für das Ensemblespiel in vier oder mehr, bei den Blockflöten z. B. sogar in acht Größen gebaut; eine solche Familie heißt Stimmwerk, Chor oder Akkord. Die größte Differenzierung des Instrumentariums zeigen die Blasinstrumente, in der Renaissance die wichtigste Instrumentengruppe. Während in der heutigen Musikpraxis gerade noch vier oder fünf verschiedene Doppelrohrblattinstrumente (Oboeninstrumente) gespielt werden, dürften es um 1600 noch vierzig bis fünfzig gewesen sein.

Nach 1600 beginnen die Streichinstrumente in den Vordergrund zu treten. Vor allem die Typenvielfalt der Blasinstrumente wird nun stark reduziert; aus jedem Stimmwerk bleibt das klanglich schönste und spieltechnisch entwicklungsfähigste Instrument übrig. Denn im Barock steht das solistische Musizieren im Vordergrund. Erst jetzt wird die Zeit reif für den Bau von Instrumenten, die durch ein Höchstmaß an klanglicher Schönheit und Ausgewogenheit sowie durch musikalische Ausdruckskraft und spieltechnische Möglichkeiten bis auf den heutigen Tag als Höhepunkte des Instrumentenbaus gelten. Die Rede ist hier insbesondere von Streichinstrumenten, vor allem von Geigen, von Cembali und Orgeln. Als neues Instrument kommt in dieser Zeit im wesentlichen nur das Hammerklavier hinzu.

Im *19. Jahrhundert* liegt der Schwerpunkt der instrumentenbaulichen Fortentwicklung wieder bei den Blasinstrumenten und beim Klavier. Die Holzblasinstrumente, von denen nur noch die bis heute in Gebrauch stehenden Instrumente übrig geblieben sind, erhalten einen komplizierten Klappenmechanismus und eine akustisch exaktere Bauweise. Die Blechblasinstrumente werden zu Beginn dieses Jahrhunderts allmählich mit Ventilen versehen, wodurch sie universell und gleichberechtigt im Orchester einsetzbar werden. Die Streichinstrumente werden im 19. Jahrhundert so umgebaut, daß sie den neuen Anforderungen gerecht werden; für die neuen großen Konzertsäle und für die Erweiterung der Dynamik werden Instrumente mit großer Klangentfaltung notwendig.

Das *20. Jahrhundert* schließlich übernimmt im wesentlichen das Instrumentarium des 19. Jahrhunderts. Neu hinzu kommen eine große Zahl an Schlaginstrumenten, die z. T. aus außereuropäischen Musikkulturen übernommen werden, und Elektronische Instrumente.

Schematisch ergibt sich also die folgende Entwicklung des Instrumentariums:

bis 1600	zwischen 1600 und 1800	nach 1800
Große Typenvielfalt	Einschränkung der Typenvielfalt	
Entwicklung von Instrumentenfamilien	Entwicklung von Soloinstrumenten	
Einzelinstrumente klanglich weniger differenzierbar	Einzelinstrumente klanglich differenzierbarer	
Schwerpunkt des Instrumentariums auf den Blasinstrumenten	Schwerpunkt des Instrumentariums auf den Saiteninstrumenten	Ausgleich zwischen Saiten- und Blasinstrumenten, nach 1900 Erweiterung des Schlaginstrumentariums

Die Entwicklung des Instrumentariums ist zugleich die Entwicklung eines Klangstils. Ein Blick auf die besaiteten Tasteninstrumente zeigt, daß ihr *Tonumfang* von 1500 bis heute stetig zunimmt. Ähnlich ist es bei den Blasinstrumenten. Der Tastenumfang, der für das Cembalo bis gegen 1800, dann für den Hammerflügel und schließlich für den modernen Flügel im Bild angegeben wird, steigert sich von drei Oktaven um 1500 auf mehr als sieben Oktaven in heutiger Zeit. Bei den Streich- und Blasinstrumenten hingegen liegt die Erweiterung des Spielraums weniger in instrumentenbaulichen Details als vielmehr in der Spieltechnik, die sich gerade im 19. Jahrhundert enorm entwickelt hat.

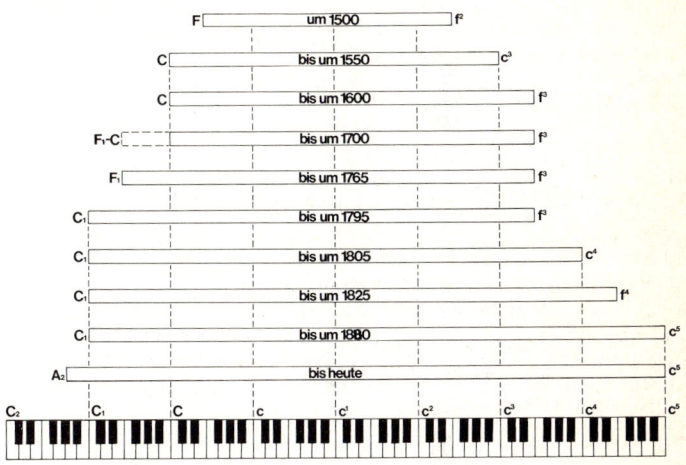

Entwicklung des Tonumfangs bei Tasteninstrumenten

Dieser Erweiterung des Tonvorrats der Tasteninstrumente und gleichzeitig der Musik allgemein steht ein *Abbau der Klanghelligkeit* gegenüber. Große Klanghelligkeit ist für die Renaissance- und Barockinstrumente ein wesentliches Kennzeichen. Sie wird gerade zu der Zeit abgebaut, in der der Tonumfang der Instrumente und Kompositionen besonders zunimmt, nämlich zwischen 1750 und 1850.

Beide Entwicklungstendenzen – Zunahme des Tonumfangs und Abnahme der Klanghelligkeit – werden ergänzt durch eine weitere Entwicklungslinie: Das Klangvolumen und die Fähigkeit, Klangvolumen zu differenzieren, die sogenannte *musikalische Dynamik,* nimmt in demselben Maße zu wie der Tonumfang. Renaissance-Instrumente sind in ihrer Lautstärke wenig flexibel und insgesamt verhältnismäßig leise. Die Differenzierbarkeit in der Lautstärke nimmt danach erheblich zu und erreicht im 19. Jahrhundert das Maß, das wir auch von den modernen Instrumenten her kennen. Erst im 19. Jahrhundert kommen die extremen Lautstärkevorschriften ppp und fff auf; Tschaikowsky fordert in seiner 6. Sinfonie sogar ein fünffaches piano und forte. Das in seiner Klangdynamik verhältnismäßig starre Cembalo muß deshalb zu Beginn des 19. Jahrhunderts dem Klavier weichen, das eine gewaltige Dynamik entfalten kann. Selbst der vom Prinzip her unflexible Orgelklang wird im 19. Jahrhundert so weiterentwickelt, daß stetige Steigerungen der Lautstärke möglich werden.

Etwas vereinfacht lassen sich die verschiedenen klangstilistischen Entwicklungstendenzen des Instrumentariums so darstellen:

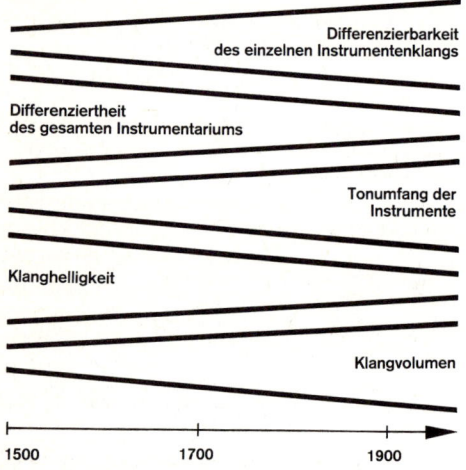

Das menschliche Fortschrittsdenken, das stets nach Vollkommenerem strebt, läßt sich sinnvoll auf rein technologische Dinge anwenden, auf Verkehrsmittel z. B., nicht aber auf künstlerische Äußerungen des Menschen, also auch nicht auf Musik. Musikinstrumente sind so eng mit der Musik ihrer Zeit verbunden, daß ihre Entwicklung nicht als Fortschritt einer Instrumententechnologie betrachtet werden darf. Man kann vielmehr sagen, daß sich jede Zeit das Instrumentarium geschaffen hat, das sie für ihre Musik benötigte. Technologische Probleme haben hier sicher immer wieder Grenzen gesetzt, aber sie haben nicht die gesamte Entwicklung gesteuert.

Die Entstehungsgeschichte des Klaviers ist ein schönes Beispiel dafür, daß vorhandene Technologie kein Instrument entstehen läßt, wenn es musikalisch nicht gefragt ist. Ein Saitenklavier mit Hammermechanik wurde schon im 15. Jahrhundert in einem Traktat beschrieben, und auch danach gibt es immer wieder Belege, daß es nicht in Vergessenheit geriet. Aber erst 1709 wurde ein solches Instrument gebaut, für das zunächst wenig Interesse bestand. Selbst Johann Sebastian Bach, der es am preußischen Hofe kennengelernt hatte, war sehr zurückhaltend. Erst nach Bachs Tod, also in der zweiten Hälfte des 18. Jahrhunderts, begann man sich für das Klavier zu interessieren, um es dann zum Lieblingskind des 19. Jahrhunderts zu machen. Gleichzeitig wurde das Cembalo, obwohl technologisch perfekt entwickelt, zu Grabe getragen; sein klangliches Ausdrucksvermögen entsprach nicht mehr den Anforderungen der Musiker. Das Hammerklavier hingegen kam mit seinen Möglichkeiten der Lautstärkedynamik geradezu ideal dem Ausdruckswillen der Musiker und Komponisten entgegen.

Das Instrumentarium der *Renaissance* ist in jeder Weise der Vokalmusik angepaßt. Nicht nur, daß Blasinstrumente von der Tongebung her die engste Verwandtschaft zur menschlichen Stimme haben, auch der geringe Tonumfang der Instrumente entspricht demjenigen der Stimme; er ist völlig ausreichend, die vokal konzipierten Kompositionen zu spielen.

Im Gegensatz zur Renaissance ist das *Barockzeitalter,* also die Zeit zwischen etwa 1600 und 1750, durch einen instrumentalen Stil gekennzeichnet, den auch die Vokalmusik übernimmt, durch Beweglichkeit der Stimmführung, durch Sprünge und Tonleitern. Ein solcher Stil benötigt solistisch spielbare Instrumente. Im Gegensatz zur Renaissance stehen nun die Streichinstrumente im Mittelpunkt des Instrumentariums. In dieser Zeit bekommt die Musik ein durchgehend gespieltes harmonisches Gerüst, den sogenannten Generalbaß. Er wird von den Tasten- und Zupfinstrumenten übernommen, deren Weiterentwicklung man nun energisch und mit Erfolg betreibt. Dieses Gerüst bedarf einer deutlichen Baßlinie; die in der Renaissance etwas vernachlässigten Baßinstrumente werden deshalb vervollkommnet. Das Barockzeitalter teilt sein Instrumentarium in Fundament- und Ornamentinstrumente ein. Fundamentinstrumente sind die akkordfähigen Instrumente wie Cembalo, Positiv und die Zupfinstrumente. Ornamentinstrumente sind die melodischen Instrumente, also vor allem die Streich- und Blasinstrumente.

Die *Klassik,* also die Zeit um 1800, bringt einen Ausgleich zwischen instrumentalen und vokalen Elementen, zwischen Streich- und Blasinstrumenten. Dabei zeigt sich bei den Blasinstrumenten noch ein gewisser Entwicklungsbedarf, der dann im 19. Jahrhundert gedeckt wird. Die Holzblasinstrumente erhalten zunehmend perfektere Klappensysteme; Boehm revolutioniert das Grifflochsystem. Bei den Blechblasinstrumenten setzen sich die Ventile durch und damit chromatische Instrumente.

Aussehen, Konstruktion, Material, Spieltechnik und Tonumfang, das alles sind Eigenschaften, die das Wichtigste nicht oder nur mittelbar erkennen lassen: den Klang der Musikinstrumente. Deshalb sind in diesem Buch die Aspekte des Klangs in die Behandlung der Musikinstrumente einbezogen. Allerdings gibt es bei der Darstellung einige Probleme: Klang kann unmittelbar durch das geschriebene Wort oder durch Grafik nur näherungsweise erfaßt werden. Es ist deshalb notwendig, einige Erläuterungen zur Klangakustik voranzustellen.

Was ist ein Klang? Es ist gar nicht so leicht, diese Frage präzise zu beantworten. Sowohl der Musiker als auch der Akustiker beschäftigen sich mit dem Klang; doch haben beide unterschiedliche Vorstellungen von ihm.

In der *Akustik* gibt es eine klare Definition. Sie lautet: Klang ist hörbarer Schall, der aus einem Grundton und den dazugehörigen Obertönen besteht. Diese Klangdefinition ist allerdings so theoretisch und vom mathematischen Denken her bestimmt, daß der hörbare Klang eines Musikinstruments durch sie nur sehr bedingt getroffen wird. Dabei machen gerade die von dieser Definition nicht erfaßten Klangmerkmale viel vom Charakter eines Musikinstruments und von seiner Klangindividualität aus.

Wie lautet die Definition des Klangs in der *Musik*? Fragen wir den Musiker, was er unter Klang versteht, so treffen wir zunächst auf Verständigungsschwierigkeiten. Denn der Klang ist für den Musiker ein Akkord, ein Dreiklang z.B., also das, was wir hören, wenn auf dem Klavier gleichzeitig mehrere Tasten angeschlagen werden. Darüber wollten wir aber vom Musiker nichts wissen, sondern nur über das, was man zum Beispiel beim Niederdrücken einer einzigen Klaviertaste hört. Dieses nennt der Musiker aber nicht Klang, sondern Ton. Also fragen wir den Musiker nach dem Ton. Die Antwort ist weniger präzise als die des Akustikers. Sie orientiert sich nämlich an der Hörempfindung, nicht an physikalisch-akustischen Merkmalen. Natürlich hängt die subjektive Hörempfindung von objektiven akustischen Merkmalen ab. Schließlich verursachen sie ja die Hörempfindung, aber sie bestimmen sie nicht allein. Dieser Zusammenhang ist außerordentlich kompliziert und noch nicht ausreichend erforscht.

Im praktischen Umgang mit Musik ist allerdings die musikalische Definition – trotz ihrer Ungenauigkeit, ja oft sogar gerade wegen ihr – meist treffender und angemessener. Wie lautet also die musikalische Definition des Tons?

Ein musikalischer Ton hat folgende vom Höreindruck her festzustellende Eigenschaften:

Der Ton hat eine *Tonhöhe*. Im allgemeinen kann man die Tonhöhe aufgrund physikalischer Analysen bestimmen. Es gibt aber auch

Töne, deren Tonhöhe durch Analysen schwer oder gar nicht zu ermitteln, mit dem Gehör hingegen leicht festzustellen ist. Dazu gehört der Schlagton einer Glocke.

Der Ton hat eine bestimmte *Lautstärke*, die ihn hörbar macht, aber nicht so groß ist, daß sich eine Schmerzempfindung einstellt.

Der Ton hat eine *Klangfarbe*, er ist zum Beispiel scharf oder dumpf, hell oder dunkel, rauh, nasal, hohl, klar, bedeckt, schnarrend usw.

Der Ton hat einen ihm eigenen *Anfang* und ein ihm eigenes *Ende*. Das klingt banal, ist es aber in Wirklichkeit nicht. Gemeint ist, daß jeder Ton einen für ihn charakteristischen Toneinsatz und ein für ihn charakteristisches Ende hat, er also zum Beispiel nicht dadurch beendet wird, daß man einfach das Radio ausschaltet. Ohne natürlichen Anfang und natürliches Ende hat ein Ton einen anderen Klangcharakter; es ist schwerer zu erkennen, von welchem Instrument er stammt.

Hören wir den Klang eines Musikinstruments, so hat dieser Klang als Schwingungen bereits einen vielfältig gestalteten Weg durchlaufen. Dabei werden die Schwingungen mehrfach umgeformt. Er beginnt beim Musikinstrument, die Schwingungsübertragung geht dann durch den Raum bis hin zu unserem Ohr und von da über Nervenfasern zum Hörzentrum; erst hier werden uns die Schwingungen des Musikinstruments als Klang bewußt, erst hier wird der Klang aus einem physikalischen Vorgang in psychisches Erleben umgesetzt. Das Schallereignis wird zum Hörereignis.

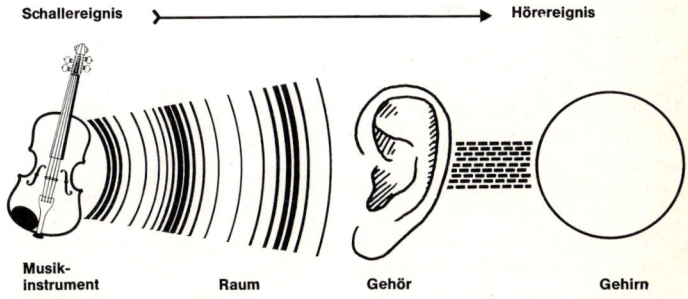

Schallereignis ▶────────────────────────▶ Hörereignis

Musik-
instrument   Raum   Gehör   Gehirn

Wie ist das Schallereignis strukturiert? Wie gestaltet es das Hörereignis? Fragen, denen wir uns nun zuwenden.

1.3.1 Klang als Schwingungsverlauf

Musikinstrumente geben ihre Schwingungen an die umgebende Luft ab. Bei den besaiteten Instrumenten sind die schwingenden Teile der Instrumente Ausgangspunkt der Luftschwingungen, bei den Blasinstrumenten gehen die Luftschwingungen von der schwingenden Luftsäule in der Schallröhre aus, das Instrument selbst ist an den Schwingungsvorgängen wenig beteiligt.

Die *Schallschwingungen* der Luft sind rasche Druckschwankungen des herrschenden atmosphärischen Luftdrucks. Die Druckschwankungen sind außerordentlich gering, weit geringer als die durch das Wetter bedingten langsamen Luftdruckschwankungen. Sie enthalten alle akustischen Merkmale des Klangs eines Musikinstruments, aber auch der Gesamtklang eines Orchesters wird durch eine einzige Druckkurve erfaßt; nicht erfaßt wird seine Räumlichkeit, woher also die einzelnen Instrumente kommen.

Darstellungen des zeitlichen Schwingungsverlaufs heißen »Oszillogramme«. Zunächst ist die einfachste Form einer Schwingung, eine Sinusschwingung, dargestellt. Der Klang dieser Schwingung ist ebenfalls »einfach«, besser gesagt, er ist ohne eigentlichen Klangcharakter, farblos, ohne Klangfarbe. Der Klang und der Schwingungsverlauf der Violine sind charakteristischer als der Sinuston. Noch vielfältiger und regelloser verläuft die Schwingung einer Pauke. Der Sinuston und der Violinklang zeigen sich in ihrem Oszillogramm regelmäßig, verglichen mit der Paukenschwingung. Dem entspricht, daß Sinuston und Violinklang ihre Tonhöhe klar erkennen lassen, während beim Paukenklang die Tonhöhe etwas verschleiert ist.

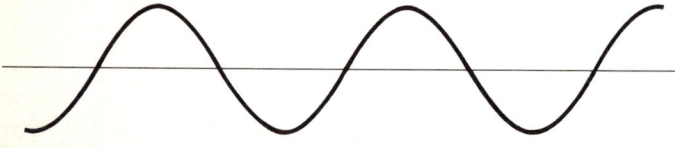

Sinusschwingung

Schwingungsverlauf eines Violinklangs

Zeit →

Schwingungsverlauf eines Paukenklangs

28

Recht schwierig, ja zum Teil unmöglich ist es, direkt aus dem Oszillogramm diejenigen akustischen Merkmale abzuleiten, die für die Klangwahrnehmung wichtig sind. Das einzige, was aus dem Oszillogramm mit Sicherheit sofort abgelesen werden kann, ist die *Amplitude* der Schwingung, also die Größe der Druckabweichungen. Wollte man aus dem Oszillogramm zum Beispiel herauslesen, was einen Klang als Klarinettenklang charakterisiert, so wird es schon schwierig. Die zwei Oszillogramme verschiedener Klarinettenklänge verdeutlichen das: trotz gleicher Tonhöhe sind wenig Gemeinsamkeiten da – für das Auge. Für das Gehör sind beides Klarinettenklänge; es stellt ohne weiteres Gemeinsamkeiten fest. Was dem Auge nur schwer oder nicht gelingt, ist für das Gehör einfach.

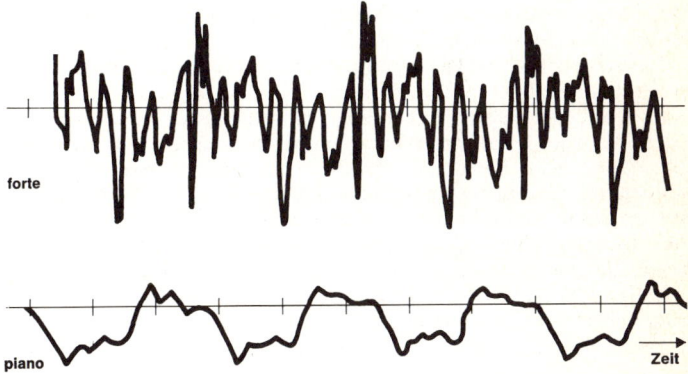

forte

piano   Zeit

Schwingungsverläufe zweier Klarinettenklänge

Neben der größten Auslenkung einer Schwingung – ihrer Amplitude oder Schwingungsweite – ist die Schwingungsdauer oder *Periode* eine für sie kennzeichnende Größe. Als Schwingungsdauer einer Schwingung bezeichnet man den Zeitabschnitt, der zu irgendeinem Zeitpunkt beginnt und an dem Zeitpunkt endet, wo die Form der Schwingungskurve wieder so ist wie am Beginn dieses Zeitabschnitts. Es ist nämlich ein typisches Merkmal des Tons eines Musikinstruments, daß die Schwingung aus einer Aneinanderreihung gleicher oder ähnlicher Elemente – eben Perioden – besteht. Das ist ganz deutlich bei den abgebildeten Schwingungsverläufen der Klarinettenklänge und am Beispiel des Violinklangs zu sehen. Bei dem Oszillogramm des Paukenklangs ist es kaum wahrnehmbar, denn hier sind diese Perioden einander nur ähnlich. Obwohl die Periode eine sehr anschauliche Größe ist, benutzt man zur Darstellung des Klangs doch meistens eine von ihr abgeleitete Größe, die *Frequenz*. Die Frequenz einer Schwingung ist die Anzahl der Perioden in einer Sekunde; die

29

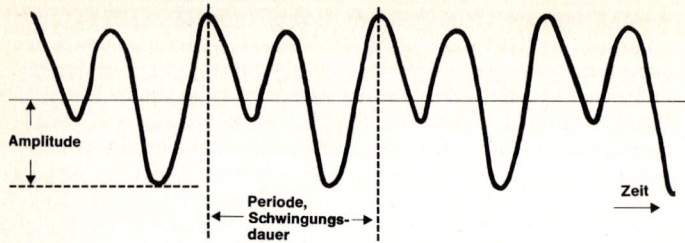

Amplitude

Periode, Schwingungsdauer

Zeit

Frequenz wird in Hertz (abgekürzt Hz) angegeben. 1 Hz ist also eine Periode pro Sekunde.

Gelegentlich wird für eine Periode der Begriff Doppelschwingung gebraucht. Der genormte Kammerton von 440 Hz bzw. Doppelschwingungen ist also gleich 880 »Einfachschwingungen«. Korrekt ist diese Ausdrucksweise nicht, besonders, wenn diese auch noch in Hz angegeben werden.

Es gibt einige Eigenschaften eines Hörereignisses, die das Gehör direkt aus der Gestalt des Schwingungsverlaufs ableitet, dazu zählen hauptsächlich die Lautstärke und die Tonhöhe, während andere Eigenschaften erst nach einem Analysiervorgang im Gehör hervortreten. Zu diesen nur mittelbar aus dem Schwingungsverlauf resultierenden Komponenten der Klangwahrnehmung gehören wesentliche Merkmale der Klangfarbe.

Weiter ist wichtig zu beachten, daß es keine strenge Zuordnung zwischen einzelnen akustischen Größen und bestimmten Wahrnehmungen gibt. Zum Beispiel hängt die Tonhöhe nicht nur von der Frequenz eines Schallsignals ab, sondern auch von der Lautstärke und von der Klangfarbe. Ja, es gibt bei der Tonhöhenwahrnehmung sogar das Phänomen, daß eine bestimmte Tonhöhe wahrnehmbar ist, ohne daß ein Ton mit einer entsprechenden Frequenz im Schallereignis vorhanden ist.

Aus dem Schwingungsverlauf ermittelt das Gehör also die Tonhöhe, die Lautstärke und gewisse Aspekte der Klangfarbe:

1. Die Wahrnehmung der *Tonhöhe* kommt durch eine periodisch wiederkehrende zeitliche Gliederung des Schwingungsverlaufs zustande. Herausragende Spitzen und steile Wellenfronten prägen diese Gliederung besonders deutlich, sie führen deshalb auch zum deutlichsten Tonhöheneindruck. Die Anzahl der periodisch herausragenden Wellenfronten in der Sekunde ergibt die Frequenz, die dem Tonhöheneindruck zuzuordnen ist. Deshalb sind die Tonhöhen, die den abgebildeten Schwingungen entsprechen, auch gleich, obwohl sich die Schwingungsformen unterscheiden.

   Jeder Klang mit periodischem Schwingungsverlauf ist aus einer Reihe von Sinusschwingungen zusammengesetzt. Ihre Frequenzen sind ganzzahlige Vielfache einer Grundschwingung; die Tonhöhe eines solchen Klangs entspricht der Frequenz dieser Grundschwingung. Wenn man sie wegfiltert, ändert sich aber die Tonhöhe nicht. So ist es möglich, auch mit einem kleinen Lautsprecher, der keine Bässe wiedergeben kann, Musik zu hören. Man kann die Baßstimme wohl hören, nur das Klangerlebnis voller Bässe bleibt aus.

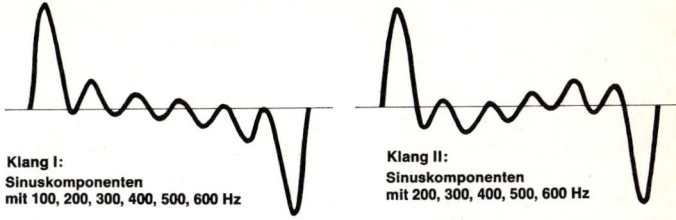

Klang I:
Sinuskomponenten
mit 100, 200, 300, 400, 500, 600 Hz

Klang II:
Sinuskomponenten
mit 200, 300, 400, 500, 600 Hz

2. Die *Lautstärkeempfindung,* die ein Schallereignis auslöst, hängt auf komplizierte Weise von akustischen und besonders auch psychologischen Phänomenen ab. Einfluß hat vor allem die Amplitude der Schwingung.

3. Die *Klangfarbe* eines Musikinstrumentenklangs wird – wie seine Lautheit – von vielen Größen mitbestimmt. Auf sie hat auch die Steilheit der Flanken des Schwingungsverlaufs erheblichen Einfluß. Die Klangfarbe einer rechteckförmigen Schwingung ist zum Beispiel heller, prägnanter und schärfer als die Klangfarbe einer Sinusschwingung.

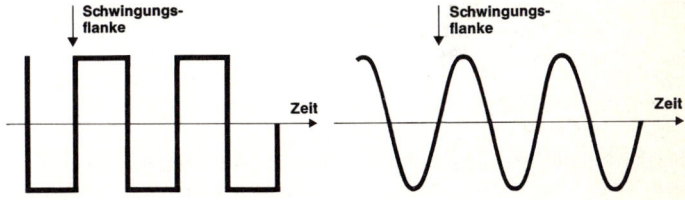

Schwingungs-
flanke

Zeit

Schwingungs-
flanke

Zeit

1.3.2 Klang als Pegelverlauf

Die *Amplitude* einer Schwingung ist für die Wahrnehmung eine sehr wichtige Größe. Deshalb wird vielfach der zeitliche Verlauf der Amplitude angegeben, also die größte Druckabweichung jeder einzelnen Schwingung vom herrschenden Luftdruck. Man wählt dabei meist eine der folgenden Darstellungsmöglichkeiten:

1. Darstellung des Amplitudenverlaufs durch den Spitzenwert der Schwingung.

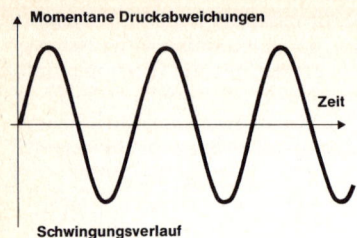

Momentane Druckabweichungen

Zeit

Schwingungsverlauf

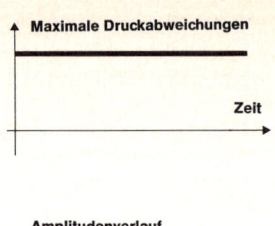

Maximale Druckabweichungen

Zeit

Amplitudenverlauf

2. Darstellung des Amplitudenverlaufs durch den *Pegel*; der Pegel ist eine Größe, die den Wert der Amplitude als ihr Größenverhältnis zu einem definierten Bezugswert angibt. Das Größenverhältnis wird logarithmiert und mit 20 multipliziert; dieser Wert hat die Benennung dB (Dezibel). Der Pegelverlauf zeichnet die Hörwahrnehmung besser nach als der Amplitudenverlauf. Betrachtet man nur Pegelschwankungen, ist der jeweils gewählte Bezugswert gleichgültig; wie sich Amplituden- und Pegelschwankungen zueinander verhalten, zeigt die Tabelle.

Amplitudenwert	Pegelwert
1	0
2	6
4	12
8	18
10	20
100	40
1000	60
1	0
0,5	− 6
0,1	−20
0,01	−40

Das Pegelmaß erlaubt also, kleine Schwankungen sehr genau anzugeben, ohne daß große Schwankungen unübersehbare Werte annehmen. Eine Verdopplung der Amplitude entspricht stets einer Pegelzunahme von 6 dB, eine Halbierung einer Pegelabnahme von 6 dB. Für die musikalische Akustik eignet sich das Pegelmaß also ganz besonders.

Der Pegel- oder Amplitudenverlauf eines Klangs setzt sich, zeitlich gesehen, aus drei *Klangabschnitten* zusammen: aus dem Einschwingvorgang, dem stationären Klangabschnitt und dem Ausklingvorgang. Während des *Einschwing-* und *Ausklingvorgangs* ändert sich der Pegel natürlich stark, während des stationären Klangabschnitts nur geringfügig. Betrachtet man den *stationären Abschnitt* genauer, so öffnet sich ein »reiches Innenleben« des Klangs; unaufhörlich gibt es

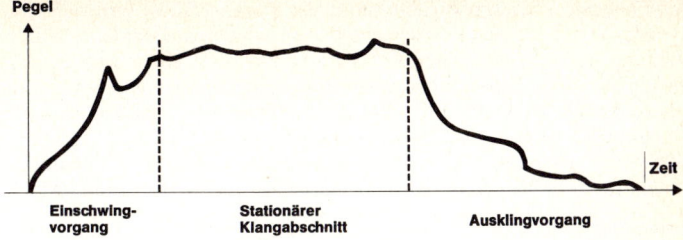

Pegel

Zeit

Einschwing-   Stationärer
vorgang   Klangabschnitt   Ausklingvorgang

charakteristische Pegeländerungen. Es gibt – zeitlich gesehen – zweierlei Arten von Pegelschwankungen:

1. Langsamere Pegelschwankungen, 2 bis 10 pro Sekunde, um etwa 6 dB, die zusammen mit Frequenzschwankungen das Vibrato darstellen; der Spieler gestaltet das Vibrato bewußt, es wird bei Streich- und Blasinstrumenten angewendet. Pegelschwankungen ohne gleichzeitige Frequenzschwankungen werden »Tremolo« genannt. Vor allem die Streichinstrumente sind für diese Spielart geeignet.
2. Sehr rasche mikrozeitliche Pegelschwankungen, ungefähr 10 bis 100 pro Sekunde, die im Gegensatz zum Vibrato der Kontrolle des Spielers weitgehend entzogen sind; diese Pegelschwankungen sind geringer. Sie ergeben sich aus der Art der Schwingungserzeugung, deshalb haben sie eine typische Gestalt für bestimmte Instrumentenfamilien.

Alle Streichinstrumente haben ausgeprägte Pegelschwankungen sowohl im zeitlichen Bereich des Vibratos als auch im mikrozeitlichen Bereich. Sie tragen zu dem allen Streichinstrumenten gemeinsamen Klangcharakter viel bei. Hören wir ein Musikinstrument, so ist leicht festzustellen, daß es sich zum Beispiel um ein Streichinstrument handelt; diese Feststellung ermöglicht wesentlich die freilich unbewußte Wahrnehmung der Fluktuationen des Pegelverlaufs. Für die Unterscheidung zwischen Violine und Viola zum Beispiel sind dann andere Merkmale des Klangs maßgebend, vor allem die Formanten und das Einschwingverhalten; darauf kommen wir noch zurück.

Der mikrozeitliche Pegelverlauf der Streichinstrumente ist deutlich verschieden von dem der Blasinstrumente, bei ihnen sind die raschen Schwankungen wesentlich geringer; bei den Blechblasinstrumenten sind sie besonders gering.

1.3.3 Klang als Spektrum

Eine der wichtigsten Entdeckungen für die Akustik gelang dem französischen Mathematiker J. B. Joseph Fourier. Er konnte zeigen, daß jede beliebige periodische Schwingung in eine Reihe von Sinusschwingungen zerlegt werden kann; die Summe dieser Sinusschwingungen ergibt wieder den ursprünglichen Schwingungsverlauf. Später wurden diese Überlegungen so erweitert, daß es möglich wurde, sogar nichtperiodische, also ganz beliebige Vorgänge als Summe von – nun allerdings unendlich vielen – Sinuskomponenten darzustellen.

Man kann einen Klang also nicht nur durch seinen zeitlichen Schwingungs-, Amplituden- oder Pegelverlauf beschreiben, sondern auch durch die Darstellung seiner Sinuskomponenten; die Sinuskom-

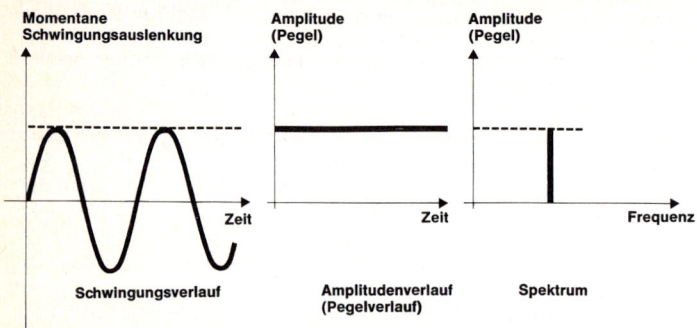

ponenten werden durch ihre Amplitude und ihre Frequenz angegeben. Diese Darstellung wird Klangspektrum, auch einfach *Spektrum* genannt.

Bei allen periodischen Schwingungen ergibt sich für die Frequenzen der einzelnen Sinuskomponenten – sie werden auch *Teiltöne, Partialtöne* oder *Harmonische* genannt – eine einfache Regel:

Die Frequenzen der Sinuskomponenten einer periodischen Schwingung sind immer ganzzahlige Vielfache einer Grundfrequenz; diese wird auch als Frequenz des ersten Teiltons oder des Grundtons bezeichnet. In der Regel wird ein Klang mit der Grundtonfrequenz f also Teilschwingungen mit folgenden Frequenzen enthalten:

$$f, 2f, 3f, 4f, 5f, 6f, 7f, 8f, \ldots$$

Eine so aufgebaute Schwingung heißt harmonische Schwingung. Bis zum Teilton mit der Frequenz 6 f bilden die einzelnen Komponenten miteinander konsonante Intervalle.

Es kann auch vorkommen, daß einige Teilschwingungen in dieser Reihe fehlen, zum Beispiel die 2., 4., 6. usw. oder die 5., 10., 15. usw. Teiltonarme Klänge sind aus wenigen Komponenten, teiltonreiche Klänge aus mehreren Dutzend Komponenten zusammengesetzt.

Schreibt man die Sinuskomponenten eines Klanges in ein Notensystem, so ergibt sich die abgebildete Tonreihe; werden die Sinuskomponenten als *Obertöne* bezeichnet, so beginnt die Zählung erst beim 2. Teilton, der 1. Teilton heißt dann *Grundton*.

Einige Obertöne lassen sich in unserer gebräuchlichen Notenschrift nicht genau angeben; ↑ bedeutet, daß sie höher als notiert, ↓ daß sie tiefer als notiert liegen.

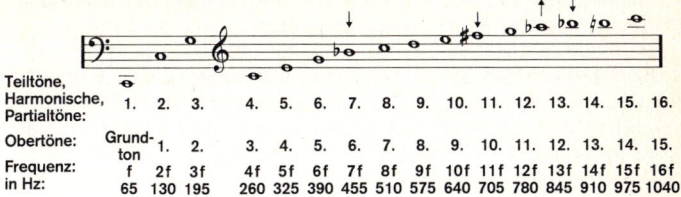

Teiltöne, Harmonische, Partialtöne:	1.	2.	3.	4.	5.	6.	7.	8.	9.	10.	11.	12.	13.	14.	15.	16.
Obertöne:	Grundton	1.	2.	3.	4.	5.	6.	7.	8.	9.	10.	11.	12.	13.	14.	15.
Frequenz:	f	2f	3f	4f	5f	6f	7f	8f	9f	10f	11f	12f	13f	14f	15f	16f
in Hz:	65	130	195	260	325	390	455	510	575	640	705	780	845	910	975	1040

Einige idealisierte *Kurvenformen* sind im folgenden zusammen mit ihren Spektren abgebildet. Nur elektronische Musikinstrumente weisen solche Schwingungsformen tatsächlich auf, aber die Schwingungs-

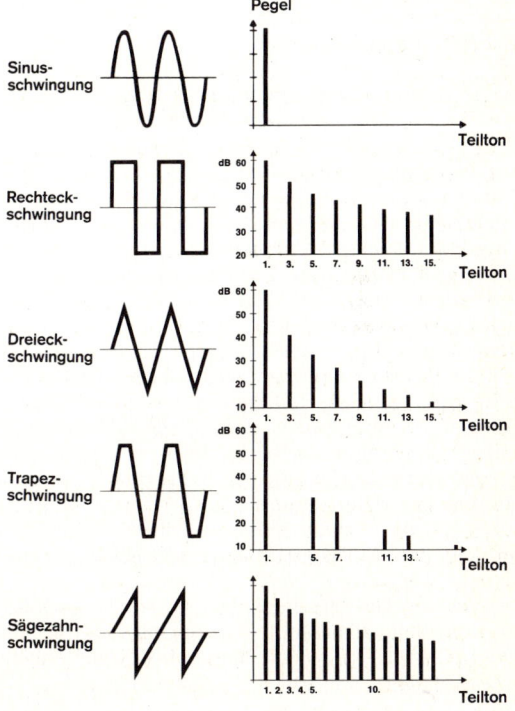

Schwingungsform und Spektrum

formen vieler Musikinstrumente haben Ähnlichkeiten mit diesen grundlegenden Typen der Schwingungsformen. So läßt sich die Schwingung der Flöten der Sinusschwingung, die der Klarinetten der Rechteckschwingung und die der Streichinstrumente der Sägezahnschwingung zuordnen.

Die Spektren geben vor allem Auskunft über die Klangfarbe, die wir beim Hören eines Musikinstruments wahrnehmen. Das Innenohr bildet aus dem Schwingungsvorgang das Spektrum, es analysiert den Klang und leitet ihn in dieser Gestalt an das Gehirn weiter. Deshalb ist das Spektrum so wichtig für die Klangforschung.

1.3.4 Eigenschaften der Klangspektren und ihre Bedeutung für die Wahrnehmung

Als wichtigste Eigenschaften eines Klanges, soweit sie aus einem Spektrum ablesbar sind, gelten:

1. Frequenzumfang des Spektrums,
2. Teiltonreichtum und Teiltondichte,
3. Unharmonische Komponenten,
4. Geräuschuntergrund des Klanges,
5. Frequenzgebiete mit besonders starken Teiltönen: Formanten,
6. Fehlen und Hervortreten geradzahliger Teiltöne.

1. Frequenzumfang des Spektrums

Unterhalb des Grundtons eines Spektrums gibt es nur noch schwache Klangkomponenten; sie sind Bestandteil eines unregelmäßigen Geräuschuntergrundes, den alle Klänge von Musikinstrumenten in stärkerem oder schwächerem Maße besitzen. Die obere Grenze eines Spektrums ist schwer genau anzugeben. Die höchsten Teiltöne sind sehr schwach, sie tauchen allmählich in den Geräuschuntergrund bzw. unter die Hörbarkeitsgrenze.

Starke und bis in hohe Frequenzbereiche reichende, das heißt über etwa 5000 Hz hinausgehende Teiltöne machen einen Klang hell, sogar spitz in seinem Klangcharakter. Zum Wiedererkennen tragen diese Klangkomponenten allerdings wenig bei; ein Klang, bei dem die hohen Teiltöne unterdrückt werden, wird trotzdem richtig erkannt. Mit fortschreitendem Alter verliert das Gehör die Fähigkeit, hohe Töne wahrzunehmen; dennoch bleibt die Fähigkeit, Klänge wiederzuerkennen und den Musikinstrumenten zuzuordnen, voll erhalten.

Die obere Grenze des Frequenzspektrums ist sehr stark davon abhängig, ob der gespielte Klang im Pianissimo oder Fortissimo gespielt wird, hierfür nur ein paar Beispiele mehrerer Klarinettenklänge und eines Trompetenklanges:

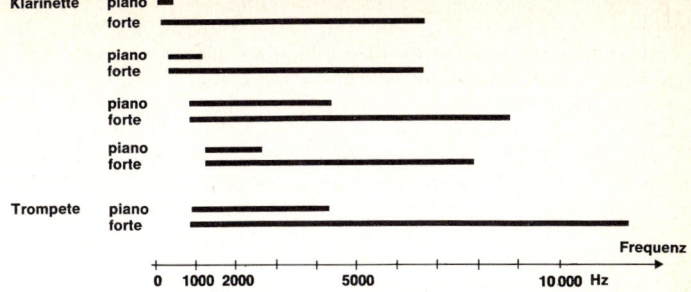

Spektrumsumfang und Klangstärke

Sehr tiefe Klangkomponenten unter 50 Hz haben nur die tiefsten Baßinstrumente wie Kontrabaß, Baßtuba und Kontrafagott, aber z. B. auch die Große Trommel und die klassischen Tasteninstrumente Klavier, Orgel und Cembalo. Solche tiefen Komponenten sind aber im allgemeinen schwach. Bis zur Hörgrenze von rund 15 000 Hz reichen die Spektren einiger Instrumente nur im Fortissimo. Bei typischen Baßinstrumenten endet das Spektrum schon bei etwa 5000 Hz. Gerade auf den oberen Bereich des Spektrums haben die räumlichen Bedingungen einen großen Einfluß; Abstand zwischen Hörer und Klangquelle, Nachhall und die Standorte von Hörer und Klangquelle im Raum verändern die Pegel im gesamten Spektralbereich, aber besonders im Bereich über etwa 5000 Hz. Das Gehör stellt sich auf diese Klangverfärbungen ein und bemerkt sie dann nicht mehr, ähnlich wie sich das Auge an die Farbe einer bestimmten Beleuchtung gewöhnt und sie dann nicht mehr bemerkt.

2. Teiltonreichtum und Teiltondichte

Sopransaxophon und Baßsaxophon sind Instrumente derselben Familie. Beide haben teiltonreiche Spektren mit Komponenten bis 10 000 Hz. Lassen wir das Baßsaxophon im tiefen, das Sopransaxophon im mittleren Tonbereich spielen, so sieht die Verteilung der Teiltöne auf das Spektrum schematisch so aus (die Teiltonstärke ist im Bild nicht berücksichtigt):

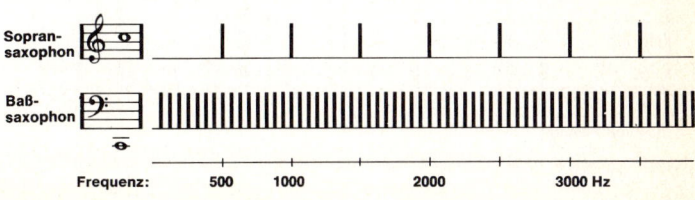

Auf den Frequenzbereich bis 10 000 Hz entfallen beim Sopransaxophon genau 20, beim Baßsaxophon aber 160 Teiltöne. Beide Instrumente haben die komplette Teiltonreihe, aber das Baßsaxophon hat eine viel größere Teiltondichte, einfach weil es einen tieferen Grundton hat. Sein Klang wird deshalb als rauh, ja schnarrend, und als unreiner empfunden.

Das hat seine Ursache darin, daß die Teiltöne hoher Instrumente in dem für die Wahrnehmung besonders wichtigen Frequenzbereich bis etwa 5000 Hz einen wohlklingenden Akkord bilden, während die Teiltöne tiefer Instrumente in diesem Bereich ungeheuer dicht liegen; schon bei 1000 Hz liegen sie in dem gewählten Beispiel im Halbtonabstand, darüber wird der Abstand noch viel kleiner. Deshalb hören sich alle tiefen, dabei aber teiltonreichen Klänge rauh und schnarrend an.

Sopran- **Baßsaxophon**
saxophon

Lage der Teiltöne

3. Unharmonische Komponenten

Man empfindet den Klang des Triangels kaum als geräuschhaft; das bedeutet aber nicht, daß er eine wahrnehmbare Tonhöhe hat. Man kann einen solchen Klang eigentlich nur als hell kennzeichnen. Sein Spektrum ist aus einer Anzahl einzelner Komponenten zusammengesetzt, die aber nicht harmonisch, also nicht mit jeweils gleichem Frequenzabstand nebeneinanderliegen.

Ein solches »unharmonisches Teiltonspektrum« haben auch die Röhrenglocken des Orchesters, die abgestimmten Gongs und die Kir-

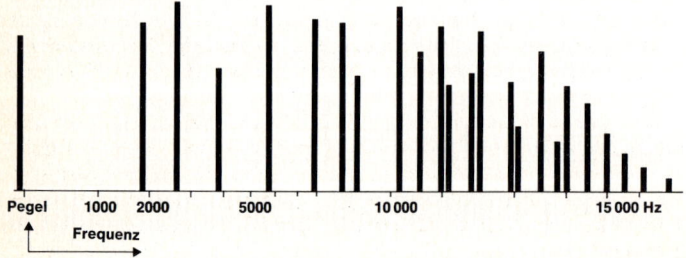

Triangel

chenglocken. Die Kirchenglocken haben im unteren Teil des Spektrums außer den etwas »verstimmten« harmonischen Teiltönen nur einen nichtharmonischen Ton, was bereits eine klare Wahrnehmung der Tonhöhe verschleiert. Aber auch die Klaviersaiten haben hörbar leicht verstimmte, also unharmonische Teiltöne. Überhaupt genügen die Teiltöne akustischer Musikinstrumente den Gesetzen der Klangtheorie nur näherungsweise. Man hat deshalb für die realen Teiltöne den Begriff Naturtöne gebildet.

4. Geräuschuntergrund des Klanges

Die Klänge von Musikinstrumenten bestehen nicht nur aus Teiltönen; Bestandteil eines Instrumentenklanges ist auch ein Geräusch. Es bildet einen allerdings relativ schwachen Hintergrund, vor dem sich die Teiltöne abheben.

In einem durch Messung gewonnenen Spektrum wird dieser Geräuschuntergrund zwischen den einzelnen Teiltönen deutlich sichtbar. Die Frequenzkomponenten dieses Geräusches liegen unendlich dicht nebeneinander, man sagt: Das Spektrum ist kontinuierlich. Es zeigt viele feine Spitzen und Einbrüche, überhaupt ist es sehr unregelmäßig. Wie die Stärke der Teiltöne dauernd fluktuiert, so fluktuiert auch das Geräuschspektrum. Es zeigt Eigenschaften, die für die jeweilige Tonerzeugung kennzeichnend sind. Hier sind als Beispiele die Spektren von Violine, Flöte und Klarinette mit ihrem Geräuschuntergrund.

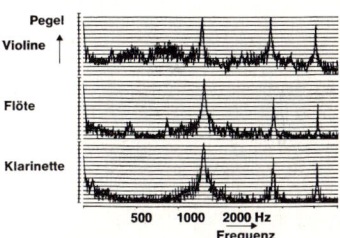

Geräuschspektren

Die Klänge von Musikinstrumenten unterscheiden sich also außer im Spektrum des Klanges selbst auch im Spektrum des Geräuschuntergrundes.

Der Geräuschuntergrund wird bei Streichinstrumenten durch Unregelmäßigkeiten der Bogenhaftung an den Saiten, bei den Blasinstrumenten durch das Anblasgeräusch erzeugt. Bei Streichinstrumenten ist der Geräuschhintergrund stärker als bei Blasinstrumenten, am stärksten ist er bei Instrumenten, die durch Schlagen zum Erklingen gebracht werden, also z.B. beim Klavier in der Anfangsphase eines Tons.

Der Geräuschuntergrund macht den Klang lebendig; elektronische Klänge ohne einen solchen Geräuschuntergrund klingen steril. Der Geräuschuntergrund gehört zu den wesentlichsten Merkmalen des Instrumentenklangs. Bei den Streichinstrumenten hat er eine für jedes einzelne Instrument typische, gleichbleibende Gestalt.

Bei vielen Schlaginstrumenten tritt der Geräuschhintergrund in den Vordergrund, das kontinuierliche Spektrum ist das klangliche Hauptmerkmal. Bei einigen Schlaginstrumenten, wie zum Beispiel bei der Pauke und der Großen Trommel, zeigt das kontinuierliche Spektrum Resonanzspitzen, die an die Teiltonstruktur der anderen Musikinstrumente erinnern, aber dichter und nicht harmonisch liegen.

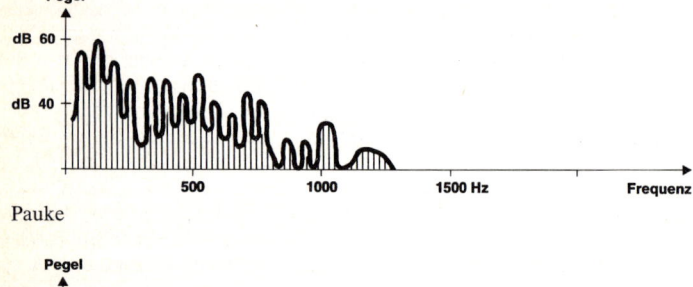

Pauke

Große Trommel

Bei den Kastagnetten zum Beispiel ist eine solche teiltonähnliche Struktur überhaupt nicht mehr sichtbar. Das gilt auch für das Tamtam

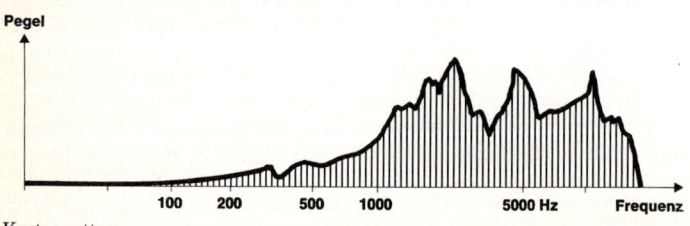

Kastagnetten

40

und für das Becken. Diese Instrumente haben deshalb keine bestimmbare Tonhöhe.

5. Frequenzgebiete mit besonders starken Teiltönen: Formanten

Was unterscheidet einen hohen Fagottklang von einem tiefen Oboenklang, wenn beide mit derselben Tonhöhe erklingen? Beide Instrumente haben doch als Klanggenerator ein doppeltes Rohrblatt und ein Spektrum, das bis in hohe Frequenzbereiche hineinreicht. Auch wenn der für die Klangunterscheidung gewiß wichtige Klangeinsatz und Geräuschhintergrund außer Betracht bleiben, unterscheiden sich die beiden Töne deutlich hörbar. Weiter: Was unterscheidet einen gesungenen Ton auf den Vokal »a« von dem Ton gleicher Tonhöhe, der auf den Vokal »u« gesungen wird? Schließlich, wieso unterscheiden sich wertvolle und einfache Geigen so sehr im Klang, obwohl sie doch fast gleich aussehen? Es gibt eine gemeinsame Ursache:

Die Klangspektren unterscheiden sich nämlich nicht nur durch ihre oberen und unteren Grenzen, durch ihre Teiltondichte und den Geräuschuntergrund, sondern viele Klänge werden mehr noch geprägt durch sogenannte Formanten.

Formanten sind Frequenzgebiete des Spektrums, innerhalb derer die Teiltöne auffallend starke Amplituden haben. Die Lage dieser Frequenzgebiete bleibt fest, auch wenn sich der Grundton oder die gespielte Lautstärke ändert. Mindestens ein Formant ist allen oder zumindest vielen Tönen eines Instruments gemeinsam; Formanten bestimmen deshalb den typischen Klangcharakter vieler Musikinstrumente; sie gestalten die klangliche Qualität insbesondere bei Streich- und Holzblasinstrumenten, sogar bei Orgeln wesentlich mit. Für das Wiedererkennen von Oboe und Fagott sind Formanten das eindeutigste Merkmal.

Wie entstehen die Formanten der menschlichen *Stimme*? Schwingungsgenerator der menschlichen Stimme sind die Stimmlippen oder -bänder im Kehlkopf; ihre Schwingungen bestehen aus einer Aneinanderreihung kurzer Druckimpulse. Die Frequenz liegt beim Sprechen zwischen etwa 90 und 350 Hz, sie kann beim Singen zwischen etwa 65 und 1400 Hz liegen. Den schematisierten Schwingungsverlauf sowie ein schematisiertes Spektrum zeigt die Abbildung.

Die Stimmlippenschwingungen werden aber nicht so abgestrahlt, wie sie erzeugt werden. Die an den Kehlkopf mit seinen Stimmlippen

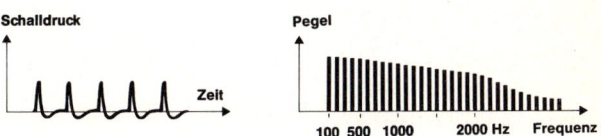

Schwingung und Spektrum der Stimme

angekoppelten Hohlräume (Mundhöhle, Nasenhöhle, Nasenrachen-raum und Schlund) wirken als Resonatoren, die willentlich einstellbar sind. Durch Verstellen dieser Resonatoren werden zum Beispiel die verschiedenen Vokale aus immer denselben Stimmlippenschwingungen hervorgebracht. Die so gebildeten Formanten unterscheiden also die Vokale a, e, i, o, u. Unten sind die Frequenzlagen der Vokalformanten dargestellt; gezeichnet ist nur die Einhüllende der Teiltonamplituden. Für die geschulte Gesangsstimme ist dazu noch der »Singformant« um 3000 Hz kennzeichnend (siehe Seite 204).

Die Formanten der *Streichinstrumente* entstehen ähnlich wie diejenigen der menschlichen Stimme. Die von den Saiten ausgehenden Schwingungen werden über den Steg auf das Corpus übertragen; die Teiltöne, die in Resonanzbereiche des Corpus fallen, werden verstärkt. Entsprechend seiner differenzierten Gestalt hat das Corpus der Streichinstrumente nicht nur einen oder zwei Resonanzbereiche, sondern mehrere, teils relativ schmale Resonanzen, dazu viele Ne-

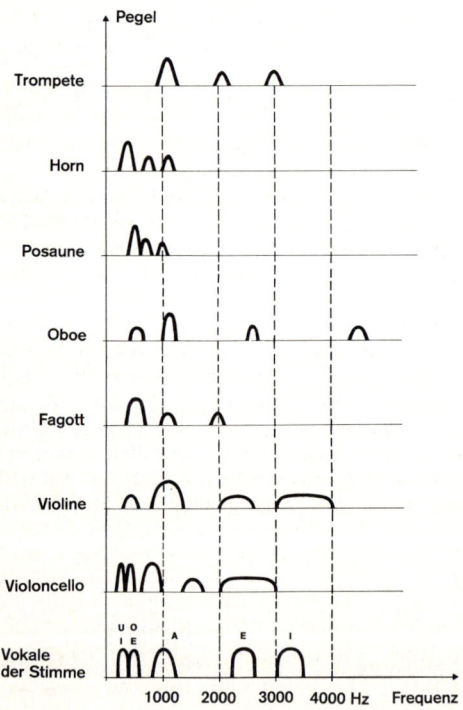

Formanten wichtiger Musikinstrumente und der Stimme

benresonanzen. Für die Violine ist zum Beispiel ein Formant im Bereich des A-Formanten, also zwischen 800 und 1200 Hz wichtig; für die Brillanz des Violinklangs sorgen die Formanten zwischen 2000 und 2600 Hz sowie zwischen 3000 und 4000 Hz.

Die Resonanzkurve einer Violine aus dem Jahre 1774 zeigt das Bild. Diese Resonanzkurve zeichnet sich übrigens auch im Spektrum des Geräuschuntergrundes ab; sie prägt also sowohl das Teiltonspektrum als auch das Geräuschspektrum. Jedes Instrument hat bei wesentlichen Gemeinsamkeiten seine individuelle Resonanzkurve.

Wegen der Klangverstärkung des Corpus, die unabhängig von der jeweils gespielten Tonhöhe ist, sind die Spektren der einzelnen Töne eines Streichinstruments unter Umständen recht unterschiedlich; sie hängen davon ab, ob ein Teilton gerade in eine Resonanzstelle fällt oder nicht. Die Bedingungen hierfür ändern sich aber von Ton zu Ton.

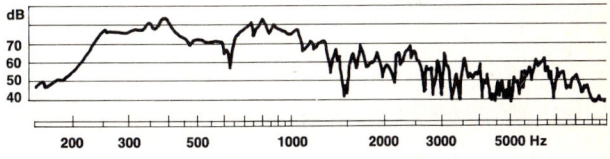

Frequenzkurve einer Violine

Bei den *Blasinstrumenten* kommen die Formanten auf ganz andere Weise zustande als bei den Streichinstrumenten und bei der menschlichen Stimme. Blasinstrumente haben keine Resonanzsysteme, die bestimmte Teiltongebiete verstärken. Die Schwingungen der Holz- oder Metallteile selbst sind ganz schwach und nehmen auf die Klangbildung praktisch keinen Einfluß.

Von allen Holzblasinstrumenten haben ausgesprochene Formanten vor allem die Doppelrohrblattinstrumente, also Oboe, Englisch Horn, Fagott und Kontrafagott. Diese Instrumente werden im Klang vor allem an den Formanten wiedererkannt. Bei der Wiedererkennung zum Beispiel des Flöten- oder Klarinettenklangs spielen Formanten keine Rolle; diese Instrumente haben auch nur schwache oder gar keine Formanten. Wie also kann man sich die Formantbildung bei den Doppelrohrblattinstrumenten vorstellen?

Beobachtet man die Schwingungen eines Doppelrohrblatts mit einer Hochgeschwindigkeits-Filmkamera, so zeigt sich, daß die Blätter kurze Schließphasen und längere Öffnungsphasen haben. Die Schließphasen sind zeitlich von der Tonhöhe des jeweiligen Tons weitgehend unabhängig, nur die Öffnungsphasen hängen zeitlich von der Tonhöhe ab: hohe Töne haben kurze, tiefe Töne lange Öffnungsphasen.

Untersucht man nun rein mathematisch, welche Spektren sich bei solchen Schwingungen einstellen, so stellt sich die überraschende Tatsache heraus, daß die Einhüllende der Spektren gleich bleibt, wenn nur die Schließphase gleich bleibt; die Öffnungsphase hat auf die Gestalt dieser Einhüllenden keinen Einfluß. Das sieht bei zwei Tönen im Oktavabstand so aus:

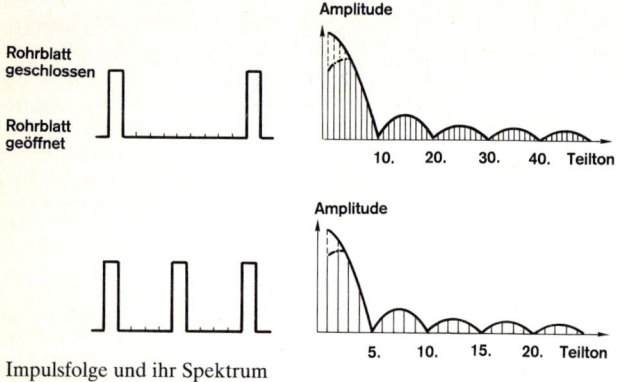

Impulsfolge und ihr Spektrum

Die Blechblasinstrumente haben ihrem akustischen Prinzip nach die gleiche Schwingungserzeugung wie die Doppelrohrblattinstrumente: der Luftstrom wird hier jedoch nicht durch aufeinanderschlagende Zungen unterbrochen; bei den Blechblasinstrumenten sind die Lippen des Bläsers die Luftstromunterbrecher. Dennoch haben diese Instrumente schwächere oder teils kaum erkennbare Formanten; das Verhältnis von Schließ- und Öffnungsphase ist nicht so regelmäßig ausgeprägt wie bei den Doppelrohrblattinstrumenten.

6. Fehlen und Hervortreten geradzahliger Teiltöne

Zylindrische Röhren, die an einer Seite akustisch geschlossen sind, haben die Eigenart, daß alle geradzahligen Teiltöne, also der 2., 4., 6. usw. Teilton nur schwach ausgebildet werden. Auch eine Saite, die in der Mitte gezupft oder geschlagen wird, zeigt eine solche Teiltonstruktur. Dem Gehör erscheinen solche Obertonstrukturen hohl und gedeckt. Das Piano solcher Klänge wirkt besonders still, ja düster.

Die Klarinette arbeitet in ihrer tiefen Tonlage akustisch wie eine solche einseitig geschlossene zylindrische Röhre. Alle »gedackten« Orgelpfeifen sind ebenfalls einseitig geschlossene Pfeifen.

Bei der Klarinette gibt es noch einen zweiten Grund, warum die geradzahligen Teiltöne schwach ausgebildet werden: Das einfache Rohrblatt schwingt wenigstens in der tiefen Tonlage annähernd rechteckförmig. Das Spektrum solcher Schwingungen besitzt also von sich aus schon keine geradzahligen Teiltöne (siehe auch Seite 46).

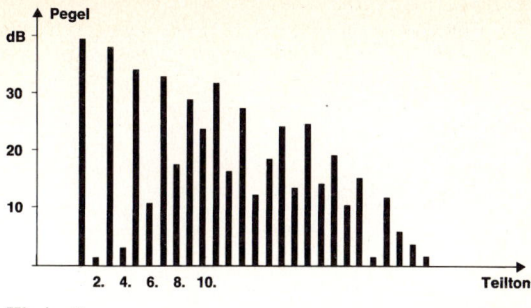

Klarinette

Das Spektrum zeigt die Komponenten eines tiefen Klarinettenklangs.

1.3.5 Musikalische Dynamik

Musikalische Dynamik bezeichnet die verschiedenen Stärkegrade der Musik, also sehr laut und sehr leise und die dazwischen liegenden Stufen. In der Hauptsache werden fünf Dynamikstufen vorgeschrieben; natürlich gibt es auch gleitende Übergänge dazwischen:

pp	p	mf	f	ff
pianissimo	piano	mezzoforte	forte	fortissimo
sehr leise	leise	halblaut	laut	sehr laut

crescendo = lauter werdend

leiser ⟵————————————————————⟶ lauter

diminuendo, descrescendo = leiser werdend

Daß sich ein leise gespielter Ton von einem laut gespielten Ton schon im Schwingungsverlauf deutlich unterscheidet, zeigen die Schwingungsverläufe der Klarinettentöne auf Seite 46. Die Schwingung des Forte-Tons ist bizarrer, zerklüfteter. Die Schwingung des Piano-Tons ist einfacher, glatter. Diese Unterschiede werden auch durch die Darstellung im Spektrum erfaßt. Dargestellt sind am Beispiel eines Klarinettenklangs ein tiefer und ein hoher Ton (siehe Seite 46).

Es zeigen sich also folgende Änderungen im Spektrum beim Übergang vom Pianissimo zum Fortissimo; sie gelten auch für die anderen Instrumente:

1. Die Anzahl der Teiltöne nimmt zu; dies gilt vor allem für tiefe Töne.
2. Die Stärke der Teiltöne nimmt zu; das gilt für tiefe und hohe Töne.

45

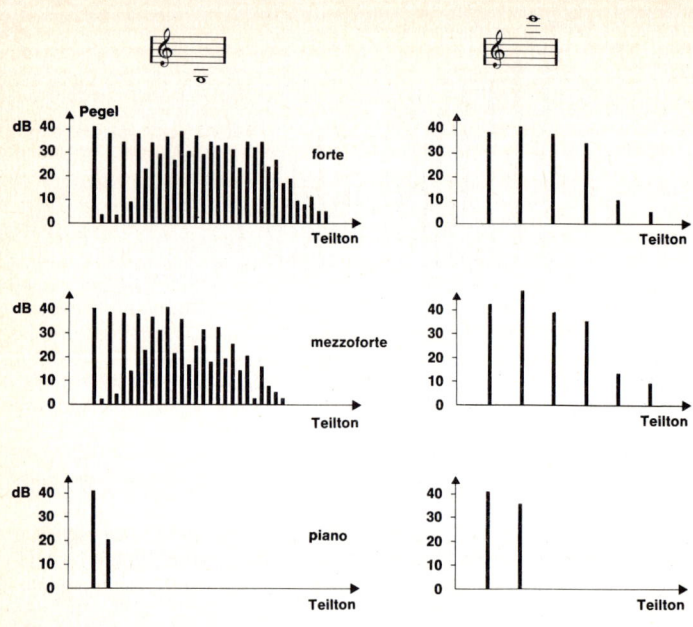

Klarinette

3. Das Spektrum tiefer Töne verändert sich mehr als das Spektrum hoher Töne.

Wichtig ist, daß allein aufgrund der Gestalt des Spektrums das Gehör die gespielte dynamische Stufe bestimmen kann, Pegelwerte haben darauf kaum Einfluß.

Streichinstrumente haben eine relativ geringe Dynamik von 30 bis 35 dB, sie können sehr leise spielen, auch ihr Fortissimo ist vergleichsweise leise. Das Fortissimo der Holzblasinstrumente übertrifft das der Streicher um das Doppelte, auch ihr Pianissimo ist etwa doppelt so laut wie das der Streicher; eine Ausnahme ist die Klarinette: sie kann ein extrem leises Pianissimo spielen und gehört damit zu den Instrumenten mit der größten Dynamik. Die Blechblasinstrumente sind nochmals fast doppelt so laut wie die Holzblasinstrumente, hier zeichnet sich das Horn durch eine besonders weite Dynamik aus. Daß die Schlaginstrumente eine sehr große Dynamik haben, versteht sich, ebenso das Klavier, die ausgebildete menschliche Stimme und große Orgeln. Eine auffallend geringe Dynamik haben das Cembalo und im Grunde alle historischen Instrumente.

1.3.6 Einschwingen und Ausklingen

Wir haben bisher den Klang von Musikinstrumenten auf zweierlei Weise beschrieben: als Schwingungs- bzw. Pegelverlauf und als Spektrum. Die Betrachtung des Schwingungsverlaufs öffnet nur den Blick auf extrem kurze Zeitabschnitte, größere zeitliche Verläufe werden nicht sichtbar. Der Pegelverlauf kann zwar einen größeren Zeitabschnitt erfassen, macht aber über Klangfarben keine Aussage. Das Spektrum schließlich gibt zwar über Pegel oder Amplituden und Frequenzzuordnung der Teiltöne Auskunft, es gilt aber nur für einen bestimmten Zeitpunkt und macht über den zeitlichen Verlauf keinerlei Angaben. Wünschenswert ist also eine Darstellung der drei Größen Frequenz, Zeit und Amplitude (Pegel) in einem einzigen Schaubild, also die Darstellung des zeitlichen Verlaufs des Spektrums; sie muß dreidimensional sein bzw. perspektivisch dargestellt werden. Will man einen Klangverlauf auf diese Weise darstellen, so muß man aus praktischen Erwägungen sich auf kurze Zeitabschnitte beschränken.

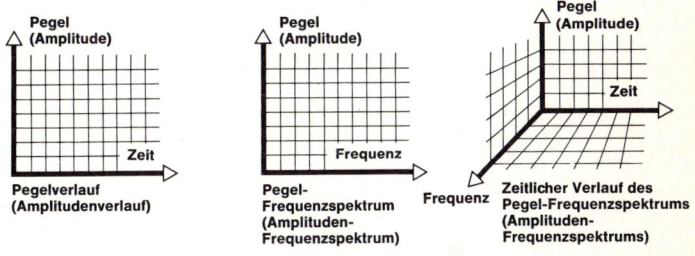

Pegelverlauf (Amplitudenverlauf) — Pegel-Frequenzspektrum (Amplituden-Frequenzspektrum) — Zeitlicher Verlauf des Pegel-Frequenzspektrums (Amplituden-Frequenzspektrums)

Eine solche Darstellung ist prinzipiell möglich. Wegen der großen Menge zu verarbeitender Daten werden dazu die modernen Verfahren der Klanganalyse benutzt. Dargestellt ist hier als Beispiel ein anschwellender Klarinettenton.

Die Darstellungsformen Schwingungs- und Pegelverlauf sowie Spektrum haben wertvolle Erkenntnisse vermittelt über den Verlauf des eigentlichen Klanges, also über den Zeitabschnitt zwischen dem Ende des Einschwingvorgangs und dem Beginn des Ausklingvorgangs. Schneidet man aber zum Beispiel den Einschwingvorgang eines Klanges ab, so verliert der Klang sehr stark seinen Charakter; es ist erheblich schwerer, einen solchen Klang zu identifizieren. Das zeigt, wie wichtig gerade der Einschwingvorgang als Teil der Klanggestalt ist.

Auch das Ausschwingen eines Klanges gehört zu seiner Klanggestalt. Zupfinstrumente und Schlaginstrumente erzeugen sogar Klänge, die nur aus dem Einschwingvorgang und dem Ausklingvorgang zusammengesetzt sind; einen Zeitabschnitt gleichbleibenden, statio-

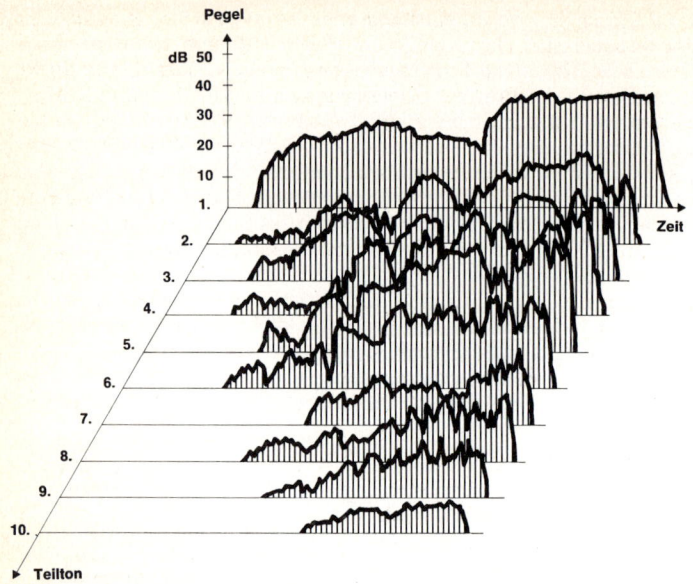

Anschwellender Klarinettenton

näreren Klanges gibt es bei diesen Instrumenten streng genommen nicht.

Einschwingvorgang und *Ausklingvorgang* werden zusammen als »Ausgleichsvorgänge« bezeichnet. Sie sind die Übergänge von einem Zustand – zum Beispiel keine Schwingungsbewegung – in einen anderen Zustand – zum Beispiel Schwingungsbewegung; zu den Ausgleichsvorgängen gehören also auch die Pegelschwankungen des Klanges. Hier findet ein Übergang von einem Pegelwert zu einem anderen statt. Beim Vibrato stellen wir neben dem Pegelübergang einen Übergang von einer Frequenz zu einer anderen fest; auch das ist ein Ausgleichsvorgang.

Alle Ausgleichsvorgänge sind einmalige Vorgänge, sie wiederholen sich vielleicht ähnlich, aber niemals gleich. Sie sind also nicht periodisch. Das bedeutet aber, daß ihnen kein Spektrum aus einzelnen Spektrallinien zugeordnet werden kann, sondern nur ein Spektrum, bei dem hinter den harmonischen Teiltönen die Spektrallinien unendlich dicht nebeneinander liegen wie bei einem Geräuschspektrum; wir haben ein solches Spektrum ein »kontinuierliches Spektrum« genannt. Weil der Klang eines Musikinstruments immer in sich bewegt ist, sich dauernd verändert, muß ein solcher Klang neben dem Linien-

48

spektrum auch ein kontinuierliches Spektrum besitzen; wir haben es bereits dargestellt.

Schon das Spektrum einer Sinusschwingung, die Anfang und Ende oder nur einen Anfang oder nur ein Ende hat, ist ein kontinuierliches Spektrum, denn ein solcher zeitlich begrenzter Sinuston ist als Ganzes ein einmaliger Vorgang. Dauert diese Sinusschwingung aber unendlich lange an, so besteht ihr Spektrum aus einer einzigen Linie. Je länger der Ton dauert, desto schwächer wird das kontinuierliche Geräuschspektrum. Hier sind die Spektren von Sinustönen, einmal unendlich andauernd, einmal mit einem beobachtbaren Beginn oder Ende.

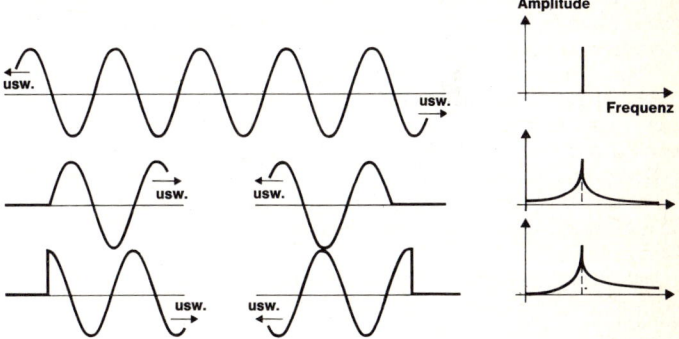

Spektren unendlich andauernder und beginnender bzw. endender Sinustöne

Eine interessante Erscheinung des Einschwingvorgangs sind die sogenannten *Vorläuferimpulse* und *Vorläufertöne*. Blechblasinstrumente haben oft als Bestandteil des Einschwingens einen kurzen Klangimpuls, der dem eigentlichen Klangeinsatz vorangeht. Ist er so stark, daß er vom Gehör getrennt und deutlich wahrnehmbar ist, so nennt man ihn einen »Kiekser«; solche Kiekser kennzeichnen nur unschöne Klangeinsätze.

Flöteninstrumente, ganz besonders aber die Lippenpfeifen der Orgel haben deutlich hörbare Vorläufertöne, deren Tonhöhe mit dem nachfolgenden Ton nicht übereinstimmt. Gerade bei Orgelpfeifen werden diese Vorläufertöne oft kultiviert; sie machen einen Melodieverlauf in einem vielstimmigen Klanggewebe deutlicher.

In der Musik werden die Vorläufertöne auch in stilisierter Form verwendet: Die kurzen Vorschläge vor den Noten – im Notentext sind sie als kleine Noten gestochen – sind solche künstlichen Vorläufertöne. Sie sollen den nachfolgenden Ton durch einen besonders markanten Einschwingvorgang hervorheben. Hier ist ein Beispiel aus einer Komposition von Wolfgang Amadeus Mozart.

»Künstliche Einschwingvorgänge«

Betrachtet man Einschwingvorgänge unter dem Gesichtspunkt des Pegelverlaufs, so hat die Dauer des Einschwingvorgangs, also die Zeitspanne, bis der Pegel seinen vollen Wert erreicht hat, den größten Aussagewert für das Hörerlebnis des Klanges. Schnelle Einschwingvorgänge dauern 10 ms oder noch kürzer, langsame Einschwingvorgänge dauern 200 bis 500 ms. Die meisten Klänge schwingen etwa innerhalb 20 bis 50 ms ein.

Von der Einschwingzeit kann man auch auf den Aufbau des Spektrums schließen. Kurze Einschwingvorgänge haben ein breites Spektrum mit starken hohen Klangkomponenten; ein extrem kurzer Klangeinsatz macht sich als Knack hörbar. Viele Konsonanten der Sprache sind akustisch nichts anderes als sehr rasche Klangeinsätze. »Papa« ist akustisch nichts weiter als zweimal der Vokal »a« mit sehr kurzem Klangeinsatz, »Mama« ist akustisch zweimal das »a« mit langem Klangeinsatz.

Das *Ausklingen* ist bei den Blasinstrumenten und bei den Streichinstrumenten ein sehr rascher Vorgang. Im allgemeinen wird das Nachklingen des Raumes, der Nachhall, viel länger sein als das Ausklingen dieser Instrumente; für den Höreindruck ist also der Nachhall weit wichtiger als der Ausklingvorgang der schnell verklingenden Musikinstrumente. Bei gezupften Saiten – also bei Zupfinstrumenten,

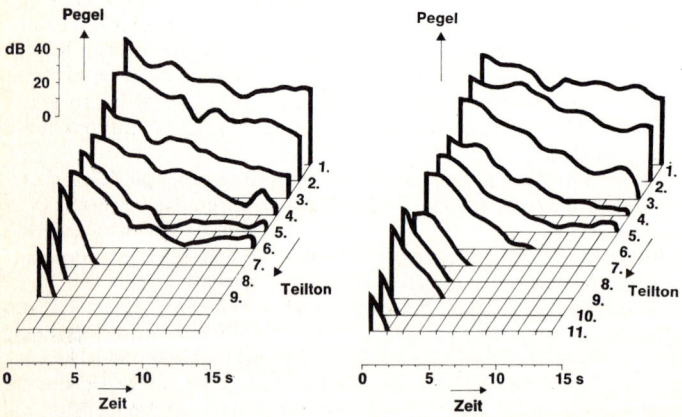

Ausklingendes Klavier

beim Cembalo und beim Pizzikato der Streichinstrumente – sowie bei geschlagenen Saiten – also beim Klavier – kann das Ausklingen viele Sekunden andauern. Die Ausklingdauer der einzelnen Teiltöne ist unterschiedlich: die hohen Teiltöne klingen rascher aus als die tiefen Teiltöne; dadurch färbt sich der Klang im Ausklingen dunkler. Dieses Verhalten zeigen auch die beiden Klavierklänge im Bild. Diese Dunkelfärbung charakterisiert übrigens auch den Nachhall, ganz besonders, wenn er lange andauert.

2. STREICHINSTRUMENTE

2.1 Moderne Streichinstrumente

2.1.1. Bauform
Die Familie der modernen Streichinstrumente hat vier Mitglieder:

Violine – auch Geige genannt,
Viola – auch Bratsche genannt,
Violoncello – auch einfach Cello genannt,
Kontrabaß – auch einfach Baß genannt.

Ihrem *Aussehen* nach unterscheiden sich Violine, Viola und Violoncello vor allem durch ihre Größe. Davon abgesehen sind sie – bis auf ein paar Einzelheiten – in ihrem Bau gleich. Der Kontrabaß ist diesen Instrumenten zwar recht ähnlich, unterscheidet sich jedoch in einigen wichtigen Details von ihnen. Er entstammt nämlich einer anderen Familie, einem anderen Typ von Streichinstrumenten.
  Violine, Viola und Violoncello gehören zur sogenannten Violinenfamilie (auch Familie der Viola da braccio). Der Kontrabaß gehört eigentlich der sogenannten Gambenfamilie an (auch Familie der Viola da gamba); er hat allerdings im Laufe der Zeit viele Konstruktionsmerkmale der Violinenfamilie übernommen. Die Violone ist

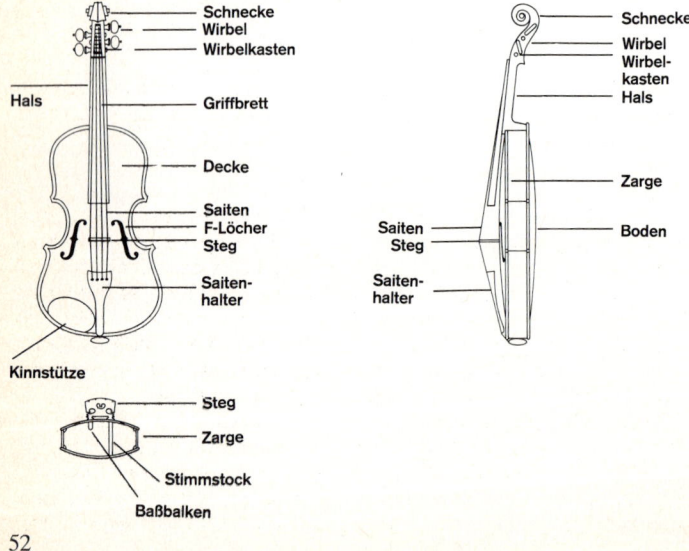

ein Kontrabaß mit allen Merkmalen der Violinenfamilie. Die Zeichnungen auf dieser Seite zeigen die gemeinsamen und die unterscheidenden Merkmale von Violine, Viola und Violoncello einerseits und Kontrabaß andererseits. Im Gegensatz zu Violine, Viola und Violoncello gibt es beim Kontrabaß keine verbindliche Standardform; die Größe des Instruments variiert, und die Gestalt seines Bodens ist nicht einheitlich. Die Zeichnungen zeigen eine der typischen Formen.

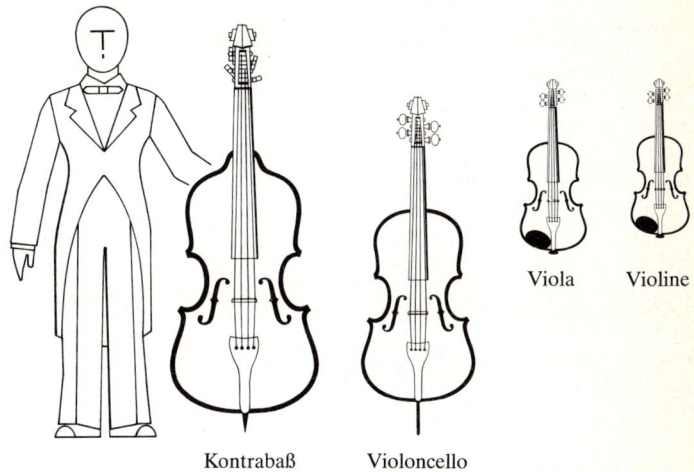

Viola   Violine

Kontrabaß   Violoncello

Die Grafik zeigt die relative Größe der vier Streichinstrumente zueinander; ein wenig Augenmaß erfordert die Unterscheidung von Violine und Viola.

2.1.2 Spiel

Violine und Viola werden beim Zusammenspiel mehrerer Instrumente im Sitzen gespielt, bei solistischen Aufführungen im Stehen. Man setzt das Instrument zwischen Hals und Schulter, ein Kinnhalter und eine Schulterstütze erleichtern dies. Das Violoncello wird immer im Sitzen gespielt und dabei mit den Knien festgehalten. Es steht mit einem Dorn oder Stachel auf dem Boden. Der Kontrabaß wird entweder im Stehen gespielt, oder der Spieler sitzt, um nicht zu ermüden, auf einem hohen Hocker – dies besonders im Orchester.

Es gibt bei den Streichinstrumenten mehrere Möglichkeiten der *Klangerzeugung*. Man kann die Saiten mit einem Bogen streichen, mit den Fingern zupfen, mit der Bogenstange schlagen. Zum Streichen dient der *Bogen*, der vom rechten Arm mit einem gewissen Druck quer über die Saiten auf- und abgeführt wird. Der Bogen ist mit

Frosch	Stange	Spitze

Violinbogen   Bespannung (Pferdehaare)

Violoncellobogen

Kontrabaßbogen

Pferdehaaren bespannt und wird am »Frosch« gehalten. Jedes Instrument hat einen ihm angepaßten Bogen.

Wird der Bogen nicht benutzt, entspannt ihn der Spieler an der Stellschraube des Frosches. Die Haare des Bogens müssen regelmäßig mit Kolophonium, einem speziellen Harz, bestrichen werden, um die Haftwirkung des Bogens an den Saiten zu verbessern.

Unsere vier Streichinstrumente haben vier Saiten, der Kontrabaß hat als Orchesterinstrument fünf. Mit diesen vier Saiten kann man aber nicht nur vier verschiedene Töne, sondern Töne jeder *Tonhöhe* innerhalb eines bestimmten Tonbereichs erzeugen. Wie wird das gemacht? Streichen die Spieler die vier »leeren« Saiten der Instrumente an, dann erklingen folgende Töne:

8 (klingt eine Oktave tiefer als notiert)

Der Spieler stimmt die Saiten auf diese Töne genau ein, indem er an den Wirbeln dreht und dadurch die Spannung der Saiten verändert. Aber nicht nur die Saitenspannung bestimmt die Tonhöhe, auch die Länge der Saite hat Einfluß auf sie: Je kürzer die Saite, um so höher der Ton. Der Spieler kann die frei schwingende Länge jeder Saite verkürzen und damit höhere Töne spielen, indem er jeweils eine Saite auf das Griffbrett niederdrückt.

Der Abstand, den »die Töne auf dem Griffbrett voneinander haben«, ist bei den verschiedenen Instrumenten unterschiedlich. Die Zeichnung zeigt die Verhältnisse bei der Violine und beim Violoncello. Die Finger müssen sehr präzise auf die richtige Stelle gesetzt werden. Eine Orientierung gibt es für den Spieler dabei nicht. Hier helfen nur Übung und ein gutes Gehör.

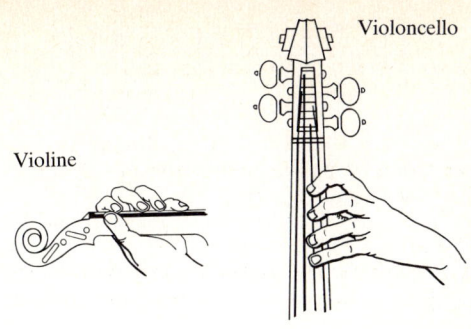

Violine

Violoncello

Am Beispiel der *a'*-Saite der Violine wird die erforderliche Saitenverkürzung deutlich:

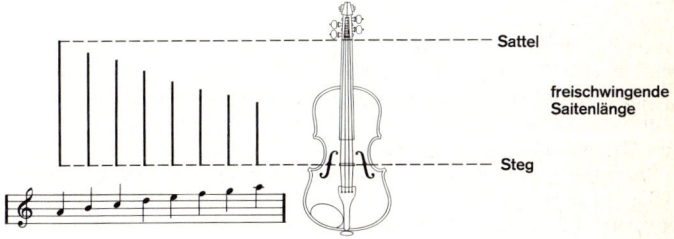

Sattel

freischwingende
Saitenlänge

Steg

Bei diesem Beispiel wird der Spieler allerdings bei *e''* oder *f''* auf die
e''-Saite übergehen. Spielt also ein Geiger eine Tonleiter vom tiefsten
möglichen Ton *g* bis hinauf in den hohen Tonbereich, so muß er die
folgenden Saitenlängen auf den angegebenen Saiten greifen:

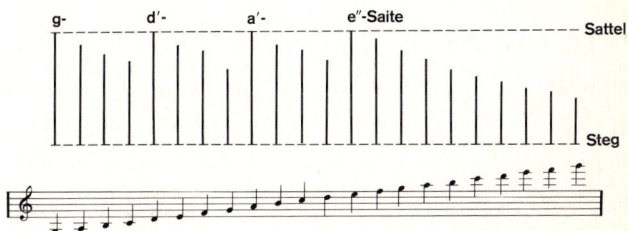

g-   d'-   a'-   e''-Saite   Sattel

Steg

Natürlich kann der Bogen nicht nur über eine, sondern gleichzeitig
über zwei Saiten gestrichen werden; Zweiklänge, sogenannte *Doppel-
griffe*, sind also spielbar. Auch Drei- und Vierklänge sind möglich:

55

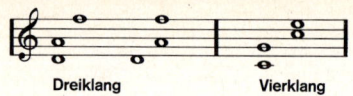

Dreiklang   **Vierklang**

Dabei werden zunächst je zwei Töne gleichzeitig gespielt, dann wird das zweite Tonpaar beim Vierklang bzw. der fehlende Ton beim Dreiklang kurz danach angestrichen.

Gelegentlich werden den Streichinstrumenten auch vier weitere, besondere Spielarten vorgeschrieben: Drei davon sind mit dem Bogen auszuführen (Tremolo, Flageolett und das Spiel mit dem Dämpfer), die vierte ist das Zupfen mit den Fingern der rechten Hand (pizzicato).

Beim *Tremolo* führt der Spieler den Bogen mit einer Art Zitterbewegung sehr rasch über die Saiten hin und her; es entsteht ein unruhig schwirrender Ton, der dauernd unterbrochen ist. In der Notenschrift haben die zu tremolierenden Noten einen mehrfach durchgestrichenen Hals. Das Tremolo wird oft mit dem *Vibrato* verwechselt. Beim Tremolo beeinflußt der Spieler die Klangstärke. Beim Vibrato hingegen beeinflußt er die Tonhöhe; dazu führt er mit der linken Hand, die die Saiten niederdrückt, eine Art Schüttelbewegung aus, die sich auf die Tonhöhe überträgt; sie wird so dauernd verändert und gibt dem Ton Lebendigkeit und Intensität.

Beim *Flageolett* wird ein Finger der linken Hand nur leicht auf die Saite gelegt, er drückt sie nicht auf das Griffbrett nieder. Dadurch werden beim Spielen einzelne Teiltöne zum Klingen gebracht. Ein Geiger kann z. B. diese Töne auf der leeren *g*-Saite erzeugen. Flageolett auf einer leeren Saite heißt »natürliches Flageolett«. Das »künst-

liche Flageolett« entsteht dagegen, wenn ein Finger der linken Hand die Saiten an einer bestimmten Stelle fest niederdrückt, während ein anderer Finger durch leichtes Auflegen den Flageolett-Ton erzeugt. Mit künstlichem Flageolett kann man also jede beliebige Melodie

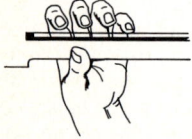

natürliches Flageolett

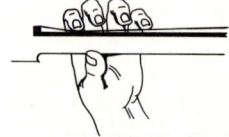

künstliches Flageolett

spielen, aber nur im oberen Tonbereich des Instruments. Flageolett-Töne erweitern den Tonbereich nach oben.

Die Spielanweisung »Flageolett« besteht meist in einem o über der entsprechenden Note:

Gelegentlich wird auf den Steg der Streichinstrumente ein *Dämpfer* (sordino) aufgesetzt. Dadurch wird der Steg schwerer, das verändert die Klangfarbe. In den Noten wird die Anweisung, mit Dämpfer zu spielen, durch die Worte »con sordino« gegeben, durch »senza sordi-

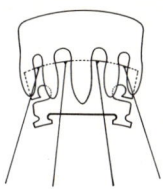

no« wieder aufgehoben. Manchmal wird der Dämpfer in Verbindung mit Tremolo gefordert; dies ergibt einen beunruhigenden, unheimlichen Klangeffekt.

Als Zupfinstrumente werden Violine, Viola und Violoncello selten verwendet. Dazu eignen sich besser die eigentlichen Zupfinstrumente, deren Klang lauter ist und nicht so rasch verklingt. Hingegen wird der Kontrabaß – vor allem in der Unterhaltungsmusik (U-Musik) und im Jazz – häufig gezupft. Er wird dann auch »Zupfbaß« genannt. Anstelle von »gezupft« verwenden die Musiker meist das italienische Wort *pizzicato*. In der Notation wird die Anweisung »pizzicato« abgekürzt: »pizz.«. Soll wieder mit dem Bogen gestrichen werden, so steht in den Noten »col arco« oder einfach »arco«.

Zu Schlaginstrumenten werden die Streichinstrumente, wenn der Spieler mit der Stange des Bogens (»col legno«) auf die Saiten schlägt. Eine besondere Art des Schlagens des Kontrabasses hört man gelegentlich in der Jazzmusik: Der Spieler zieht die Saite mit Daumen und Zeigefinger vom Griffbrett weg und läßt sie dann los. Dadurch schlägt die Saite auf das Griffbrett, bevor ihr Ton zu hören ist. Man nennt den so gespielten Baß *Schlagbaß*.

2.1.3 Verwendung

Streichinstrumente finden in allen Bereichen des Musiklebens Verwendung. Sie bilden den Kern des Sinfonie- und Opernorchesters. Die Stimmen sind hier jeweils mit mehreren Spielern – man sagt: »chorisch« – besetzt. Es gibt aber auch viele Werke der Kammermusik für Streichinstrumente allein oder mit anderen Instrumenten zusammen. Die Stimmen in kammermusikalischen Werken sind immer nur mit einem Instrument – »solistisch« – besetzt. Weiterhin findet man die Streichinstrumente in der Volksmusik, Schlager- und Popmusik sowie im Jazz.

Das *Sinfonie-* und *Opernorchester* hat seit dem 18. Jahrhundert in der Regel folgende Streicherstimmen: Violine I, Violine II, Viola, Violoncello und Kontrabaß. Violoncello und Kontrabaß spielen bis zum Beginn des 19. Jahrhunderts aus der gleichen Stimme, danach verselbständigt sich die Kontrabaßstimme. Die Anzahl der Spieler pro Stimme ist von Orchester zu Orchester sehr unterschiedlich. Die Verhältnisse von Violine I zu Violine II zu Viola zu Violoncello zu Kontrabaß sind etwa wie 6:5:4:3:2. Die Streichinstrumente des Sinfonieorchesters bilden für sich allein das sogenannte Streichorchester. Besonders im 17. und 18. Jahrhundert wurden viele Werke für Streichorchester komponiert, wobei das Streichorchester von einem Cembalo begleitet wird. Aus dem 19. und 20. Jahrhundert gibt es weniger Kompositionen für Streichorchester.

Kammermusikalische Zusammenstellungen mit Streichinstrumenten gibt es in großer Vielfalt. Im 18. Jahrhundert waren es zunächst insbesondere Kompositionen für ein Streichinstrument (sogenannte Solosonaten, besonders für Violine, Violoncello oder Gambe) oder zwei Streichinstrumente (sogenannte Triosonaten, zum Beispiel für zwei Violinen), jeweils mit Begleitung des »Generalbasses« (meist Cembalo mit einem Baßinstrument). In der zweiten Hälfte des 18. Jahrhunderts werden allmählich die Kammermusikbesetzungen entwickelt, die auch im 19. und teilweise noch im 20. Jahrhundert im Vordergrund stehen; die Gambe wird jetzt nicht mehr verwendet, der Kontrabaß – wie bisher – selten. Die häufigsten Besetzungen sind: Sonaten für ein Streichinstrument (besonders Violine und Violoncello) mit Klavier, Klaviertrios (Violine, Violoncello und Klavier) und Streichquartett (Violine I, Violine II, Viola und Violoncello). Daneben gibt es viele andere Kammermusikbesetzungen mit Streichinstrumenten.

Kompositionen für *ein Streichinstrument allein* gibt es vergleichsweise selten. Groß ist dagegen die Zahl an *Konzerten* für Soloinstrumente und Orchester, bei denen an die Solisten in der Regel größere spieltechnische Anforderungen gestellt werden als in der Kammermusik. Es gibt Konzerte für einzelne Streichinstrumente, aber auch einige Doppelkonzerte für zwei Solisten.

2.2 Historische Streichinstrumente

In Europa entfaltet sich im Mittelalter bei den Streichinstrumenten ein großer Formenreichtum. Einheitliche Instrumententypen gibt es ebensowenig wie einheitliche Namensgebung. Auch die Haltung und Spielweise der Instrumente variiert sehr. Erst im späten Mittelalter

kristallisieren sich zwei Streichinstrumententypen mit verhältnismäßig einheitlicher Form heraus, es sind die Fidel mit einer kastenarti-
gen Grundform und die birnenförmige Rebec. Aber noch um 1500
besteht eine verwirrende Vielfalt an Formen und Spielweisen.

Nach 1500 werden in wenigen Jahrzehnten aus vorhandenen und
neuen Formmerkmalen *drei Familien von Streichinstrumenten* geschaffen, die rasch eine vorher nicht gekannte Vereinheitlichung der
Form und Spielweise zeigen. Diese drei Instrumentenfamilien scheinen sich zunächst nur durch unwichtige Details zu unterscheiden; es
wird sich bei näherer Betrachtung allerdings zeigen, daß die Unterschiede tiefe Wurzeln und weitreichende Auswirkungen haben. Die
Namen der drei Familien sind: Geigen, Gamben und Liren; daneben
sind noch andere Benennungen in Gebrauch. Jede der drei Familien
hat mehrere Mitglieder: Hier sind zunächst die kleinen Sopraninstrumente einander gegenübergestellt, wie sie nach Abschluß ihrer ersten
Entwicklungsphase von Michael Praetorius (1620) dargestellt werden.

M. Praetorius, Theatrum Instrumentorum, 1620

Sopraninstrumente der Familien der

Geige   *Gambe*   *Lira*

Vielfach wird auch die italienische Benennung gebraucht:

viola da braccio   *viola da gamba*   *lira*

Durch Übernahme des italienischen Wortes gamba (Bein) ins Deutsche entsteht die Bezeichnung Gambe. Üblich sind auch die folgenden Bezeichnungen der Familien:

Violinen *Violen* *Liren*

Das Wort Viola kann also je nach Zusammenhang dreierlei bedeuten: 1. Instrument der Gambenfamilie, 2. Instrument der Familie der Gamben oder Geigen (Kurzform von viola da braccio oder viola da gamba) und 3. im engsten Sinne Altinstrumente der Geigenfamilie, also gleichbedeutend mit Bratsche.

Das 16., 17. und 18. Jahrhundert ist die Zeit der Gamben und Geigen, wobei die Geigen immer größere Bedeutung erlangen und nach 1800 die Gamben gänzlich verdrängen. Die Bedeutung der Lira bleibt im wesentlichen auf den italienischen Raum und auf die Zeit bis 1650 beschränkt. Unser Hauptinteresse gilt demnach den beiden Familien der Geigen und Gamben. Sie repräsentieren trotz ihrer äußeren Ähnlichkeit gegensätzliche Ausdrucksweisen der Musik. Ihre Verwendung dokumentiert geradezu den Stilwandel der Musik nach 1600.

Die italienischen Namen zeigen einen ersten, ganz wichtigen Unterschied zwischen den Geigen und Gamben an. Beide Familien werden Viola genannt, nur die *Spielhaltung* unterscheidet sie: Viola da braccio bedeutet Armviola, Viola da gamba bedeutet Beinviola. Die Spielhaltung wird offensichtlich für wichtiger erachtet als die unterscheidenden Merkmale der Instrumente selbst. Die Geigen werden über dem Arm an die Schulter oder an das Kinn gestemmt, die Gamben werden auf oder zwischen den Knien gehalten.

Die großen Instrumente, die Tenor- und Baßinstrumente, können

Die Armhaltung bei den Geigen
J. Chr. Weigel, Musicalisches Theatrum, um 1722

Die Kniehaltung bei den Gamben
Titelbild zu Orlando di Lassos fünfstimmigen Messen, 1589

J. Chr. Weigel, Musicalisches Thea-   F. Bonanni, Gabinetto Armonico,
trum, um 1722   1723

nicht mehr in Armhaltung gespielt werden, sie werden wie die Gamben zwischen die Knie genommen bzw. auf dem Boden aufgestellt.

Zu der unterschiedlichen Spielhaltung kommt eine unterschiedliche *Bogenhaltung*: Bei den Violinen wird der Bogen von oben her gehalten, bei den Violen von unten her, der Bogen selbst ist zunächst der gleiche.

Nun gibt es eine ganze Reihe weiterer Unterscheidungsmerkmale zwischen Geigen und Gamben, die sich unter zwei verschiedenen Blickwinkeln betrachten lassen. Zunächst könnte man die instrumentenbaulichen Unterschiede darlegen, sie würden wahrscheinlich als Details erscheinen, die mehr die Instrumentenbauer interessieren müßten als den Liebhaber eines historischen Klangbilds. Bringt man aber diese Details in Verbindung mit dem fundamentalen Wandel der musikalischen Ausdrucksprinzipien von der Renaissance zum Barock, so erklären sie sich auf einleuchtende Weise aus den grundlegenden Unterschieden der Musik selbst: Die Familie der Gamben repräsentiert die Musik der Renaissance, die der Geigen die Barockmusik. Mit einer gewissen Vereinfachung können diese beiden *Instrumentenfamilien* und die *musikalischen Ausdrucksweisen,* die ihnen entsprechen, einander gegenübergestellt werden:

Familie der Geigen	Familie der Gamben
Musik des Barock melodisch-solistisches Spiel	Musik der Renaissance harmonisches Ensemblespiel (Gambenconsort)
monophone Musik ausdrucksfähiger, wandelbarer Klangcharakter	polyphone Musik objektiver, weniger wandelbarer Klangcharakter
unterschiedliche Spielhaltung für eine optimale solistische Entfaltung	einheitliche Spielhaltung
die Bogenhaltung (Obergriff) ermöglicht dynamisches Spiel	die Bogenhaltung (Untergriff) begünstigt gleichmäßig dynamikarmes Spiel

Die *konstruktiven Unterschiede zwischen Geigen und Gamben* gewinnen vor diesem Hintergrund ihren Sinn. Was zunächst zufällig erscheint, zeigt sich nun als beabsichtigt und zweckmäßig.

Die Liren finden in diesem Schema ihren Platz zwischen Geigen und Gamben. Entsprechend bildet sich hier kein so klarer Typ heraus wie insbesondere bei den Geigen. Sie haben Merkmale von Geigen und Gamben, können aber nicht als Vorform dieser Familien gelten, sondern haben ihre eigene Entwicklungsgeschichte.

Die wichtigsten konstruktiven Unterschiede zwischen Geigen und Gamben sind:

Geigen	*Gamben*

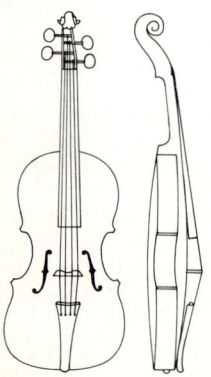 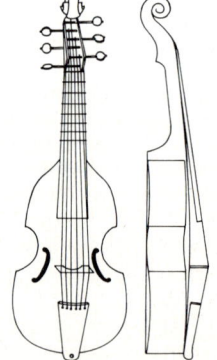

Zargenhöhe

Die hohen Instrumente der Geigenfamilie, die in Armhaltung gespielt werden, haben ein flacheres Corpus.

Das Corpus aller Mitglieder der Gambenfamilie ist tief.

Die flachere Bauweise der Geigeninstrumente – soweit sie in Arm-
haltung gespielt werden – ist Voraussetzung für die Armhaltung. Die
Tenor- und Baßinstrumente der Geigenfamilie haben dasselbe tiefe
Corpus wie die Gamben.

Schallöcher

Die beiden Schallöcher in der
Decke sind f-förmig (»F-Lö-
cher«).

Die beiden Schallöcher in der
Decke sind c-förmig (»C-Lö-
cher«).

$$\int\!\!\!\int \qquad\qquad)\!($$

Die c-förmigen Schallöcher der Gamben stehen dem runden Schall-
loch der Zupfinstrumente in der Form näher, eine Verwandtschaft,
die sich anhand der Entwicklung der Gestalt der Schallöcher nach-
weisen läßt.

$$\bullet \quad \mathbb{0} \quad () \quad)(\quad \int\!\!\!\int $$

Boden

Der Boden der Geigen ist gewölbt.

Der Boden der Gamben ist flach,
bei den tiefen Instrumenten
oben abgeschrägt.

Der Boden nimmt als schwingender Teil der Instrumente direkt Einfluß auf die Klanggestalt.

Griffbrett und Bünde

Die Saiten werden verkürzt, indem sie mit einem der Finger auf
das Griffbrett gedrückt werden.
Der Finger selbst markiert das
Ende der schwingenden Saite.

Die Saiten werden verkürzt, indem sie mit einem der Finger
zwischen zwei Bünden auf das
Griffbrett gedrückt werden. Die
Bünde bestimmen die frei-
schwingende Saitenlänge.

Bei den Geigen kann die Tonhöhe der einzelnen Töne beim Spiel
beeinflußt werden, wodurch es möglich wird, mit Vibrato zu spielen.
So kann jeder Ton verlebendigt werden. Der Gambenton ist starrer,
in der Tonhöhe kaum veränderbar. Der Geigenton bietet wesentlich
mehr Möglichkeiten zur individuellen, subjektiven Klanggestaltung,

der Gambenton hat wegen seiner geringeren Gestaltbarkeit einen objektiveren Klangcharakter.

Die Bünde selbst sind Darmsaiten, die an den entsprechenden Stellen um den Hals gebunden werden. Durch die harte Begrenzung der Saiten an den Bünden können die Töne besser nachklingen, als wenn die Saiten durch die weiche Fingerkuppe abgedämpft werden. Das längere Ausklingen der Saiten ist aber Voraussetzung für akkordisches Spiel über mehrere Saiten hinweg. Auch Lauten und Gitarren haben Bünde, damit die Saiten länger nachklingen.

Saitenzahl und Steg

Die Geigen haben vier Saiten. Sie laufen über einen stärker gekrümmten Steg.

Die Gamben haben sechs Saiten. Sie laufen über einen weniger gekrümmten Steg.

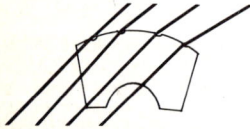

Der wenig gekrümmte Steg der Gambe und die größere Zahl der Saiten machen es leichter, akkordisch zu spielen. Umgekehrt erleichtert die größere Krümmung des Geigensteges das solistisch-melodische Spiel auf einzelnen Saiten, weil nicht bei jedem etwas stärkeren Bogendruck gleich die Nachbarsaiten mit angestrichen werden. Die Möglichkeiten zu akkordischem Spiel begrenzen also zugleich die Möglichkeiten zu melodisch-solistischem Spiel auf den Gamben.

Stimmung

Die Instrumente der Geigenfamilie sind in Quinten gestimmt.

Die Instrumente der Gambenfamilie sind in Quarten und einer dazwischenliegenden Terz gestimmt, ähnlich wie die für das akkordische Spiel verwendeten Zupfinstrumente.

Als Beispiel folgen die Stimmungen der leeren Saiten der sich in der Größe entsprechenden Tenorinstrumente der beiden Familien:

Violoncello

Tenorgambe

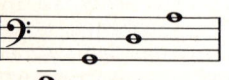

Corpusgröße und Hals
Für Instrumente derselben Stimmlage gilt:

Das Corpus ist kleiner und der Hals kürzer. Auch die Saiten sind kürzer.	Das Corpus ist größer und der Hals länger. Auch die Saiten sind länger.

Bei gleicher Dicke und gleichem Material der Saiten wäre ihre Spannung auf der Gambe wesentlich höher. Dem wären die Gamben wegen ihrer leichten Bauweise nicht gewachsen, deshalb müssen die Gambensaiten dünner sein, ihre Spannung ist dann auch geringer. Saiten geringerer Spannung erlauben aber nur geringeren Bogendruck – wie ja auch die geringere Stegkrümmung – und damit auch kein kraftvoll lautes Spiel. Der Gambe entspricht also ein dynamikarmes, der Geige ein dynamikreiches Spiel.

Gewicht und Stabilität

Die Geigen sind im allgemeinen schwerer und stabiler gebaut als die Gamben.	Die Gamben sind leichter gebaut als die Geigen.

Die leichtere Bauweise der Gamben kann – wie die größere Bauweise – keine hohe Saitenspannung aushalten, die Gambensaiten müssen also auch deshalb leichter und dünner als die Geigensaiten sein. Die leichteren Gamben können obertonreicher, klanglich heller schwingen als die schwereren Geigen. Diese entfalten demgegenüber mehr Klangvolumen.

Um 1600 sind die Familien der Geigen und Gamben nebeneinander zu finden; um 1800 aber werden nur noch Geigeninstrumente gespielt. Diese Entwicklung folgt den Anforderungen, die die Musik an die Musiker und an die Instrumente stellt. Und die Barockmusik stellt ihre Forderung nach ausdrucksvollem, melodischem Spiel zunächst an die hohen Streichinstrumente, deshalb wird schon seit 1600 die Diskantviola da gamba ersetzt durch das Diskantinstrument der Violinfamilie, also durch die Violine, danach folgen die tieferen Instrumente; erst im 18. Jahrhundert erfaßt dieser Prozeß das Tenorinstrument, die Viola da gamba im engeren Sinne, die dem Violoncello weichen muß. Der Kontrabaß, dem solistische Aufgaben nur in Ausnahmefällen übertragen werden, ist bis heute ein Instrument der Gambenfamilie geblieben, das nur einige Merkmale der Geigenfamilie übernommen hat.

Das wichtigste Instrument der Geigenfamilie ist das hohe Melodieinstrument, also die Geige oder Violine im engeren Sinne. Sie ist Ausgangspunkt und Vorbild der *Familienbildung* und hat das ihr entsprechende Instrument der Gambenfamilie als erstes verdrängt. Hauptinstrument der Gambenfamilie ist hingegen eines der tiefen Instrumente der Familie, die Gambe im engeren Sinne. Sie galt zeit-

weise als Baßinstrument der Familie, zeitweise als Tenor- und Altinstrument. Und diese tiefe Gambe ist Ausgangspunkt und Vorbild
der Familienbildung, sie hat sich auch am längsten der Konkurrenz
erwehren können.

Wir sehen uns die drei Instrumentenfamilien nochmals etwas näher
an, unser Interesse gilt aber auch einigen Verwandten dieser Familien
und anderen Streichinstrumenten, die während der vergangenen 350
Jahre Bedeutung erlangt haben.

2.2.1 Familie der Geigen oder Violinen (Viola da braccio)

Die wesentlichen Merkmale dieser Familie sowie ihre Einordnung in
den musikgeschichtlichen Zusammenhang wurden bereits aus dem
Vergleich mit den Gamben deutlich. Es bleibt, die einzelnen Familienmitglieder vorzustellen und die Unterschiede zwischen den modernen Instrumenten und den Instrumenten des 17. und 18. Jahrhunderts darzustellen.

Die *Zusammensetzung der Familie* der Geigen oder Violinen, wie
sie heute üblich ist, steht erst im 18. Jahrhundert endgültig fest. Sie
umfaßt vier Instrumente: eines in Sopranlage – die Violine oder Geige –, eines in Altlage – die Viola oder Bratsche –, eines in Tenorlage
– das Violoncello –; das eigentliche Baßinstrument – der Kontrabaß –
ist wie gesagt ein Instrument der Gambenfamilie, das von der Familie
der Geigen aufgenommen wurde.

Im 17. Jahrhundert war die Zusammensetzung der Familie etwas
anders. Über der Violine gab es noch ein höheres Instrument, das im
18. Jahrhundert überflüssig wurde, weil die Violinisten gelernt hatten,
auf ihrem Instrument auch höher zu spielen. Diese kleine Violine
schreibt noch Johann Sebastian Bach in mehreren Kompositionen
vor, sie heißt bei ihm Violino piccolo. Die heutige Violine galt im
17. Jahrhundert als Altinstrument, die heutige Viola als Tenorinstrument und das heutige Violoncello als Baßinstrument. So waren alle

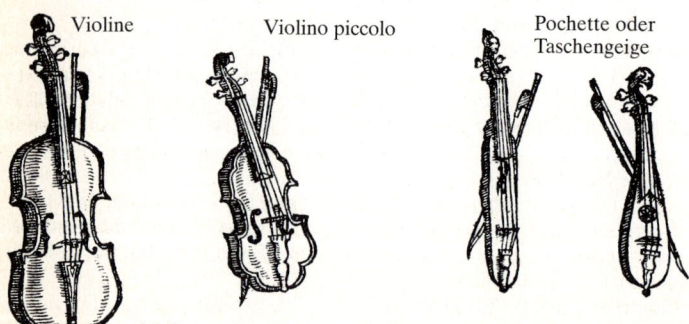

Violine   Violino piccolo   Pochette oder
                                               Taschengeige

M. Praetorius, Theatrum Instrumentorum, 1620

Stimmlagen tatsächlich mit Geigeninstrumenten besetzt. Nur die »Groß Contra-Baß-Geig« war den Gamben entlehnt. Mit dem Wegfall der kleinsten Geige erhielten Violine, Viola und Violoncello ihre heutigen Aufgaben, und der Kontrabaß wurde zum eigentlichen Baßinstrument.

Zur Geigenfamilie wurden im 16. und 17. Jahrhundert auch die *Pochette, Taschen-* oder *Tanzmeistergeige* gezählt, obwohl sie eine andere Grundform hat. Michael Praetorius bildet gleich zwei Typen ab. Das Instrument findet sich vielfach in Museen, wird aber heute für die Aufführung alter Musik kaum verwendet.

Wohl wegen der doppelten Verwandtschaft zu Violinen und Gamben hat der *Kontrabaß* bis heute keine einheitliche Form und Größe erhalten, auch Saitenzahl und Stimmung wechselten immer wieder. In Deutschland nähert sich die äußere Form des Instruments mehr dem Gambentypus, in Italien mehr dem Geigentypus.

Die Suche nach einem vollkommenen Baßinstrument hat bisweilen zu grotesken Ergebnissen geführt, dazu zählen insbesondere die Riesenkontrabässe, die bis zu einer Höhe von 4,80 m gebaut wurden, gespielt von einem Spieler auf einer Leiter.

Die Geigeninstrumente konnten in ihrer Geschichte zwischen 1600 – zu diesem Zeitpunkt war die endgültige Gestalt entwickelt – und heute dem jeweiligen Klangideal angepaßt werden, was bei den Gamben z. B. nicht möglich war. Die Geschichte dieser Klangveränderung, also die *Geschichte des Geigenbaus*, kann in drei Abschnitte eingeteilt werden:

die klassische Zeit (1600 bis gegen 1800),
die Übergangszeit (1750 bis 1840),
die neuere Zeit (seit 1840).

Die *klassische Zeit* ist die Zeit der berühmten Geigenbauer: Giovanni Paolo Maggini in Brescia, dann vor allem die Geigenbauer von Cremona: mehrere Generationen Guarneri und Amati und der wohl berühmteste unter ihnen Antonio Stradivari; nördlich der Alpen waren es besonders Jakob Stainer und Matthias Klotz. Die Instrumente dieser Meister stehen in höchster Wertschätzung. Die berühmtesten Instrumente haben eigene Namen und eine eigene Geschichte. Kein Wunder, daß Fälschungen und Kopien auftauchen, wo die Preise ins Astronomische steigen, daß die Geschichten um manche Geigen wahre Kriminalromane sind.

Die *Übergangszeit* vom ausgehenden 18. Jahrhundert bis etwa 1840 ist vom Instrumentenbau her gekennzeichnet durch den Übergang zur industriellen Massenfertigung und durch die Umstellung auf ein neues Klangideal (siehe unten). Von dieser Umstellung waren auch fast alle alten Instrumente betroffen, da sie entsprechend umgebaut wurden.

Seit der *Mitte des 19. Jahrhunderts* hat sich im Geigenbau nicht mehr viel geändert, eine Ausnahme bildet nur das Saitenmaterial. Es wurden und werden auch hervorragende moderne Geigen gebaut, aber zu derselben Berühmtheit wie die klassischen Geigenbauer ist in neuerer Zeit wohl keiner mehr gekommen.

Das *Klangideal* des 17. und 18. Jahrhunderts fordert einen hellen, schlanken Klang, das Klangideal des 19. und 20. Jahrhunderts fordert klangstarke Instrumente mit rundem und weichem Klang; die instrumentenbaulichen Veränderungen haben diese Klangveränderung bewirkt. Einige der Unterschiede des Klangs zwischen Gamben und

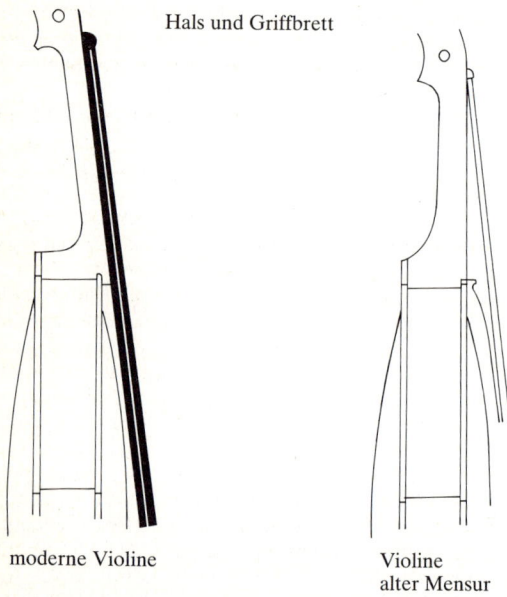

Hals und Griffbrett

moderne Violine

Violine
alter Mensur

klassischen Geigen lassen sich übrigens mit denselben Worten beschreiben wie die Unterschiede zwischen klassischen und modernen Violinen. Die klassischen Violinen sind wie gesagt fast ausnahmslos so umgebaut worden, daß sie dem neuen Klangideal angepaßt waren. Um hier Klarheit zu schaffen, nennt man unveränderte klassische Geigen und deren Kopien am besten »Geigen mit klassischer Mensur«, »Geigen mit neuer Mensur« sind demnach veränderte alte oder neue Instrumente.

Sehen wir uns die wichtigsten *Unterschiede zwischen Geigen klassischer und neuer Mensur* an: Die von der Violine neuer Mensur geforderte größere Klangfülle resultiert in erster Linie aus der größeren

68

Spannung der Saiten, diese wurde erreicht durch Verlängerung des Halses und damit des frei schwingenden Teils der Saiten, und größeren Druck der Saiten auf den Resonanzkörper. Dies wurde erreicht durch Erhöhung und Verstärkung des Stegs.

Daraus ergeben sich weitere konstruktive Änderungen: Schrägstellung des Halses, Verstärkung der Decke durch einen längeren und stärkeren Baßbalken sowie einen stärkeren Stimmstock, die den erhöhten Druck durch den Steg besser auf die ganze Decke verteilen bzw. an den Boden weiterleiten. Weiterhin wurden die Darmsaiten dicker und – allerdings erst in unserem Jahrhundert – gegen Stahlsaiten ausgetauscht. Um den Tonraum des virtuos gespielten Instruments nach oben zu erweitern, wurde ein längeres Griffbrett, nun aus Ebenholz, angebracht.

All diese Maßnahmen zusammen haben das Instrument um ein Drittel schwerer gemacht. Neben den genannten Veränderungen gab es noch Veränderungen beim Zuschnitt des Stegs, beim Saitenhalter, beim Lack u.a.; außerdem kam ein Kinnhalter hinzu, der bei der früheren Haltung des Instruments gegen die Schulter natürlich nicht notwendig war.

Auch der *Bogen* hat eine Entwicklung durchlaufen, die sich aus den Klangforderungen an die Instrumente ableitet. Zu den klanglich schwächeren, aber heller und feiner klingenden alten Instrumenten gehören leichte Bögen mit weniger Haaren. Die alten Bögen waren kürzer, ihre konvexe Biegung der Bogenstange ließ die einzelnen Töne in sich an- und abschwellen, was wiederum den Gebrauch des Vibratos nicht so ausgiebig wie heute nötig machte. Der sogenannte »Bach-Bogen« mit stark gerundeter Bogenstange und während des Spiels regulierbarer Bogenspannung hat mit Bach ebensowenig zu tun wie die sogenannte Bach-Trompete.

Viel ist über mögliche Geheimnisse der alten Geigenbauer geschrieben und diskutiert worden. Es gibt eine Menge Hypothesen, man vermutete das Geheimnis im Lack, im Holz, in der äußeren Form usw., jede einzelne dieser Hypothesen ist praktisch widerlegt worden. So wird das Geheimnis in der vollendeten Abstimmung der Teile aufeinander, in einer großen handwerklichen Perfektion, in dem Wissen um die Einflüsse jedes Details und vielleicht nicht zuletzt in einer hochsensiblen Klangwahrnehmung der früheren Geigenbauer zu suchen sein.

Was über die Entwicklung der Violine gesagt wurde, gilt sinngemäß auch für die anderen Instrumente der Geigenfamilie.

2.2.2 Familie der Gamben oder Violen (Viola da gamba)
Die Geigeninstrumente haben um 1600 ihre endgültige und einheitliche Gestalt; sie werden um diese Zeit bereits in allen Tonlagen gebaut. Die Gamben erhalten demgegenüber niemals eine solch einheitliche Formgebung. Anzahl der Familienmitglieder sowie Größe

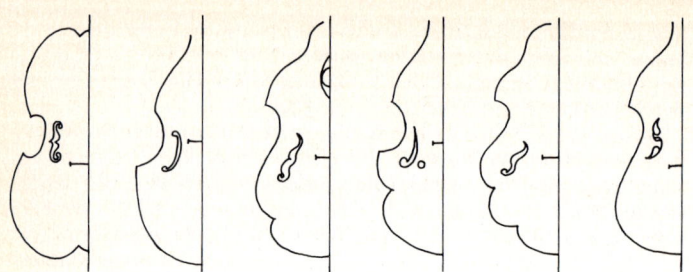

Umrißformen von Gamben

und Stimmung der einzelnen Instrumente ändern sich zwischen 1500 und 1700 mehrmals.

Das Gemeinsame der Umrißlinien von Gamben ist eigentlich nur Einzug des Corpus auf der Höhe des Stegs. Vielfach finden sich – wie bei den hier ausgewählten Umrissen – statt c-förmiger flammförmige Schallöcher. Gelegentlich gibt es auch noch das runde Mittelloch mit Rosette, wie bei der Laute und teils auch bei den Liren.

Die *Zusammensetzung der Gambenfamilie* wechselt mehrmals; Instrumente derselben Stimmlage haben verschiedene Namen, so daß

Viola da gamba, Kopie nach einem Instrument von Joachim Tielke, Hamburg 1689

sich hier kein einheitliches Bild ergibt. Hauptinstrument der Gamben ist das in der Baßlage, sie ist Ausgangspunkt in der Entwicklung der ganzen Familie und – als die Gamben außer Gebrauch kamen – auch Endpunkt der Familie. Michael Praetorius z.B. nennt drei verschiedene Baßinstrumente, die »Kleine Baß-Viola da gamba«, die »Große Baß-Viola da gamba« und die »Gar Große Baß-Viola da gamba«, alle größer als das Tenorinstrument, das in seiner Größe dem Violoncello entspricht.

Sowohl früher als auch in der heutigen Aufführungspraxis wichtigstes Instrument ist dasjenige, das in der Größe etwa dem Violoncello entspricht und teils mit Tenor-, teils mit Tenor-Alt-Gambe bezeichnet wird. Dieses Instrument wird meist auch einfach Gambe bzw. Viola da gamba genannt. Während die Diskantgambe schon um 1600

Viola d'amore von Caspar Stadler, München 1714

Baryton, Vorder- und Rückansicht, Süddeutschland, 2. Hälfte des 17. Jh.

durch die Violine ersetzt wurde, blieb die Tenorgambe bis um 1750 neben dem Violoncello in Gebrauch. Noch Johann Sebastian Bach hat sowohl für die Gambe als auch für das Violoncello geschrieben.

2.2.3 Viola d'amore und Baryton

Im 17. und 18. Jahrhundert waren zwei gambenähnliche Instrumente vor allem im süddeutsch-österreichischen Raum verbreitet, die Viola d'amore und das Baryton. Die Viola d'amore erfreute sich einer beträchtlichen Beliebtheit, das Baryton war weniger verbreitet, findet aber trotzdem heute wieder Interesse, weil u.a. Joseph Haydn eine beachtliche Anzahl von Kompositionen für dieses Instrument schrieb, alle seinem Dienstherrn, dem Fürsten Nicolaus Esterházy zugedacht, der selbst Barytonspieler war.

Hauptmerkmal dieser beiden Instrumente sind die sogenannten *Aliquot-* oder *Resonanzsaiten,* freischwingende Metallsaiten, die beim Spiel auf den gegriffenen Saiten mitklingen und den Instrumenten weiche Klangfülle geben. Die Viola d'amore hat etwa die Größe der Bratsche, das Baryton etwa die Größe des Violoncellos. Die Instrumente werden in Arm- bzw. Kniehaltung gespielt.

Während das Baryton nach 1800 außer Gebrauch kam, wurde die Viola d'amore noch während des 19. Jahrhunderts gelegentlich im Opernorchester verlangt, für sie gibt es auch Kompositionen aus dem 20. Jahrhundert.

Beide Instrumente haben meist 6 oder 7 Saiten; dazu kommen die freischwingenden Aliquotsaiten, 7–14 bei der Viola d'amore und 9–28 beim Baryton. Die Aliquotsaiten des Barytons können sogar mit dem Daumen der Griffhand angezupft werden, weil sie von hinten frei zugänglich sind.

2.2.4 Familie der Liren

Die Liren, auch zu einer Instrumentenfamilie ausgebaut, hatten eine weit geringere Verbreitung als Geigen und Gamben. Sie scheinen praktisch auf Italien beschränkt gewesen zu sein. Dort standen sie wie kaum ein anderes Instrument mit dem Bestreben in Verbindung, die Musik der griechischen Antike wieder zum Klingen zu bringen. Neben der Verwendung im Ensemble wurden die Liren besonders zur Begleitung des solistischen Gesangs gespielt; akkordisches Spiel und Improvisation kennzeichnen das Liraspiel. In die heutige Musizierpraxis der Aufführung alter Musik hat das Instrument keinen Eingang finden können.

Die Familie der Liren steht neben den Familien der Geigen und Gamben, sie ist nicht Vorläufer dieser Familien. Einige Merkmale hat sie mit den Geigen gemeinsam: Sie ist in Quinten gestimmt, und die kleinen Instrumente der Familie haben ebenfalls ein bundloses Griffbrett. Mit den Gamben verbinden die Liren die größere Saitenzahl – im allgemeinen sieben – und der das akkordische Spiel erleichternde

Lira da gamba
M. Praetorius, Theatrum Instrumentorum, 1620

wenig gewölbte Steg. Die Umrißform des Corpus ist wie bei den
Gamben nicht festgelegt, sie nähert sich aber gegen Ende der Entwicklung sehr stark der Violinform. Typisch für die Liren sind das an
die mittelalterlichen Streichinstrumente erinnernde herzförmige Wir-
belbrett am Ende des Halses und die zwei bis vier frei schwingenden
Saiten neben dem Griffbrett, die sogenannten Bordunsaiten, die –
anders als bei Viola d'amore und Baryton – mit dem Bogen mit
angestrichen werden.

2.2.5 Trumscheit

Das Trumscheit ist ein recht seltsames Streichinstrument, das wie die
Liren bei historischen Aufführungen alter Musik noch kaum wieder
verwendet wird, das aber im 17. und 18. Jahrhundert weit verbreitet
war und entsprechend zahlreich in den Museen anzutreffen ist. Eine
lange Darmsaite, seltener zwei, bisweilen verstärkt durch Resonanzsaiten im Inneren des Corpus, wird nur im Flageolett gespielt, das
bedeutet, daß nur ein begrenzter, lückenhafter Tonvorrat wie bei
einer ventillosen Trompete zur Verfügung steht. Durch einen speziellen Steg, der auf die Decke des Instruments im Rhythmus der Schwingungen aufschlägt, entsteht ein kräftiger, schnarrender Klang. Dieser
Klang sowie die Beschränkung auf die Naturtonreihe wie bei den
Barocktrompeten hat das Trumscheit da zu einem Trompetenersatz
werden lassen, wo die privilegierten Trompeter nicht spielten, wie
z.B. in Frauenklöstern; so erhielt es auch den Namen Nonnentrom-
pete. Tromba marina ist ein anderer Name dieses Instruments.

Trumscheit
F. Bonanni, Gabinetto Armonico, 1723

2.2.6 Drehleier

Die Drehleier – so sehr sie sich äußerlich vom Trumscheit unterscheidet – hat Gemeinsamkeiten besonderer Art mit diesem: Beide Instrumente sind zwar schon lange vorher bekannt, erleben aber zwischen 1650 und 1750 eine neue Blütezeit. Ihnen beiden ist ein etwas roher, lauter Klang eigen.

Die Drehleier ist sozusagen ein mechanisiertes Streichinstrument:

Drehleier
J. Chr. Weigel, Musicalisches Theatrum, um 1722

Die Funktion des Streichbogens übernimmt ein vom Spieler zu drehendes Rad, das Aufsetzen der Finger auf die Saiten wird durch einen einfachen Tastenmechanismus ersetzt. Neben den Spielsaiten gibt es zwei bis vier Bordunsaiten, die ein stets gleichbleibendes Klangfundament bilden. Auch ein Schnarrsteg wie beim Trumscheit wird verwendet. Das Instrument ist leicht spielbar, aber in seinen Ausdrucksmöglichkeiten sehr eingeengt. Es diente neben der Musette – einem Dudelsack – besonders in Frankreich einer stilisierten Darstellung des ländlichen Lebens und des Schäferspiels, das zwischen 1650 und 1750 beim Adel sehr beliebt war. Die Drehleier oder Radleier erlebte damit einen sozialen Aufstieg, denn noch um 1600 war sie das Instrument der Bettler und Bauern zum Aufspielen beim Volkstanz.

2.3 Akustik der Streichinstrumente

Wie muß man sich die Tonerregung bei den Streichinstrumenten vorstellen? Die Saite befindet sich in Ruhelage, der Bogen liegt auf ihr. Nun wird er gleichmäßig quer über die Saite hinweggezogen. Dabei haftet die Saite zunächst am Bogen und wird ein wenig ausgelenkt. Da die Saite gespannt ist, entsteht mit der Auslenkung eine starke Kraft, die die Saite in ihre Ruhelage zurückholen will. Wird diese Kraft größer als die Haftwirkung, so schnellt die Saite zurück; der Vorgang kann von neuem beginnen. Damit entsteht eine Schwingung mit Sägezahnform.

Diese »Generatorschwingung« wird über den Steg auf den gesamten Geigenkörper – den Resonator – übertragen und von da abgestrahlt. Dabei wird die Sägezahnschwingung erheblich verformt, denn Material und Bauform des Instruments spielen eine wichtige Rolle für den Klang. Im Schwingungsbild, dem Oszillogramm, bleibt die sägezahnförmige Generatorschwingung jedoch noch erkennbar.

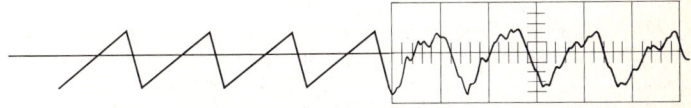

Sägezahnschwingung   Schwingungsbild eines Violinklangs

Nun kann der Geiger nicht nur eine einzige Schwingungsform, also nicht nur eine einzige Klangfarbe und Lautstärke spielen; er kann außer leise und laut auch weich, also obertonarm, und scharf, also obertonreich, den Klang gestalten, natürlich auch in allen Zwischenstufen. Für die Klanggestaltung mit dem Bogen hat der Geiger im wesentlichen drei Möglichkeiten, den Klang zu beeinflussen: er kann die Bogengeschwindigkeit zwischen etwa 10 cm/s und 150 cm/s variieren, er kann den Druck mit dem Bogen auf die Saite verändern und er kann die Anstreichstelle wählen in einem Bereich von nahe beim Steg bis hin zum Griffbrett. Wie beeinflußt das Klangfarbe und Klangstärke?

Je größer die Geschwindigkeit des Bogens ist, um so größer ist die Schwingungsweite, also die Lautstärke. Je näher die Anstreichstelle an den Steg rückt, desto lauter wird bei unveränderter Bogengeschwindigkeit der Klang. Die Bogengeschwindigkeit kann also bei gleichbleibender Lautstärke um so geringer werden, je näher die Anstreichstelle am Steg liegt. Der Bogendruck muß sich nach Bogenge-

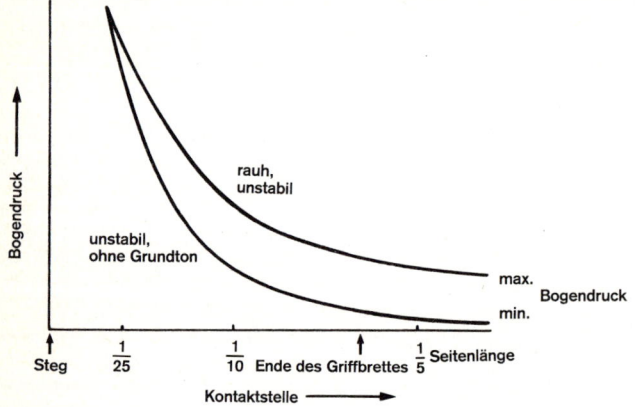

schwindigkeit und Anstreichstelle richten, aber auch nach anderen Einflüssen. Es gibt einen bestimmten Mindestdruck und einen Höchstdruck. Innerhalb dieser Grenzen steigt die Klanghelligkeit mit dem Bogendruck; außerhalb dieser Grenzen ist es nicht möglich, einen stabilen, klangschönen Ton zu erzeugen.

Die Saitenschwingungen überträgt der Steg auf den Resonanzkörper. Für tiefere Frequenzen kann man sich das als eine Kippbewegung vorstellen, der Steg »tritt von einem Bein auf das andere«. Der Resonanzkörper der Streichinstrumente ist ein sehr komplexes System vieler Einzelresonanzen, das bei jedem Instrument anders struk-

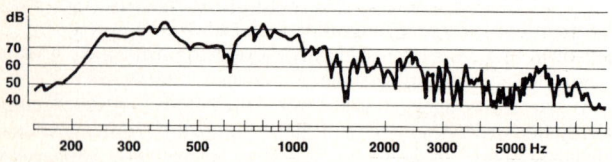

Frequenzkurve einer Violine

76

turiert ist. Die hier abgebildete Resonanzkurve kann also nur ein Beispiel sein. Die einzelnen Teiltöne eines Klanges werden entsprechend der Resonanz bei der jeweiligen Frequenz verstärkt; der Bogenstrich hat hierauf natürlich auch Einfluß. Die Resonanzkurve eines Streichinstruments kennzeichnet seinen individuellen Klang, seine Klangpersönlichkeit.

Setzt man auf den Steg einen Dämpfer, so wird der Klang matt und etwas näselnd. Der Dämpfer erhöht die Masse des Stegs; seine Eigenresonanz liegt ohne Dämpfer bei der Geige z.B. bei 3000 Hz, mit Dämpfer bei 1500 Hz; der Frequenzbereich um 3000 Hz macht einen Klang hell, der um 1500 Hz näselnd.

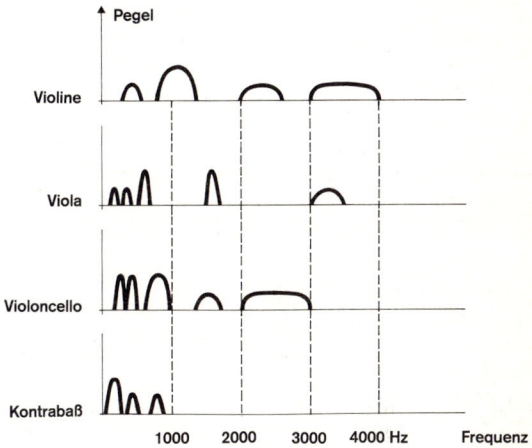

Der Frequenzumfang der Klänge hängt erheblich von der Spielweise ab. Bei der Violine reicht er im Fortissimo kaum über 10000 Hz hinaus, beim Violoncello sind Komponenten über 3000 Hz, beim Kontrabaß über 2000 Hz bereits relativ schwach oder fehlen ganz.

Kennzeichnend für die Streichinstrumente ist ein vergleichsweise starker Geräuschhintergrund. Er entsteht beim Streichen der Saite und wird über den Resonanzkörper mitverstärkt. Die Klangfärbung dieses Geräuschs wird also von der Resonanzkurve bestimmt. Beim Kontrabaß kommt zu diesem Geräuschhintergrund noch ein sogenanntes Sirren, das von Schwingungen der Bogenhaare herrührt.

3. ZUPFINSTRUMENTE

3.1 Moderne Zupfinstrumente

Die Zupfinstrumente sind ganz ähnlich gebaut wie die Streichinstrumente. Die Tonanregung erfolgt jedoch nicht kontinuierlich wie bei der Tonanregung durch einen Bogen, sondern nur einmalig: die Saite wird durch die Finger des Spielers oder durch ein kleines Metall- oder Hornplättchen (Plektrum) aus ihrer Ruhelage bewegt, dann losgelassen. Danach schwingt sie aus; der Ton klingt – immer schwächer werdend – langsam aus.

Auch das Aussehen der meisten Zupfinstrumente ist dem der Streichinstrumente ähnlich: An einen Resonanzkasten ist ein Hals angesetzt, die Saiten laufen über den Resonanzkasten, dem Hals entlang bis zum Wirbelkasten. Die wichtigsten Typen der Zupfinstrumente in dieser Form sind:

Gitarre, Elektrogitarre, Elektrobaßgitarre,
Mandoline,
Banjo.

Gitarre

Elektrogitarre

Mandoline

Banjo

Diese Zupfinstrumente haben als Hilfe beim Greifen der Töne die sogenannten Bünde auf dem Griffbrett. Es sind niedrige Schwellen aus Metall. Sie befinden sich da, wo der Spieler die Saite auf das Griffbrett niederdrücken müßte. Drückt er nun hinter dem Bund die Saite nieder, hat er nicht millimetergenau zu greifen; darin besteht der eine Vorteil der Bünde. Der andere Vorteil ist, daß der Finger des Spielers den schwingenden Teil der Saite nicht berühren und dabei abdämpfen kann; die Saite schwingt so freier und klingt dadurch länger nach.

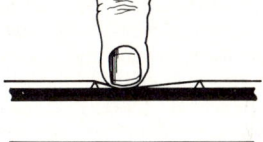

Die *Gitarre* ist im 20. Jahrhundert, besonders mit der Popmusik, zu einem der weitestverbreiteten Instrumente unserer Zeit geworden; das gilt vor allem für die Elektrogitarre.

Der Resonanzkörper der *Mandoline* hat die Form einer halbierten Birne. Die vier Doppelsaiten sind wie Violinsaiten in Quinten gestimmt. Das Instrument wird mit Plektrum gespielt. Es findet nicht nur in der folkloristischen, sondern gelegentlich auch innerhalb der ernsten Musik Anwendung.

Das *Banjo* ist instrumentenbautechnisch eine Kombination von Trommel und Mandoline. Der Resonanzkörper ist ähnlich wie eine kleine Trommel gebaut, eine Ringzarge ist beidseitig mit Fell bespannt. Das Instrument wird mit Plektrum gespielt. Heute ist hauptsächlich das Tenorbanjo in Verwendung. Seine meist vier Saiten sind wie die Saiten der Bratsche gestimmt.

Dasselbe Bauprinzip wie die Mandoline haben als historische Instrumente die verschiedenen Lauten. Das Bauprinzip der *Harfe* ist eher dem Bauprinzip der besaiteten Tasteninstrumente vergleichbar als demjenigen der Streichinstrumente.

3.1.1 Gitarren

Die Gitarre gibt es heute in einer Vielzahl von Formen mit den unterschiedlichsten musikalischen Zweckbestimmungen, ein Zeichen dafür, daß dieses Instrument wie kaum ein anderes noch in einem lebendigen Entwicklungsprozeß steht. Diese Bedeutung hat es in erster Linie durch seine Funktion als Allround-Instrument in der internationalen Popmusik und Folkloreszene erlangt.

Grundsätzlich muß zwischen der akustischen und der Elektrogitarre (E-Gitarre) unterschieden werden. Außerdem existiert eine kombinierte Form dieser beiden Typen, nämlich die halbakustische oder Semi-Akustikgitarre.

Alle traditionellen Gitarren, die ohne elektrische Tonabnahme und -verstärkung arbeiten, gehören zu den *Akustikgitarren*; der Begriff wurde erst geschaffen, als es notwendig wurde, diese Gitarren von der Gruppe der Elektrogitarren zu unterscheiden. Die *Konzertgitarre* oder *Spanische Gitarre* ist der klassische Typ der traditionellen Gitarre; sie ist mit sechs Nylonsaiten mit der Stimmung *E, A, d, g, h* und *e'* bespannt und wird mit den Fingerkuppen gezupft oder geschlagen. Akustikgitarren mit Stahlbesaitung, sogenannte *Westerngitarren, Folk-* oder *Countrygitarren*, werden entweder mit einem Plektrum oder mit den Fingern gezupft oder als *Schlaggitarre* geschlagen; Schlaggitarren haben neben dem Schalloch eine Schutzplatte. Neben der sechssaitigen Gitarre gibt es auch die voller klingenden zwölfsaitigen Instrumente; die beiden hohen Saiten sind hierbei im Einklang verdoppelt, die vier tiefen in der Oktave. Zwölfsaitige Gitarren erfordern Stahlbesaitung, weil Nylonsaiten zu weit ausschwingen. Die *Jazzgitarre* hat ein gewölbtes Corpus, oft mit F-Löchern.

Die *Elektrogitarre* (E-Gitarre) kombiniert akustische Tonerzeugung mit elektrischer Verstärkung und Formung des Klangs. Sie ver-

Chorus: Stimmvervielfachung durch gering zeitverzögerte und tonhöhenversetzte Zumischung desselben Tons, subjektive Intensivierung

Compression Sustainer: Kompressor zur Tonverlängerung ohne abfallende Lautstärke

Delay: Tonverzögerung

Distorsion: Verzerrungen mit einstellbaren Eigenschaften

Equalizer (EQ): einstellbare Filter, Klangfarbenveränderung

Flanger: zeitverzögerte Zumischung desselben Tons, Verzögerungszeit schwingend, Vibratoeffekte

Hall: Verhallung mit Hallgerät

Leslie: Lautsprecherkabinett mit rotierenden Lautsprechern, auch rein elektronisches Leslie

Noise Gate: Abschaltung in Pausen

Over Drive, Tube Screamer: Verzerrungen wie ein Röhrenverstärker, d. h. mit größer werdender Lautstärke

Phaser: phasenverschobene Zumischung desselben Tons, Frequenzgang einer Kammfilterkurve, auch schwingend

Spectrum: einstellbare Anhebung in einem stufenlos einstellbaren Frequenzbereich

Talkbox: Beeinflussung des Klangs durch die Mundresonanz des Musikers

Touch Wah: bei jedem Ton automatisch durchlaufendes Filter

Vibrato: mechanische Zusatzeinrichtung am Gitarrensteg oder elektronisches Effektinstrument

Wah Wah: Durchlauffilter, das individuell gesteuert wird

fügt über ein bis drei Tonabnehmer (Pickups), die die Saitenschwingungen an verschiedenen Stellen abnehmen; der stegnahe Pickup gibt einen spitzeren, der Pickup am Griffbrett gibt einen weicheren Klang. E-Gitarren benötigen Stahlsaiten, weil die Pickups auf Kunststoffsaiten nicht ansprechen. Die Tonabnehmer sind im allgemeinen elektromagnetische Wandler, deren Bauweise und Qualität Einfluß auf den Grundklang einer E-Gitarre haben. Es werden Einfachspulabnehmer (Single Coil) und – heute allgemein üblich – Doppelspulabnehmer (Humbucker) verwendet; Single Coil-Pickups sind heller, metallischer im Klang, Humbucker-Pickups mittenbetonter. Die Humbuckersysteme haben eine bessere Brummunterdrückung. Die verschiedenen Tonabnehmer einer Gitarre können einzeln oder parallel geschaltet werden.

An der Gitarre selbst können nur einfache Klangformungen eingestellt werden. Aufwendigere Klangbeeinflussungen werden in separaten Effektgeräten mit Hand- oder Pedalbedienung – auch kombiniert mit dem Gitarrenverstärker – realisiert. Die Effektgeräte (Tabelle, Seite 80) können natürlich auch für die Klangformung von Keyboards verwendet werden.

Es gibt die folgenden Grundtypen von Elektrogitarren:

Die *Solid Body* hat keinen schwingungsfähigen Resonanzkörper, sondern nur ein massives Brett (Solid Body) in der Form eines Resonanzkörpers oder in einer anderen Form. Sie stellt die klassische Form der E-Gitarre dar.

Um die *akustische Gitarre* in die Musikpraxis der U-Musik u. ä. trotz ihres relativ schwachen Klangs einbeziehen zu können, wird sie auch *mit Pickups* versehen.

Das Corpus der *Semiakustik-Gitarre* nimmt konstruktiv eine Zwischenstellung zwischen akustischer Gitarre und Solid Body ein.

Die *Elektro-Baßgitarre* ist in ihrer musikalischen Funktion zunächst ein Ersatz für den gezupften Kontrabaß gewesen, bildet aber inzwischen eine Ergänzung der Gitarrenpalette im tiefen Tonbereich. Sie wird mit oder ohne Resonanzkörper gebaut.

Die *Doppelhalsgitarre* (Double Neck) vereint zwei Gitarren in einem Instrument; an dem verbreiterten Corpus sind zwei Hälse angebracht. Die Double Neck besteht entweder aus einer sechs- und einer zwölfsaitigen Gitarre oder einer sechssaitigen und einer Baßgitarre.

Die *Steel Guitar* oder *Pedal Steel Guitar* ist ein von der Solid Body abgeleitetes Instrument mit zwei Hälsen mit jeweils 10 oder 12 Saiten. Die linke Hand führt einen Gleitstahl (Steel Bar) zur Saitenverkürzung, mit der rechten Hand wird durch Zupfringe gezupft. Mit acht Pedalen ist das auf vier Beinen waagrecht liegende Instrument durch verschiedene Effekte beeinflußbar.

Der charakteristische Glissando-Klang der *Elektro-Hawaiigitarre* entsteht dadurch, daß auf dem Griffbrett ein sogenannter Kamm die Saiten niederdrückt, der gleitend von Griff zu Griff bewegt wird.

Dieser Effekt kennzeichnet auch die Pedal Steel Guitar und ist mit dem Slide-Spiel auch bei anderen Gitarren möglich.

3.1.2 Harfe

Ganz anders konstruiert als Gitarre, Mandoline und Banjo ist die *Harfe*. Sie hat nicht die Konstruktionsmerkmale von Klavier und Cembalo. Für jeden Ton, den der Harfenist anzupft, ist wie bei den genannten Tasteninstrumenten eine besondere Saite vorhanden; der Spieler kann die Saiten also mit beiden Händen zupfen. Dadurch kann das Spiel auf der Harfe virtuoser sein als auf den anderen Zupfinstrumenten.

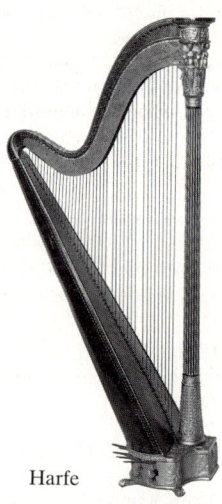

Harfe

Seit dem 19. Jahrhundert hat die Harfe Eingang gefunden in das Sinfonie- und Opernorchester, aber auch in das Unterhaltungs- und Tanzorchester. Sie ist das einzige Zupfinstrument, das häufig im Sinfonieorchester verwendet wird.

Der Tonumfang der Harfe ist weit größer als bei allen anderen

Orchesterinstrumenten. Nur Klavier und Orgel haben noch einige Töne mehr. Der Tonbereich reicht bei tiefen Tönen bis an die untere Tongrenze des Kontrabasses und nach hohen Tönen hin fast bis an die obere Grenze der Pikkoloflöte. Der Tonumfang der Harfe umfaßt also praktisch den gesamten Tonbereich des Orchesters.

3.2 Historische Zupfinstrumente

Die Zupfinstrumente des Lautentypus – so werden die Zupfinstrumente genannt, die vom Typ her den Streichinstrumenten entsprechen – teilen ihre *vielseitige Verwendbarkeit* in der Vergangenheit nur noch mit dem Cembalo und dem Klavier, das nach 1800 die Aufgaben der Zupfinstrumente teilweise übernommen hat. Noch heute, ja heute gerade wieder, gehören die Zupfinstrumente zu den meistgespielten Instrumenten überhaupt. In der Malerei finden wir kein Instrument so oft dargestellt wie Laute und Gitarre. Sie werden in der volkstümlichen Musik gespielt, wir treffen sie als bürgerliches Instrument, in den Händen von Fürsten und Bettlern, von Dilettanten und Berufsmusikern. Die Instrumente können ebenso robust und billig wie zierlich und kostbar gebaut sein. Sie eignen sich für akkordisches Spiel und für das Melodiespiel, also zur Begleitung ebenso wie zum Solospiel. Dies alles hat die Zupfinstrumente des Lautentyps Universalinstrumente werden lassen. Wie bei den Streichinstrumenten treten uns in der Zeit zwischen 1500 und 1800 hauptsächlich drei Instrumentenfamilien entgegen: *Gitarren, Lauten* – im engeren Sinne – und

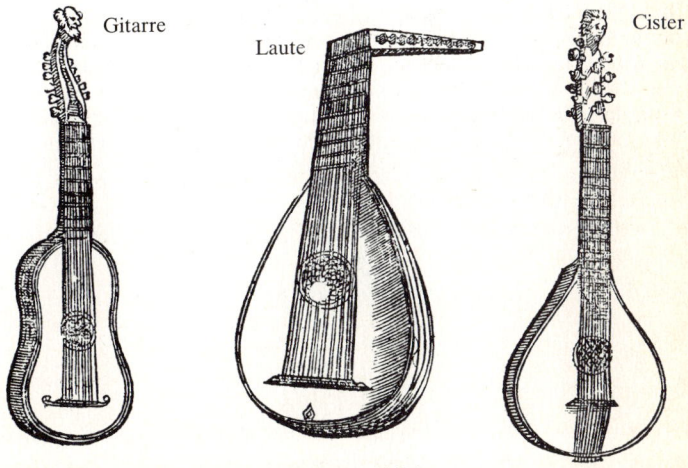

Gitarre Laute Cister

M. Praetorius, Theatrum Instrumentorum, 1620

Cistern. Die Holzschnitte von Michael Praetorius zeigen diese drei Typen nebeneinander.

Der Resonanzkörper der Laute hat die Form einer halbierten Birne. Eine ähnliche Umrißform hat der Resonanzkörper der Cister, im Gegensatz zur Laute ist der Boden aber flach, Boden und Decke verlaufen etwas schräg zueinander. Einen flachen Resonanzkörper hat auch die Gitarre. Die drei Instrumente waren – wie die Streichinstrumente – etwa um 1500 im wesentlichen entwickelt. Die Laute dominierte bis ins 17. Jahrhundert, dann erlangte die Gitarre mehr und mehr Bedeutung. Die Cister war ein einfaches, billiges und robustes Instrument, das darum weit verbreitet war, es mußte erst nach 1800 der Gitarre weichen.

Alle drei Instrumente wurden – wie im 16. und 17. Jahrhundert üblich – in ganzen Familien gebaut. Die Instrumente der Alt-Tenorlage spielten zweifellos die wichtigste Rolle. Die Zupfinstrumente wurden im Gegensatz zu den Streichinstrumenten nicht chorisch und in ganzen Familien gespielt. Die hohen Instrumente hatten ihre Aufgaben mehr im melodisch-solistischen Spiel, die tiefen Instrumente im harmonisch-begleitenden Spiel; das Instrument der Alt- und Tenorlage war für beides geeignet, und dies verschaffte gerade ihm seine vielseitige Verwendbarkeit.

3.2.1 Familie der Lauten

Die Laute ist vom 16. bis 18. Jahrhundert eines der verbreitetsten Instrumente. Nach Mitteleuropa kam das Instrument über die Araber, denen die Europäer des späteren Mittelalters ja viel Wissen und Können verdanken. Die Laute war nach 1500 das *Universalinstrument* beim häuslichen Musizieren der sozialen Oberschichten im kleineren Kreis, nach 1600 weiterhin ein wichtiges Generalbaßinstrument im Haus wie in Oper und Kirche. Sie wurde erst im 18. Jahrhundert durch die aufkommende Gitarrenmode und die rasche Ausbreitung des Hammerklaviers aus der Musizierpraxis verdrängt. In den unteren sozialen Schichten trat an die Stelle der Laute vielfach die Cister.

Das gewölbte Corpus der Lauten ist aus einzelnen Spänen zusammengesetzt.

84

Anders als bei den Streichinstrumenten, bei denen die Wölbung des Resonanzkörpers durch Aushöhlen massiven Holzes entsteht, wird die starke Wölbung der Laute durch das Zusammensetzen von teils mehr als 30 Holzspänen über einem Formstück hergestellt. Die Saiten sind direkt am Steg befestigt, der seinerseits fest mit dem Resonanzkörper verbunden ist. Nur eine Saite, die durch einen harten Bund begrenzt wird, kann frei ausschwingen, und das ist bei Zupfinstrumenten, im Gegensatz zu Streichinstrumenten, Bedingung. Deshalb sind die Lauten wie die Gamben mit Bünden ausgestattet (siehe S. 79). Michael Praetorius berichtet zur Blütezeit der Laute von sieben verschieden großen Instrumenten. Die größten Lauten sind etwa zwei Meter lang, die kleinsten unter einem halben Meter. Drei Gruppen von Lauten lassen sich unterscheiden:

Die *eigentliche Laute,* universellstes und am weitesten verbreitetes Instrument der Lautenfamilie, ist das Alt-Tenorinstrument der Lautenfamilie, geeignet für solistisches und begleitendes Spiel. Jeweils zwei Saiten liegen nahe nebeneinander und sind auf denselben Ton gestimmt. Die elfsaitige Laute hat also fünf Saitenpaare und eine Einzelsaite. Sie wird deshalb »sechschörig« genannt. Die Einzelsaite ist die höchste Saite, die Melodiesaite. Die Doppelsaiten geben dem akkordischen Spiel größere Klangfülle. Die Stimmung dieser sechs Chöre war in der Renaissance *A d g h e' a'* oder alle Saiten um einen Ton tiefer, im 18. Jahrhundert *A d f a d' f'*. Schon nach 1550 kommen

Laute von Joachim Tielke, Hamburg 1696

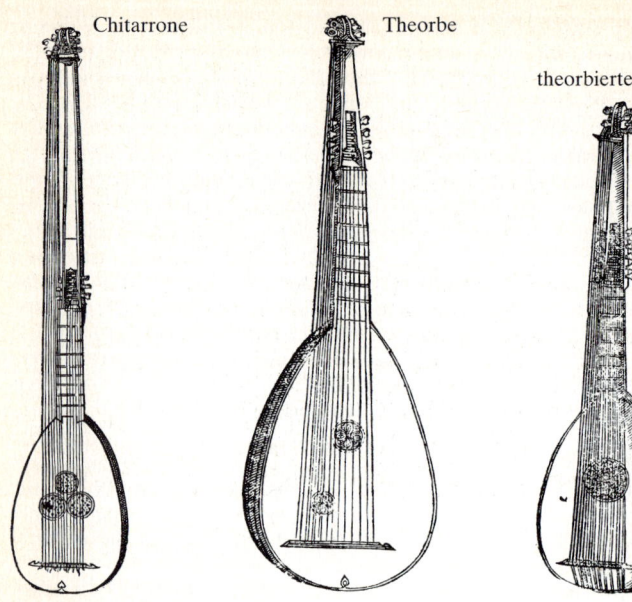

Chitarrone   Theorbe

theorbierte Laute

Erzlauten oder Baßlauten
M. Praetorius, Theatrum Instrumentorum, 1620

zu diesen sechs Chören weitere hinzu, die aber stets in der Tiefe den Tonumfang erweitern. Im 18. Jahrhundert hatte die Laute schließlich noch fünf zusätzliche Chöre und war damit elfchörig mit zwanzig Saiten. Daß ein solches Instrument schwierig zu spielen ist, versteht sich. So konnte die Gitarre in einer Modewelle die Laute schnell verdrängen.

Erst unser Jahrhundert hat die Laute für die Realisierung des historischen Klangbilds wieder verwendet und nachgebaut.

Die *Erzlauten* sind große Baßlauten zur akkordischen Begleitung, also für den Generalbaß der Barockmusik. Sie haben neben den Saiten, die über das Griffbrett laufen, noch längere Baßsaiten, die nicht gegriffen werden können, sondern wie die Saiten eines Tasteninstruments auf eine feste Tonhöhe gestimmt werden. Diese Baßsaiten laufen in einen eigenen Wirbelkasten. Der Chitarrone, die Theorbe und die theorbierte Laute sind die drei Typen der Erz- oder Baßlauten.

Unter den kleinen Lauten – Praetorius kennt immerhin drei verschiedene Größen – ist insbesondere die Mandola zu nennen; sie ist hier nicht abgebildet. Aus ihr wird im 17. Jahrhundert die sogenannte Mailänder *Mandoline* entwickelt. In Stimmung, Saitenzahl und äuße-

Spielhaltung der Erzlauten
J. Chr. Weigel, Musicalisches Theatrum, um 1722

Spielhaltung der Laute
J. Chr. Weigel, Musicalisches Theatrum, um 1722

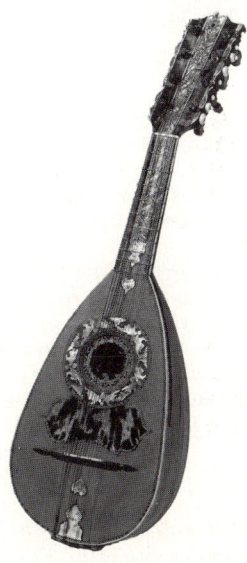

Neapolitanische Mandoline, 1759

rer Form steht sie der Laute nahe. Sie kommt nach 1800 außer Gebrauch und ist nicht das Instrument, das wir uns heute unter einer Mandoline vorstellen. Die eigentliche Mandoline ist die Neapolitanische Mandoline. Sie hat ihre Form gleichzeitig mit der Mailänder Mandoline im 17. Jahrhundert erhalten, ist aber bauchiger als diese.

Von den Lauten und von der Mailänder Mandoline unterscheidet sich die Neapolitanische Mandoline durch die Quintstimmung der Saiten – sie ist gestimmt wie die Violine –, weiterhin durch das Saitenmaterial Metall und die Spielweise mit Plektrum im Tremolo. Die größere Spannung der Metallsaiten könnte von einem Querriegel des leichten Instruments nicht mehr gut aufgefangen werden. Die Saiten werden deshalb wie bei der Violine durch einen Saitenhalter am unteren Teil des Instruments befestigt.

Wegen der großen Bedeutung der Mandoline als Volksinstrument wird allzuleicht vergessen, daß sie als Instrument der Kunstmusik entstanden ist und im 18. Jahrhundert sich einer geradezu modischen Beliebtheit erfreute. Antonio Vivaldi, Wolfgang Amadeus Mozart, Ludwig van Beethoven, später Giuseppe Verdi, Gustav Mahler, Arnold Schönberg und viele andere haben die Mandoline in ihre Kompositionen gelegentlich einbezogen.

Das *Spielen auf der Laute* ist nicht einfach. Die große Saitenzahl auf dem breiten Hals, Probleme des Einstimmens und des Verstimmens, mangelnde Haltbarkeit der Saiten, das sind Schwierigkeiten, mit denen ein Lautenist leben muß. Die Erzlauten sind zudem ziemlich unhandlich.

3.2.2 Gitarre

Im Jahre 1788 brachte die Herzogin Anna Amalia von Weimar aus Italien eine Gitarre mit; der Hofinstrumentenmacher Jakob August Otto baute das Instrument nach. Dies gab den Anstoß für eine ausgesprochene Gitarrenmode, die erst um die Mitte des 19. Jahrhunderts abebbte; das Instrument kam – insbesondere in Süddeutschland – aber nie außer Gebrauch.

Im Gegensatz zur modernen Gitarre nach 1800 hatte die Barockgitarre doppelte Saiten wie die Laute. Sie war außerdem nicht sechschörig wie das moderne Instrument, sondern nur fünfchörig. Die Renaissance-Instrumente waren nicht wesentlich von den Barockinstrumenten unterschieden, allerdings herrschte in Stimmung und Saitenzahl Uneinheitlichkeit. Die Gitarre hat sich von Spanien aus in Europa verbreitet. Dort hieß sie »vihuela«, wortverwandt mit dem italienischen »viola«.

3.2.3 Cister

Weiter verbreitet als die Gitarre war zwischen 1500 und 1800 die Cister. Wegen einiger praktischer Vorteile konnte sie teilweise sogar die Laute in den Hintergrund drängen. In der heutigen Aufführungs-

Gitarre, Venedig 1624

praxis alter Musik hat sie noch nicht den ihr zukommenden Platz einnehmen können. Die Blütezeit fällt mit derjenigen der Laute zusammen, also in das 16. bis 18. Jahrhundert. Nach 1800 mußte die Cister wie die Laute der Gitarre und der Mandoline weichen.

In der Bauweise steht die Cister zwischen Laute und Gitarre. Das Corpus hat den birnenförmigen Querschnitt der Laute, aber der Boden ist flach wie bei der Gitarre. Die Saiten sind meist über den Resonanzboden bis zur Zarge geführt, wo sie an Nägeln angehängt werden. Wie bei der Laute und der Barockgitarre sind im allgemeinen Doppelsaiten zu finden.

Verglichen mit den Lauten ist die Cister robust und einfach herzustellen, sie ist lauter und hält die Stimmung besser. Die billigere und zugleich robustere Bauweise ergibt sich vor allem aus dem flachen Rücken des Resonanzkörpers. Der lautere Klang – insbesondere beim Zusammenspiel mit anderen Instrumenten vorteilhaft – ist durch die Verwendung von Metallsaiten bedingt, die teilweise auch mit Plektrum oder Federkielen angerissen wurden; entsprechend sind die sonst üblichen Bünde aus Darm durch dauerhafte Messingstege ersetzt. Praetorius vergleicht den Klang der Baßcister, die wie die Baß- oder Erzlauten zusätzliche freie Baßsaiten hat, mit dem »herrlich starken« Klang des Cembalos. Metallsaiten sind wesentlich dauerhafter und halten die Stimmung besser als Darmsaiten.

3.2.4 Harfe

Die *Harfe des 16. und 17. Jahrhunderts* ist meist diatonisch gestimmt; hierbei stehen pro Oktave nur 7 anstatt 12 Töne zur Verfügung, eine ganz wesentliche Einschränkung. Zwei Wege haben aus dieser musikalischen Einengung geführt: Zunächst machte man durch Hinzufügen von – farbigen – Saiten für die Halbtöne aus dem diatonischen Instrument ein chromatisches (genau übersetzt: farbiges) Instrument. Solche Instrumente hatten aber sehr viele Saiten, waren schwer zu spielen und langwierig zu stimmen. Das andere Konzept zur Weiterentwicklung der Harfe war, die diatonische Harfe durch schnelles mechanisches Umstimmen zu einem universell verwendbaren Instrument zu machen. Ein erster Schritt in diese Richtung war die *Tiroler Hakenharfe*, die im 17. Jahrhundert von Tiroler Harfenbauern erfunden wurde. Durch drehbare Häkchen konnten die einzelnen Saiten

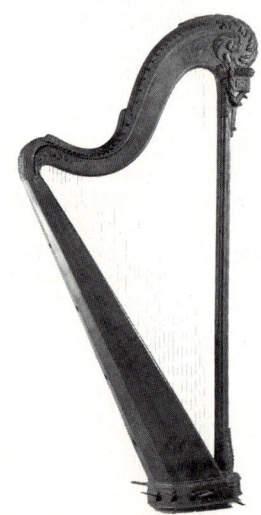

Pedalharfe mit einfacher Rückung, Paris 1793

mit der Hand schnell umgestimmt werden. Im 18. Jahrhundert wurde der Häkchenmechanismus mit Pedalen verbunden, wobei mit einem Pedal alle gleichnamigen Töne gleichzeitig umgestimmt werden konnten. Mit dieser »*Tretharpfe*«, 1720 erfunden, konnten Stücke mit Kreuzvorzeichen jedoch nicht gespielt werden. Mozarts Konzert für Flöte, Harfe und Orchester (*C*-dur) ist für ein solches Instrument geschrieben. 1810 entwickelte dann der als Erfinder der modernen Klaviermechanik berühmte Sébastien Erard die sogenannte *Doppel-*

pedalharfe. Bei ihr kann jede Saite um einen oder zwei Halbtöne nach oben gestimmt werden, das Instrument war nun den musikalischen Anforderungen des 19. Jahrhunderts und, wie sich zeigen sollte, auch des 20. Jahrhunderts gewachsen. Die neue Doppelpedalharfe hat sehr rasch Eingang in das Musikleben gefunden.

3.3 Akustik der Zupfinstrumente

Schon rein äußerlich sind sich Streichinstrumente und Zupfinstrumente – mit Ausnahme der Harfe – sehr ähnlich: schwingende Saiten übertragen ihre Bewegungen über einen Steg auf einen Resonanzkörper, ausgenommen natürlich die E-Gitarren. Wie bei den Streichinstrumenten werden die Saitenschwingungen durch den Resonanzkörper verstärkt und veredelt. Auch auf einer Gitarre könnte man streichen, würde man nur Griffbrett und Steg etwas anders formen, und auf jedem Streichinstrument kann man natürlich auch zupfen.

Ein wichtiger Unterschied ist also zunächst die Tonerregung. Bei den Zupfinstrumenten wird die Saite einmal zu Beginn eines Tons ausgelenkt und schwingt dann frei aus. Im Ausschwingen, das man auch als Nachhall des Instruments verstehen kann, nimmt die Lautstärke ab; aber auch die Klangfarbe ändert sich, sie wird dunkler, der Anteil hoher Frequenzen wird zunehmend abgebaut. Das zeigt der zeitliche Verlauf des Spektrums ausklingender Klaviertöne (Seite 50), es gilt auch für gezupfte Saiten.

Wie bei den Streichinstrumenten gibt es Formanten, also Reso-

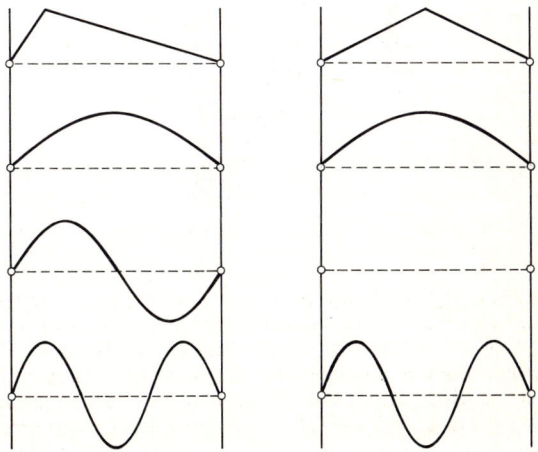

Schwingungsformen und ihre drei ersten Komponenten

91

nanzgebiete, die dem Klang eine Frequenzkurve aufprägen, die zum gemeinsamen Klangcharakter der Einzeltöne beitragen; bei einer Geige haben die Formanten aber sicher eine weit größere Bedeutung als z.B. bei einer Gitarre. Gute Gitarren haben in den Bereichen zwischen 200 und 400 Hz und um 1000 Hz eine gute Klangabstrahlung. Die Schallabstrahlung über 1200 Hz hat relativ geringe, über 4000 Hz praktisch keine Bedeutung mehr. Es ist interessant, daß die klangliche Streuung fabrikmäßig hergestellter Gitarren in dem wichtigen Abstrahlbereich bis 1200 Hz sehr gering ist. Einfluß auf den Klang haben – neben der Qualität des jeweils verwendeten Holzes – die Dicke der Decke – zu dünne Decken sind ungünstig –, die Art der Deckenverstärkung und das Gewicht des Stegs. Relativ hohe Zargen verbessern den Klang im tiefen Bereich (um 100 Hz) geringfügig zu Lasten des mittleren Frequenzbereichs (250–400 Hz). Die Größe des Schallochs hat im Rahmen der üblichen Größen um 9 cm Durchmesser wenig Einfluß auf den Klang. Eine Massivholzdecke ist einer Sperrholzdecke klanglich klar überlegen.

Wie bei der Geige, so ist auch bei den Zupfinstrumenten die Spielweise klangformend. Bei der Gitarre z.B. kann man ganz nah am Steg oder über dem Griffbrett bis hin zur Saitenmitte zupfen. Der Klang verändert sich dabei ganz erheblich. Was passiert etwa, wenn man die Saite genau in der Mitte anzupft? Die Schwingung einer Saite läßt sich in einzelne Komponenten zerlegen, die Sinusform haben und deren Wellenlängen $\frac{1}{2}$, $\frac{1}{3}$, $\frac{1}{4}$ usw. der Wellenlänge der Grundschwingung haben. Das Bild zeigt die Gesamtschwingung und die ersten drei bzw. zwei Teilschwingungen bei der Anzupfstelle nahe am Steg ($\frac{1}{5}$ der Saitenlänge) bzw. in der Mitte der Saite.

Wird die Saite genau in der Mitte angezupft, so können alle diejenigen Teilschwingungen nicht entstehen, die genau in der Saitenmitte einen sogenannten Schwingungsknoten, also keine Auslenkung haben, die 2., 4., 6. usw. Teilschwingung entsteht also bei diesem Anzupfpunkt nicht; das Spektrum ist nur aus den ungeradzahligen Teiltönen aufgebaut.

Wird die Saite bei $\frac{1}{5}$ ihrer Länge angezupft, so kann nach entsprechenden Überlegungen der 5., 10., 15. usw. Teilton nicht entstehen. Bei einem Anzupfpunkt bei $\frac{1}{10}$ der Saitenlänge fehlt der 10., 20. usw. Teilton. Je näher also die Stelle an den Steg rückt, um so vollständiger wird die Teiltonreihe, um so stärker sind aber auch die einzelnen Teiltöne. Das Bild zeigt die Spektren bei $\frac{1}{5}$ und $\frac{1}{10}$ der Saitenlänge; das heißt bei einer Gitarre mit 60 cm Saitenlänge ist die Spielstelle einmal 12 cm, einmal 6 cm vom Steg entfernt.

Betrachtet man die Einhüllende des Spektrums der theoretischen Schwingung einer gezupften Saite, so denkt man sofort an Formanten. Tatsächlich handelt es sich hier aber nicht um Formanten, da sich diese Einhüllende in ihrer absoluten Frequenzlage von Ton zu Ton ändert. Schon dadurch, daß sich durch das Greifen die Saitenlänge

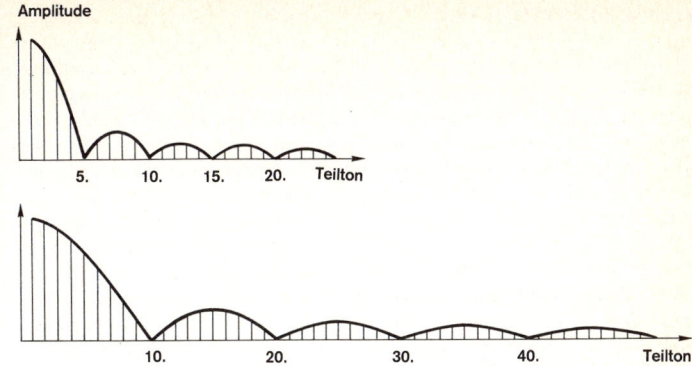

Spektren bei Anzupfpunkten bei ⅕ und ¹⁄₁₀ der Saitenlänge

dauernd ändert, während die Zupfstelle im allgemeinen gleich bleibt, wandert die Anzupfstelle sozusagen hin und her. Das in der Theorie sich ergebende Spektrum ist in der Akustik des gezupften Tons freilich nicht so deutlich und egalisiert sich während des Ausklingens zunehmend.

Auch die Art, wie eine Saite gezupft wird, wirkt sich auf den Klang aus: Bewegt man die Saite mit der Seite der Daumenkuppe aus ihrer Ruhelage, so können sich Teilschwingungen, deren Wellenlängen in der Größenordnung der Daumenkuppe oder kürzer sind, nicht ausbilden. Nehmen wir die Daumenkuppe einmal mit 3 cm an, so können bei 60 cm Saitenlänge höchstens 20 Teilschwingungen entstehen. Für den tiefsten Gitarrenton E mit 82 Hz ergibt das einen Umfang des Spektrums bis 1640 Hz, bei der höchsten Saite (e') ergibt sich ein Spektrumsumfang von 6560 Hz. Je schmaler die Anreißstelle ist, um so größer kann der Teiltonumfang bzw. die Klanghelligkeit werden.

93

4. HOLZBLASINSTRUMENTE

Die Blasinstrumente werden in die Gruppe der Holzblasinstrumente und die Gruppe der Blechblasinstrumente eingeteilt. Das Material Holz und Blech spielt bei dieser Einteilung nicht in allen Fällen eine bestimmende Rolle; die Saxophone z.B. sind gänzlich aus Blech, gehören aber zu den Holzblasinstrumenten wie auch die Flöte, die heute ebenfalls aus Metall gefertigt wird. Andererseits ist der Zink, ein Trompeteninstrument, aus Holz. Ein eindeutiges Unterscheidungsmerkmal ergibt sich daraus, wie die Tonhöhe verändert wird.

Bei den *Holzblasinstrumenten* befinden sich entlang dem Instrument sogenannte Tonlöcher, also Löcher, die der Spieler mit seinen Fingern oder mit Klappen schließen kann. Sind – etwas vereinfacht gesagt – alle Tonlöcher offen, ergibt sich ein für das Instrument hoher Ton, sind alle Löcher geschlossen, so ergibt sich der mit dem Instrument tiefst mögliche Ton. Die Töne dazwischen entstehen durch Abdeckung eines Teils der Löcher: je mehr Löcher vom Mundstück her gesehen verschlossen sind, desto tiefer wird der Ton. Durch größeren Anblasdruck kann dieses Verfahren in einem oben anschließenden Tonbereich ein oder mehrmals wiederholt werden. Typisch für die Holzblasinstrumente sind also die Tonlöcher und auch die wegen der Tonlöcher relativ wenig ausladende Schallstürze.

Kennzeichnend für die *Blechblasinstrumente* ist das Fehlen von Tonlöchern; zwischen Mundstück und Schallstürze ist das Instrument schalldicht geschlossen. Das ermöglicht eine ausladende Schallstürze. Die unterschiedlichen Tonhöhen erzeugt der Spieler durch unterschiedliche Lippenspannungen verbunden mit unterschiedlichem Blasdruck; zur Überbrückung von Lücken in der Tonskala werden allerdings noch mindestens drei Ventile benötigt, mit deren Hilfe die Schallröhre des Instruments geringfügig verlängert werden kann.

Ein Blasinstrument besteht aus dem *Mundstück*, mit dem der Ton gebildet wird, ein Ton, der für sich allein nicht gerade durch Klangschönheit ausgezeichnet ist. An das Mundstück schließt sich die *Schallröhre* an, deren Länge die Tonhöhe mitbestimmt, deren Weite und Form auf die Klangfarbe und die Spielbarkeit Einfluß nehmen. Die Schallröhre weitet sich an ihrem unteren Ende zur *Schallstürze*, die ebenfalls für die Klangfarbe, besonders aber für die Klangabstrahlung in den umgebenden Raum wichtig ist.

4.1 Moderne Holzblasinstrumente

Die Holzblasinstrumente bilden keine einheitliche Gruppe, sondern nach Aussehen, Spielweise, Klang und Geschichte vier unterschiedliche *Familien* mit jeweils einem oder zwei Hauptinstrumenten und (in Klammern) einigen Nebeninstrumenten:

Flöten: Große Flöte oder Querflöte (Pikkolo, Altflöte)
Klarinetten: Klarinette (Kleine Klarinette, Altklarinette, Bassetthorn, Baßklarinette)
Saxophone: Altsaxophon, Tenorsaxophon (Sopransaxophon, Barytonsaxophon, Baßsaxophon)
Oboen: Oboe (Oboe d'amore, Englisch Horn), Fagott (Kontrafagott)

Die Merkmale der Familien zeigen sich am Aussehen ihrer Hauptinstrumente: Flöten – aufgrund ihrer Spielhaltung auch Querflöten genannt – haben keine Stürzen, sie sind aus Metall gefertigt, meist aus Neusilber oder Silber, nur gelegentlich aus Holz. Saxophone zeichnen sich durch ihre weite Schallröhre aus sowie – mit Ausnahme des

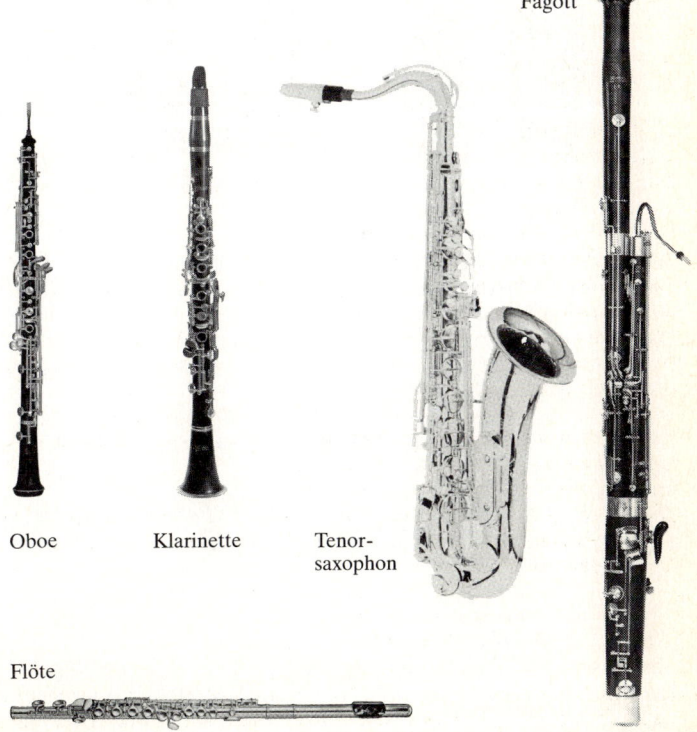

Fagott

Oboe   Klarinette   Tenorsaxophon

Flöte

Sopransaxophons – durch ihre aufgebogene Stürze. Sie sind aus Blech. Das Fagott ist stets aus Holz; es zeigt die typische geknickte Schallröhre, die Stürze ist kaum ausgebildet.

Klarinette und Oboe unterscheiden sich nur im Detail. Achtet man aber auf die Mundstücke und Stürzen, so zeigen sich deutliche Unterschiede. Die Resonanzröhre der Klarinette ist außerdem dicker und länger als die der Oboe. Werden die Instrumente nicht gebraucht, nimmt der Oboist sein Rohrblatt ab, der Klarinettist stülpt eine Kapsel über das Mundstück.

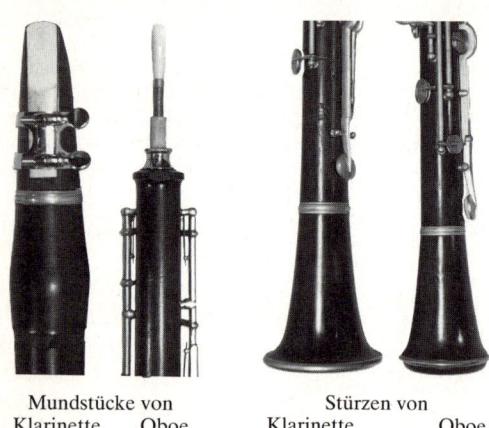

Mundstücke von Stürzen von
Klarinette   Oboe Klarinette   Oboe

Die untere Grenze des *Tonumfangs* von Flöte und Oboe ist ähnlich, ebenso die obere Grenze des Tonumfangs von Flöte und Klarinette. Die Klarinette hat nach unten einen erweiterten Tonumfang, verglichen mit Flöte und Oboe. Damit hat sie von allen Holzblasinstrumenten den größten Tonumfang. Der Tonumfang des Fagotts entspricht etwa dem des Violoncellos.

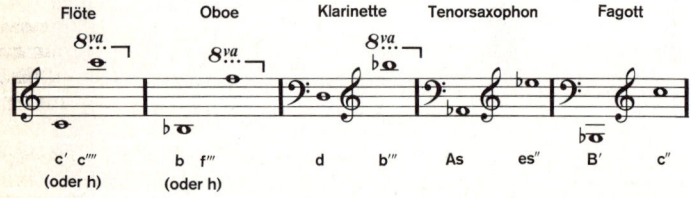

Im klassischen *Sinfonie-* und *Opernorchester* sind in der Regel je zwei Flöten, Oboen, Klarinetten und Fagotte vertreten. Nur gelegentlich werden Pikkoloflöte, Englisch Horn, Bassetthorn und Kontrafagott verwendet. Im 19. Jahrhundert werden diese und andere zusätzliche Instrumente immer häufiger verlangt, da die Komponisten nun die Klangfarbe der einzelnen Instrumente ganz bewußt in der Komposition berücksichtigen. Seit Richard Wagners Musikdramen hat sich die dreifache Besetzung der Holzbläser eingeführt. Die Saxophone werden im Orchester nur vereinzelt verwendet.

Weiterhin bilden die Holzblasinstrumente zusammen mit den Blechblasinstrumenten die sogenannte *Harmoniemusik*. Zu ihr gehört die Militärmusik, aber auch viele Musikvereinsorchester (Blasorchester) sind Harmoniemusikorchester. Solche Harmoniemusiken gab es bereits im 18. Jahrhundert, zum Beispiel von Mozart, Haydn und Beethoven.

Schließlich existiert eine große Vielfalt von *Kammermusikbesetzungen* mit Holzblasinstrumenten allein oder gemischt mit Streich- und Tasteninstrumenten sowie Blechblasinstrumenten, vor allem mit dem Horn.

Die U-Musik verwendet alle Holzblasinstrumente. Besonders aber haben Klarinetten und Saxophone in Unterhaltungs- und Jazzkapellen Eingang gefunden.

4.1.1 Familie der Flöten

Das Hauptinstrument ist die *Große Flöte* oder *Querflöte*, einfach auch nur Flöte genannt. Die Griffweise bietet trotz der verwirrenden Vielfalt von Klappen, Ringklappen, Hebeln, Rollen u. a. alle Voraussetzungen zu einer virtuosen Spielbarkeit. Dem Anfänger machen denn auch die Atemtechnik und der Ansatz, also die besondere Art des Anblasens des Mundstücks, eher Schwierigkeiten. Der Bläser formt dabei mit den Lippen einen flachen Luftstrahl, mit dem er die Kante des Anblaslochs treffen muß.

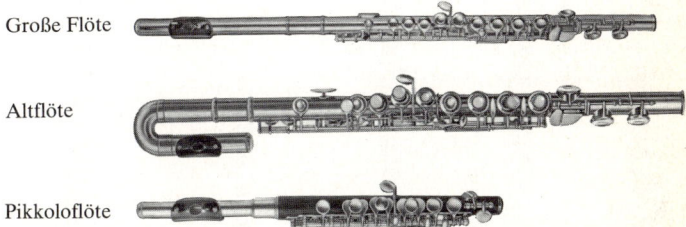

Große Flöte

Altflöte

Pikkoloflöte

Die *Pikkoloflöte*, auch *Kleine Flöte* genannt, ist eine Querflöte, die etwa halb so lang ist wie die Große Flöte, ihr Tonbereich ist deshalb auch um eine Oktave nach oben verschoben. Die Pikkoloflöte klingt für sich allein weniger überzeugend, dringt aber auch gegen ein volles Orchester durch. Sie ist das höchste Instrument im Orchester.

Die *Altflöte* liegt mit ihrem Tonumfang um einige Töne tiefer als die Große Flöte; es gibt Altflöten in *g*, *f* und *es*, womit auch ihr jeweils tiefster Ton bezeichnet ist. Die Altflöte gibt es in gerader oder abgeknickter Bauweise. Auch eine *Baßflöte* in *c* wurde entwickelt und in neuer Musik gelegentlich verwendet.

4.1.2 Familie der Klarinetten

Die *Spieltechnik* der Klarinetten unterscheidet sich erheblich von derjenigen der Querflöten. Der Spieler nimmt das Mundstück in den Mund und muß es mit einem kräftigen Anblasdruck zum Schwingen bringen. Das Mundstück besteht aus einem Blatt, das auf eine passende Bahn gebunden wird. Die Grifftechnik ist zwar komplizierter als bei der Flöte, erlaubt aber dennoch eine enorme Virtuosität. Der Tonumfang der Klarinetten ist besonders groß. Heute finden zwei etwas unterschiedliche Typen von Klarinetten Verwendung: die Deutsche oder Oehler-Klarinette mit ihrem weicheren Klang wird vor allem in Deutschland im Bereich der sogenannten E-Musik gespielt, die Boehm-Klarinette, etwas lauter und schärfer im Klang, findet außerhalb Deutschlands und generell im Jazz und in der U-Musik Verwendung.

Die Klarinetten gehören zu den sogenannten *transponierenden Instrumenten*, ausgenommen die Klarinette in *c*. Die notierte Klarinet-

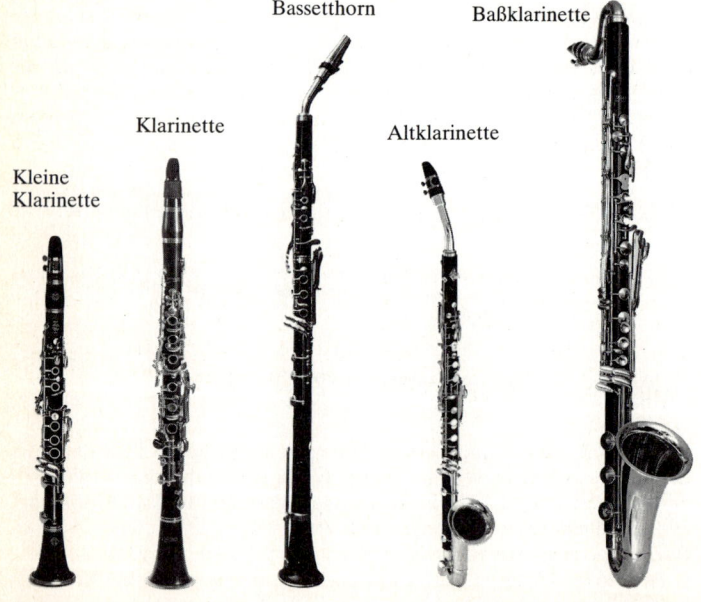

Bassetthorn   Baßklarinette

Klarinette   Altklarinette

Kleine Klarinette

tenstimme gibt nicht unmittelbar die Tonhöhe an, die erklingen soll, sondern stellt vielmehr eine Anweisung dar, welche Klappen zu betätigen sind. Die notierte Note *c'* zum Beispiel ergibt bei der Klarinette in *B* ein *b*, bei der Klarinette in *A* ein *a*, bei der Kleinen Klarinette in *Es* ein *es'*. Die transponierende Notation macht es möglich, daß ein Klarinettist alle Instrumente der Klarinettenfamilie spielen kann, weil ein bestimmter notierter Ton immer denselben Griff verlangt. Zu den transponierenden Instrumenten gehören u. a. auch die Saxophone, Trompeten und Hörner.

Das Hauptinstrument dieser Familie, die *Klarinette*, gibt es in drei Größenvarianten, die sich voneinander wenig unterscheiden: die Klarinette in *B* – das meistbenutzte Instrument, die Klarinette in *C* – sie steht im Tonumfang ein wenig höher und die Klarinette in *A* – sie steht ein wenig tiefer, ihr Klang ist etwas dunkler und weicher. Die Längenunterschiede zwischen Klarinette in *A* und *B* bzw. *B* und *C* betragen nur etwa zehn Prozent. »In *B*«, »in *A*« u. ä. bedeutet, daß das jeweilige Instrument besonders leicht in der betreffenden Tonart, also – in diesem Beispiel – in *B*-dur bzw. *A*-dur gespielt werden kann.

Die Familie der Klarinetten ist besonders vielfältig. Neben dem Hauptinstrument in drei Größen gibt es mehrere Nebeninstrumente, alle wieder in verschiedenen Größen:

Die *Kleine Klarinette* – ebenfalls in mehreren Größen gebaut – steht im Tonumfang nur wenige Töne höher als die Klarinette in *B*, ihr Klang ist aber schärfer.

Das *Bassetthorn* und die *Altklarinette* liegen einige Töne tiefer als die Klarinette. An dem abgebogenen Mundstück und der meist aufgebogenen Stürze aus Metall sind diese Instrumente zu erkennen. Das Bassetthorn – vor allem Mozart hat es mehrfach vorgeschrieben – steht mit einem Stachel auf dem Boden, oft hat es auch eine gerade Stürze; sein Tonumfang reicht weiter nach unten. Die Altklarinette ist selten anzutreffen.

Die *Baßklarinette* ist das Baßinstrument der Klarinettenfamilie. Ihr Tonumfang entspricht etwa demjenigen des Fagotts. Die Stürze ist meist nach oben gebogen, selten gerade an das Rohr angesetzt. Die noch größere *Kontrabaßklarinette* ist selten. Die tieferen Klarinetten haben auf den ersten Blick in ihrer Form Ähnlichkeit mit Saxophonen. Alle Klarinetten sind aus Holz, abgesehen von der Stürze der größeren Formen und seltenen Ausnahmen in der Harmoniemusik, alle Saxophone sind aus Blech.

4.1.3 Familie der Saxophone

Die Anblastechnik der Saxophone entspricht derjenigen der Klarinetten, die Griffweise ist einfacher. Die Saxophone haben im Bereich der E-Musik nur eine geringe Bedeutung erlangt, um so wichtiger sind sie dagegen im Jazz und der U-Musik; für den Jazz können sie geradezu als Klangsymbol gelten.

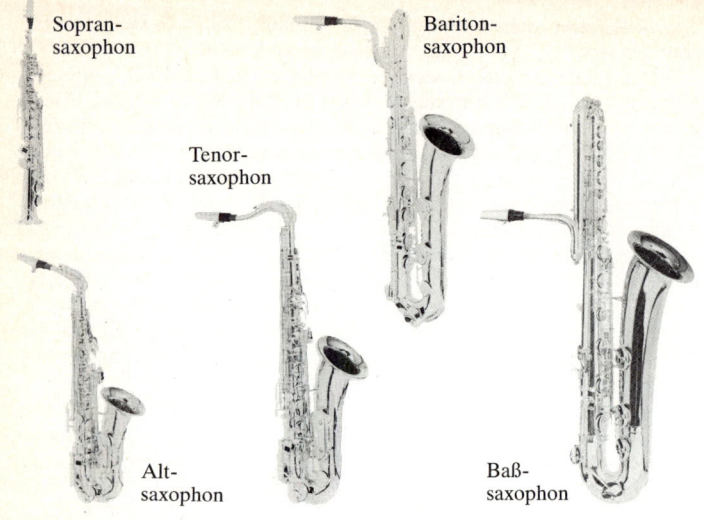

Sopran-
saxophon

Bariton-
saxophon

Tenor-
saxophon

Alt-
saxophon

Baß-
saxophon

Die Saxophonfamilie ist bei den Holzblasinstrumenten die jüngste Familie. Sie wurde von Adolphe Sax, einem belgischen Instrumentenbauer, um 1840 aus einer Kombination von Baßklarinette und Ophikleide, einem Klappenhorn, entwickelt. Es gelang Sax nicht, die Saxophone ins Opern- und Sinfonieorchester einzuführen. Georges Bizets ›Arlésienne‹-Suite, Maurice Ravels ›Bolero‹ und seine Instrumentierung von Modest P. Mussorgskijs ›Bilder einer Ausstellung‹ gehören zu den wenigen Ausnahmen. Das Saxophon machte seinen Weg über die französischen Militärkapellen, die Militärkapellen der amerikanischen Südstaaten, nach deren Auflösung wurde es von den schwarzen Jazzmusikern im New Orleans-Jazz gespielt, bis es in die Swingorchester Eingang fand und mit diesen nach Europa zurückkehrte.

Hauptinstrumente sind das *Tenorsaxophon* vor allem, aber auch das *Altsaxophon.* Serienmäßig werden heute dazu noch das Sopransaxophon, das Baryton- und Baßsaxophon gebaut. Sopranino- und Kontrabaßsaxophon sind selten anzutreffen.

4.1.4 Familie der Oboen

Die Instrumente der Oboenfamilie werden mit einem doppelten Rohrblatt angeblasen, daher auch die Bezeichnung Doppelrohrblattinstrumente. Das Rohrblatt besteht aus zwei aufeinandergebundenen Segmenten eines Pfahlrohrs, einer hochwachsenden subtropischen Grasart, aus der auch die Klarinettenblätter gewonnen werden. Berufsmusiker bauen das Rohr selbst, ein subtiles Mundstück, von dem viel abhängt; es darf nicht zu trocken, nicht zu feucht sein, es muß genau die richtige Spannung und Dicke haben.

Die Hauptinstrumente der Familie sind *Oboe* und *Fagott*. Die Oboe ist das Sopraninstrument ihrer Familie, das Fagott das Baßinstrument. Das Altinstrument ist das *Englisch Horn*. Bemerkenswert am Englisch Horn ist das birnenförmige Rohrende. Es verleiht dem Instrument einen warmen, näselnden Klangcharakter, besonders in der tiefen Tonlage. Etwas kleiner als das Englisch Horn ist die *Oboe d'amore*; sie endet ebenfalls in dem birnenförmigen Schallstück, das auch »Liebesfuß« genannt wird.

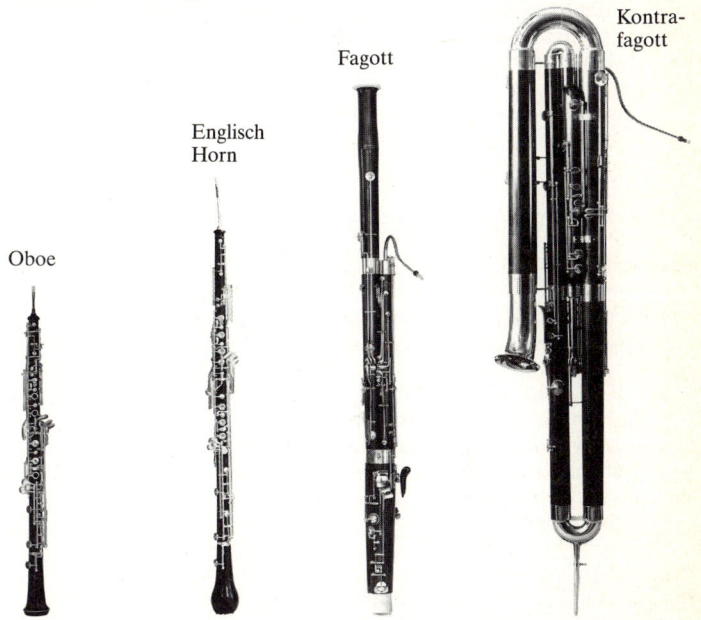

Oboe

Englisch Horn

Fagott

Kontra-fagott

Ein vergrößertes Fagott ist das *Kontrafagott*. Die Länge seiner schwingenden Luftsäule beträgt etwa sechs Meter. Es verfügt über die tiefsten Töne des gesamten Orchesters. Die Frequenz dieses tiefsten Tons liegt immerhin unter 30 Hz. Das ist eine Oktave tiefer als der tiefste Ton des Fagotts. Die Stürze des Kontrafagotts ist im Gegensatz zum Fagott nach unten gerichtet.

4.2 Historische Holzblasinstrumente

Ist schon bei den Streich- und Zupfinstrumenten in der Zeit zwischen 1500 und 1800 die Typenvielfalt größer als heute, so ist bei den Blasinstrumenten die *Differenzierung des Instrumentariums* nochmals wesentlich größer. Michael Praetorius beschreibt allein bei den Instrumenten mit doppeltem Rohrblatt elf vollständige Familien mit zusammen über vierzig verschiedenen Einzelinstrumenten. Dem stehen im modernen Instrumentarium nur etwa vier verschiedene Instrumente mit doppeltem Rohrblatt gegenüber. Daraus auf eine Verarmung des Instrumentariums oder eine Einschränkung der Klangfarbenvielfalt zu schließen, wäre allerdings falsch. Die modernen Instrumente sind im Klang erheblich wandelbarer und im Tonumfang entschieden größer. Die große Zahl von Doppelrohrblattinstrumenten muß uns aber Hinweis darauf sein, daß die Musik und die Menschen, die sie hörten, eine staunenswerte Klangdifferenzierung verlangten. Freilich ist das Beispiel der Doppelrohrblattinstrumente ein herausragendes Beispiel, das sich in dieser Klarheit in anderen Blasinstrumententypen nicht wiederholt. In der Entstehung unseres modernen Blasinstrumentariums entwickelt sich aus einer großen Anzahl klanglich begrenzter Instrumente eine kleine Zahl klanglich differenzierbarer Instrumente.

Innerhalb der einzelnen Instrumententypen wird jeweils für die Renaissance, also grob gesagt für das 16. Jahrhundert, eine ganze Familie – Stimmwerk, Chor oder Akkord genannt – zu beschreiben sein, im 17. Jahrhundert wird aus einigen Familien ein Instrument herausgelöst und zu einem Soloinstrument entwickelt, andere Familien werden in dieser Zeit ganz fallengelassen. Aus den solistischen Blasinstrumenten des Barock entwickelt sich durch eine gewisse akustische und technologische Optimierung im 19. Jahrhundert das moderne Instrumentarium.

4.2.1 Blockflöten

Bis zur Mitte des 18. Jahrhunderts sind die Blockflöten die Hauptinstrumente der Flötengruppe, bis zu dieser Zeit bedeutet Flöte ohne weiteren Zusatz stets Blockflöte, das gilt also auch noch für die Werke Johann Sebastian Bachs. Die Querflöten werden zunächst Pfeifen genannt. Erst nach 1750 übernimmt die Querflöte den ersten Platz unter den Flöteninstrumenten und damit auch die Bezeichnung Flöte. Die Blockflöte verliert nach 1750 sehr rasch an Bedeutung und verschwindet bis zu ihrer Wiederentdeckung im 20. Jahrhundert ganz aus dem Musikleben.

Im 16. und 17. Jahrhundert gehören die Blockflöten zu den wichtigsten Blasinstrumenten, und heute sind sie nicht nur die am häufigsten gespielten historischen Instrumente, sie gehören zu den meistverbreiteten Instrumenten überhaupt. Die Blockflöte steht im allgemeinen Bewußtsein nicht so sehr als historisches, sondern vielmehr als leicht zu erlernendes Musikinstrument, eine Funktion, die sie auch im 17. Jahrhundert schon ausfüllte. Während die meisten historischen Musikinstrumente sozusagen ein modernes Instrument zur Seite haben, das auf demselben Prinzip der Klangerzeugung aufbaut, gibt es bei den Blockflöten keinen wesentlichen Unterschied zwischen historischen und modernen Instrumenten.

Die *Blockflötenfamilie* umfaßt im 16. Jahrhundert drei Stimmlagen, die Diskantflöte, die Alt-Tenorflöte und die Baßflöte. Die Alt-Tenorflöte ist zweimal zu besetzen, wenn vierstimmig musiziert wird, dies ist die übliche Stimmenzahl. Die Instrumente haben eine weite Mensur bei schwach umgekehrt konischer Bohrung.

Bis um 1600 ist die Blockflötenfamilie auf acht Mitglieder angewachsen. Für den vierstimmigen Satz bietet sich also eine ganze Palette von Instrumenten in allen Tonlagen an. Dabei werden drei in ihrer Größe aufeinanderfolgende Instrumente bei zweifacher Besetzung des mittleren Instruments verwendet. Die kleinsten Blockflöten können zu einem 4′-Ensemble zusammengestellt werden, während die tieferen Instrumente ein 8′-Ensemble bilden. Alle acht Instrumente zusammen können also wie eine Orgel mit einem 8′- und einem 4′-Register zusammenspielen. 8′ (gesprochen Achtfuß) bedeutet, daß die Töne genauso hoch klingen, wie sie notiert sind, 4′ bedeutet, daß sie eine Oktave höher als notiert klingen.

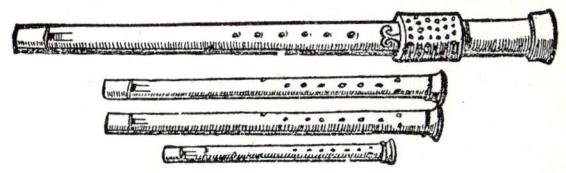

Renaissance-Blockflöten
S. Virdung, Musica getutscht, 1511

Das kleinste Instrument ist knapp 20 cm, das größte immerhin über zwei Meter lang. Die tiefen Instrumente sind wegen der großen Abstände der Löcher schwer zu greifen, zudem benötigen sie sehr viel Luft. Aus diesen Gründen sind sie bald wieder außer Gebrauch gekommen.

Das 18. Jahrhundert beschränkt sich wieder auf drei bis vier Stimmlagen. Die Instrumente sind jetzt enger mensuriert und stärker umgekehrt konisch gebohrt. Der Klang der Barockflöten, die im 17. Jahrhundert entwickelt wurden, ist deshalb schlanker und heller. Ihr Tonumfang hat sich erweitert. Sie sprechen in der Höhe leichter an als die Renaissance-Blockflöten und eignen sich zu solistischem und virtuosem Spiel. Die Spätbarockzeit um die Mitte des 18. Jahrhunderts schließlich bevorzugt die Altblockflöte in *f* mit dem tiefsten Ton *f'* als solistisches Instrument. Die Bohrung wird bei diesem Solo-instrument nochmals enger: es wird in Frankreich und Deutschland mit »flûte douce« oder »flûte à bec« bezeichnet.

Heute werden die Blockflöten in allen Größen sowie in der engen umgekehrt konischen Barockmensur mit barocker Griffweise und der weiten, nahezu zylindrischen Renaissancemensur gebaut. Die »mo-derne Blockflöte«, die in volkstümlicher Musik und in der Spielmusik verwendet wird, hat unterschiedliche äußere Formen und Mensuren; sie wird mit der sogenannten »deutschen Griffweise« gespielt.

Ihrer *äußeren Gestalt* nach sind die Renaissanceflöten stockartig, während die Barockflöten eine sich erweiternde Schallstürze vortäu-schen. Als Gegengewicht zu dieser Erweiterung sind die Instrumente auch unterhalb des Mundstücks ornamental verdickt. Das im 16. Jahrhundert einteilige Instrument wird schon bald in zwei, in der Barockzeit in drei Stücke mit schützenden und zierenden Ringen an

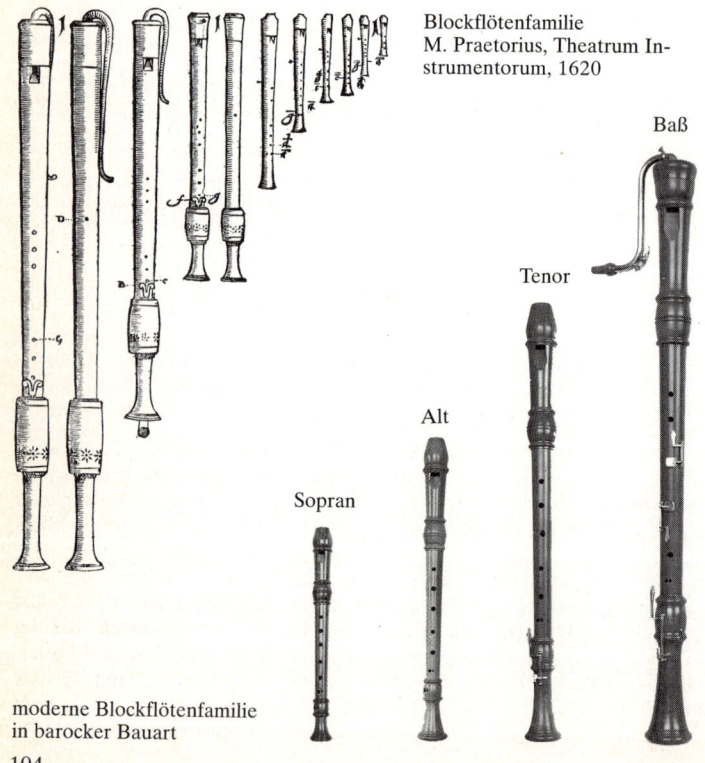

Blockflötenfamilie
M. Praetorius, Theatrum In-strumentorum, 1620

Baß

Tenor

Alt

Sopran

moderne Blockflötenfamilie
in barocker Bauart

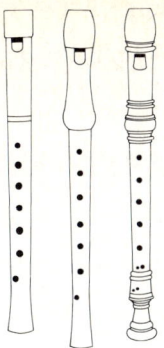

Entwicklung der Umrißform der Blockflöten von der Renaissance zum Barock

den Stoßstellen zerlegt. Dies bringt auch den Vorteil, daß die Instrumente für das Zusammenspiel gestimmt werden können. Das zylindrische Mundstück erhält im Barock eine elegante Tulpenform. Die tiefen Instrumente werden über ein S-förmiges Mundrohr und eine Windkammer angeblasen, damit sie beim Spielen besser in den Händen liegen. Sie haben zum Schließen des untersten Grifflochs stets eine Klappe, die bei den Renaissance-Instrumenten durch die sogenannte Fontanelle geschützt wird, eine gelochte Ummantelung der Klappe.

4.2.2 Querflöten

Gemessen an den Blockflöten führen die Querflöten, die in ihrer historischen Form heute meist *Traversflöten* oder Traversen genannt werden, bis in das 17. Jahrhundert hinein ein bescheidenes Dasein. Noch in der Mitte des 18. Jahrhunderts bedeutet Flöte stets Blockflöte, die Querflöte erhält einen Zusatz: deutsch, allemande, german, traverso oder traversière. Wie diese Bezeichnungen erkennen lassen, war die Querflöte vor allem in Deutschland verbreitet. Im 16. Jahrhundert ist sie noch ein wenig geachtetes Instrument der Soldaten, wo die Querflöte – meist Pfeife genannt – mit der Trommel gespielt wird. Das Stimmwerk der Querflöten mutet bei Michael Praetorius mit seinen drei Mitgliedern, verglichen mit der achtfach besetzten Blockflötenfamilie, noch sehr bescheiden an.

Die *Renaissance-Traversflöte* ist einteilig zylindrisch und weit mensuriert wie die Blockflöte. Das Anblasloch ist erstaunlich klein. Der Klang ist grundtönig. Die Schweizerpfeife klingt etwas heller. Die Renaissance-Traversflöte ist eines der stillsten Instrumente dieser Zeit.

Das Tenor-Altinstrument in d' wird nach 1650 in Frankreich im

Renaissance-Traversflöte (Kopie)

Barock-Traversflöte (Kopie)

moderne Querflöte

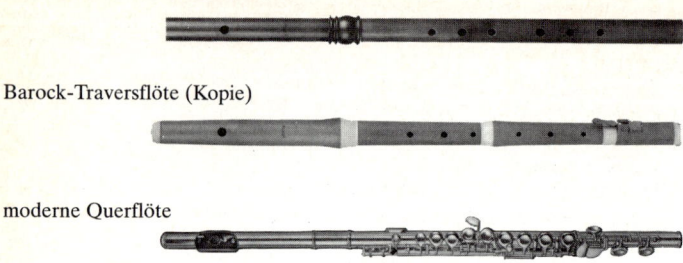

Kreis der Hofmusiker in die *barocke Traversflöte* umgewandelt. Sie ist wie die barocke Blockflöte umgekehrt konisch und in drei Teile zerlegbar. Das Anblasloch und die Grifflöcher sind größer, verglichen mit der modernen Flöte dennoch klein; damit wird auch der Klang stärker, während ihn die konische Form heller macht. Eine Klappe, die *Dis*-Klappe, die normalerweise geschlossen ist, gehört zum Bild der Barockquerflöte. Die Stoßstellen zwischen den einzelnen Teilen sind verstärkt, oft durch Ringe aus Elfenbein. Ein besonderer Reiz des Flötenklangs wird durch die Griffweise der Halbtöne bewirkt. Da für sie keine besonderen Löcher vorhanden sind – mit Ausnahme des *dis'* –, müssen sogenannte Gabelgriffe verwendet werden, die den Klang der Halbtöne dunkler machen. So erhält jede Tonart durch die unterschiedliche Zahl an Halbtönen ihren eigenen Klangcharakter, was ähnlich auch für die Blockflöten gilt. Die barocke Traversflöte steht in *D*-dur; der tiefste Ton ist *d'*. Durch längere Fußstücke (*C*-Fuß, *H*-Fuß) kann auch noch *c'* bzw. *h* erreicht werden. Im 18. Jahrhundert erfreute sich das Instrument einer großen Beliebtheit. Um die Mitte des 18. Jahrhunderts wird die Mensur enger und der Tonumfang nach oben erweitert. Dieser französische Querflötentyp bleibt bis gegen 1800 nahezu unverändert und ist das Instrument Mozarts und Haydns.

Gegen 1800 erhält die Querflöte neben anderen kleinen Veränderungen weitere Klappen für einige Halbtöne, die sich dann klanglich an die diatonischen Töne anpassen. Dieses halbchromatische Instrument war von der Beethovenzeit bis etwa 1850 gebräuchlich.

Während das System von Klappen, Ringen, Hebeln usw. bei den anderen Holzblasinstrumenten Schritt für Schritt im 19. Jahrhundert verbessert wird, wird die Querflöte zwischen 1830 und 1850 durch Theobald Boehm radikal neukonstruiert; es entsteht die *Boehm-Flöte*. Boehm geht – mit Ausnahme des Kopfstücks – wieder auf die zylindrische Bohrung zurück und berechnet für jeden Halbton die genaue Lage der Grifflöcher. Da die große Zahl der Löcher so nicht mehr zu greifen war, werden sie, wenn nötig, durch Klappen geschlossen. Gleichzeitig werden Flöten nun aus Metall hergestellt. Diese

Boehm-Flöte ist im wesentlichen unser modernes Instrument. Sie konnte sich nach ihrer Erfindung in Frankreich und England rasch durchsetzen, in Deutschland wurde sie zunächst nur zögernd aufgenommen.

Die *Meyer-Flöte* ist die weiterentwickelte Flöte alter Bauart. Es ist ein umgekehrt konisches Instrument.

4.2.3 Klarinette

Die Klarinette ist auf dem Feld der Kunstmusik von allen wichtigen Blasinstrumenten des Orchesters das jüngste. Michael Praetorius und die Theoretiker des 16. Jahrhunderts berichten nichts über ein Klarinetteninstrument. Dennoch gab es Klarinetten in mehreren Größen, und zwar als Instrumente der Volksmusik. Es handelte sich um zylindrische Instrumente mit einem einfachen Rohrblatt und geringem Tonumfang. Sie werden heute mit dem französischen Namen für Schalmei, mit Chalumeau bezeichnet. Die Begriffe Schalmei und Chalumeau können oft zu Unklarheiten führen, da sie in erster Linie auf das Instrument, aus dem die Oboe hervorgegangen ist, angewendet werden. Tatsächlich gibt es im 18. Jahrhundert einige Chalumeau-Partien, von denen wir nicht mit Sicherheit wissen, von welchem Instrument sie zu spielen sind, von einer Oboe, von dem volkstümlichen Vorgänger der modernen Klarinette oder von einer frühen Form der Klarinette.

Kurz nach 1700 wird das Chalumeau zur Klarinette umgebildet. Der Nürnberger Instrumentenbauer Johann Christoph *Denner* hat dabei im wesentlichen durch Hinzufügung zweier durch Klappen gedeckter Tonlöcher den Tonumfang des Instruments ganz erheblich erweitert und damit den Anforderungen der Kunstmusik Genüge ge-

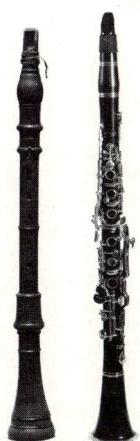

Klarinette in *D* von Jacob Denner,
Nürnberg um 1715   moderne Klarinette in *B*

tan. Das durch Überblasen hinzugewonnene hohe Register wird »Clarino« genannt, sonst der Name für den schwer zu blasenden hohen Tonbereich der Barocktrompete. Das hohe Register der frühen Klarinetten hat einen mit der hohen Trompete verwandten Klang, ist aber viel leichter zu blasen. Klarinette heißt wörtlich Trompetchen. Denners erste Zweiklappenklarinette wird noch im 18. Jahrhundert erheblich weiterentwickelt. Bei der Spieltechnik des 18. Jahrhunderts lag das Blatt übrigens oben, nicht wie danach üblich unten.

An dieser Stelle ist die Klarinette Anton *Stadlers* zu erwähnen. Stadler war ein Freund von Wolfgang Amadeus Mozart, der für ihn u. a. das berühmte Klarinettenkonzert in *A*-dur komponierte. Stadlers Klarinette hatte einen nach unten erweiterten Tonumfang, sie reichte bis zum klingenden *A*; entsprechend tief ging auch die Klarinettenstimme in der von Mozart komponierten Fassung. Dieser Klarinettentyp heute *Bassettklarinette* genannt.

Eine ähnliche Bedeutung wie Boehm für die Flöte kommt dem Instrumentenbauer Iwan *Müller* für die Klarinette zu. Zu Beginn des 19. Jahrhunderts konstruierte er eine neue Applikatur mit immerhin 13 Klappen, die es erlaubt, die Tonlöcher rein nach akustischen Gesichtspunkten zu plazieren. Die Müller-Klarinette wird rasch aufgenommen, auf ihr ist erstmals ein reines und virtuoses Spiel in allen Tonarten möglich. Im 19. Jahrhundert wird die Müller-Klarinette weiter verbessert und führt schließlich zu den heute in Deutschland gebräuchlichen Klarinetten mit *deutschem* bzw. *Oehler-System.* Die sinngemäße Übertragung der Boehm-Applikatur der Flöte auf die Klarinette ergibt die Klarinette mit *Boehm-System*, die in Frankreich, England und Amerika verbreitet ist, aber auch in Deutschland gespielt wird.

Zwar werden historische Klarinetten insbesondere des 18. Jahrhunderts heute wieder nachgebaut, sie haben aber bisher noch nicht das gleiche Interesse gefunden wie etwa Barockoboen, Traversflöten oder gar Blockflöten. Tatsächlich ist die Klarinette des 18. Jahrhunderts mit gewissen Unvollkommenheiten belastet.

4.2.4 Renaissance-Instrumente mit Doppelrohrblatt

Das 16. und 17. Jahrhundert ist die große Zeit der Doppelrohrblattinstrumente. Michael Praetorius nennt elf verschiedene Instrumentenfamilien; allerdings sind nicht von jedem Typ Instrumente überliefert. Die Abbildungen bei Praetorius sind aber so genau und zuverlässig, daß eine einigermaßen gesicherte Rekonstruktion möglich ist. Fast alle Instrumente werden heute als Kopien oder Rekonstruktionen wieder hergestellt. Aus dem vielfältigen Instrumentarium der Doppelrohrblattinstrumente der Renaissance entwickelten sich die Oboe und das Fagott.

Gemeinsames Klangmerkmal aller Doppelrohrblattinstrumente ist ein starrer, wenig modulationsfähiger, scharfer *Klang*, der sich deutlich von dem weichen Klang der Flöten und dem dünnen, silbrigen Klang der Streichinstrumente abhebt. Die wichtigsten *Unterscheidungsmerkmale* zwischen den einzelnen Typen sind das Vorhandensein bzw. Fehlen einer Windkapsel, die Art der Bohrung und die gerade Führung oder Abknickung der Schallröhre.

Die *Windkapsel* bildet ein kleines Luftreservoir, das ausgleichend auf die zugeblasene Luft wirkt, es macht also den Klang eher starrer. Es gibt z. B. Instrumente, die mit und ohne Windkapsel gespielt werden. So ist das Kortholt nichts weiter als ein Sordun mit Windkapsel, dennoch werden zwei Namen benutzt, und Praetorius bildet beide Familien einzeln ab. Die Windkapsel ist also nicht nur eine Spielhilfe, sondern wesentlicher Bestandteil des Instruments.

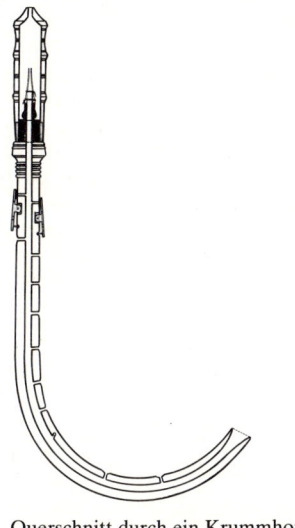

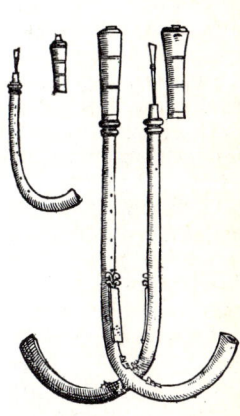

Krummhörner
M. Praetorius, Theatrum
Instrumentorum, 1620

Querschnitt durch ein Krummhorn

Die Art der *Bohrung* wirkt sich nicht nur auf die Klangfarbe, sondern vor allem auf die Größe und den Tonumfang der Instrumente aus. Instrumente mit zylindrischer Bohrung klingen eine Oktave tiefer als Instrumente mit konischer Bohrung, oder anders gesagt, zylindrische Instrumente sind nur halb so groß wie konische derselben Tonlage. Da Praetorius genau die Tonlage und Größe der Instrumente angibt, kann daraus geschlossen werden, ob sie zylindrisch oder konisch gebohrt sind. Andererseits beschränkt die zylindrische Bohrung den Tonumfang auf wenig mehr als eine Oktave, da ein Überblasen in die höhere Oktave nicht möglich ist. Der geringe Tonumfang ist den Anforderungen des Ensemblespiels jedoch gewachsen.

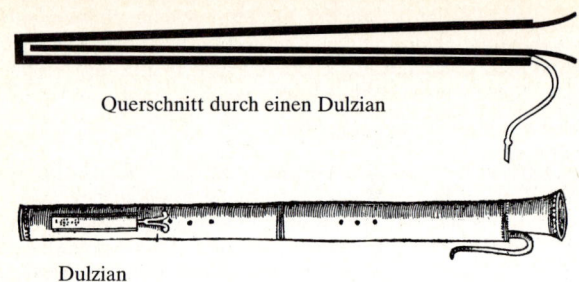

Querschnitt durch einen Dulzian

Dulzian
M. Praetorius, Theatrum Instrumentorum, 1620

Das dritte unterscheidende Merkmal der Doppelrohrblattinstrumente ist die gerade Führung oder *Abknickung* der Schallröhre. Bei der abknickenden Form wird die Schallröhre – wie beim heutigen Fagott – u-förmig geführt, so daß ihre beiden Teile nebeneinander liegen; ein Beispiel hierfür ist der Dulzian. Dadurch ist das Instrument nur halb so lang, deshalb auch der Sammelname Kortinstrumente (Kurzinstrumente). Die Kortinstrumente haben einen stilleren Klang als die Instrumente mit ausgestreckter Schallröhre.

Einen *Überblick* über die Namen der Instrumente und ihre wesentlichen Eigenschaften gibt die Tabelle.

	Instrumente mit Windkapsel		Instrumente ohne Windkapsel	
	gerade Instrumente	Kortinstrumente	gerade Instrumente	Kortinstrumente
zylindrische Bohrung	Krummhörner Cornamusen Bassanelli	Kortholte		Sordune Rankette
konische Bohrung	Rauschpfeifen		Pommern mit Schalmei	Dulziane oder Fagotte
umgekehrt konische Bohrung	Schreierpfeifen			

Die Grifftechnik aller Instrumente ist derjenigen der Blockflöte vergleichbar. Das Blasen erfordert aber einen kräftigeren, gleichmäßigen Blasdruck.

Für die Weiterentwicklung zu solistisch spielenden Barockinstrumenten eignen sich nur Instrumente ohne Windkapsel – wegen der Gestaltungsfähigkeit des Klangs – und mit konischer Bohrung – wegen der Möglichkeit des Überblasens in die Oktave und des damit verbundenen größeren Tonumfangs. So werden Pommern bzw.

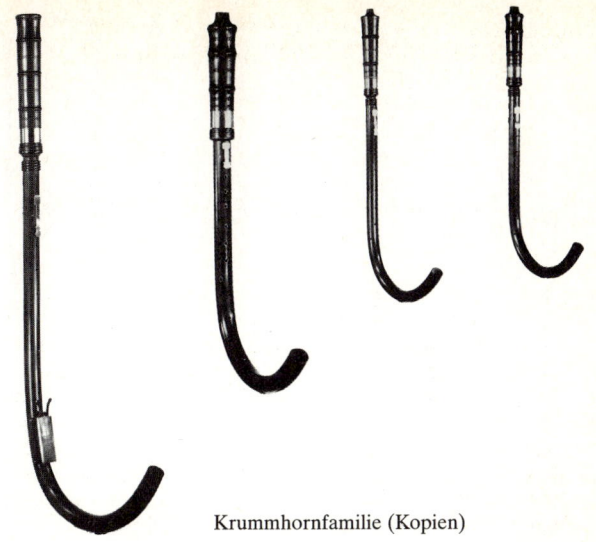

Krummhornfamilie (Kopien)

Schalmeien und Dulziane oder Fagotte Vorbilder für die modernen Doppelrohrblattinstrumente.

Die *Krummhörner* sind zumindest in Deutschland im 16. und 17. Jahrhundert weit verbreitet. Als zylindrische Windkapselinstrumente haben sie einen Tonumfang von einer None. Typisch ist ihre Spazierstockform. Interessant dabei ist, daß das Instrument gar nicht mit seiner gesamten Länge für die Tonhöhe akustisch wirksam ist, sondern nur mit dem geraden Teil. Die beiden untersten Löcher in dem gebogenen Teil können nämlich vom Spieler nicht geschlossen werden. Das umgebogene Rohrstück kann also nur die Klangfarbe beeinflussen. Praetorius bildet fünf verschieden große Instrumente ab. Der Tonbereich der gesamten Familie liegt zwischen B_1 und d''.

Von den *Cornamusen* haben wir bei Praetorius nur eine Beschreibung, leider gibt es keine erhaltenen Instrumente. Dennoch konnten sie rekonstruiert werden. Wie die Krummhörner zylindrisch gebohrt, sind die Cornamusen aber gerade und unten merkwürdigerweise geschlossen. Luft und Schall können aus einigen, am unteren Ende seitlich gebohrten Löchern entweichen. Cornamusen sind weicher und schwächer im Klang als Krummhörner.

Baßcornamuse (Rekonstruktion)

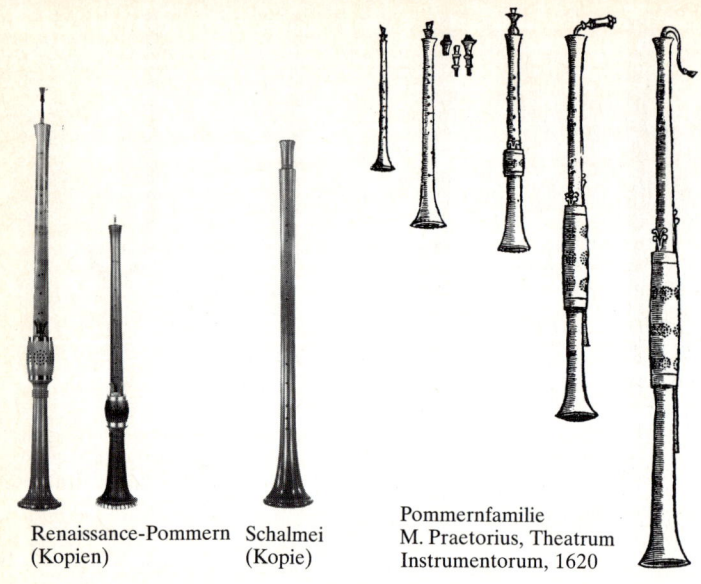

Renaissance-Pommern Schalmei
(Kopien) (Kopie)

Pommernfamilie
M. Praetorius, Theatrum
Instrumentorum, 1620

Pommern und *Schalmeien,* konische Instrumente ohne Windkapsel, sind zusammen mit Krummhörnern und Dulzianen die wichtigsten Doppelrohrblattinstrumente der Renaissance. Die Familie der Pommern oder Bombarts hat sich aus der mittelalterlichen Familie der Schalmeien entwickelt; dabei wird die Mensur erweitert; das unterste Griffloch erhält eine Klappe. Diese Klappe wird wie bei den anderen Holzblasinstrumenten zum Schutz mit einem durchlöcherten Mantel umgeben, der sogenannten Fontanelle. So erhalten die Pommern ihre typische Verdickung am unteren Ende. Das Diskantinstrument der Pommern behält den Namen Schalmei. Bei Praetorius kommt dazu noch die »gar klein Diskant-Schalmeie«. Die Schalmei hat noch eine Anblashilfe von den mittelalterlichen Schalmeien übernommen, die sogenannte Pirouette, ein becherartiger Aufsatz, der den Lippen als Auflage dient. Das Rohrblatt schwingt frei in dem – aufgeblasenen – Mund, der hier sozusagen die Windkapsel bildet. Die *Rauschpfeife* ist eine Schalmei mit Windkapsel.

Die beiden windkapsellosen Kortinstrumente mit zylindrischer Bohrung zeichnen sich durch besonders geringe Dimensionen aus; es sind die *Sordune* und *Rankette.* Der Baßsordun mit einer Tiefe wie unser heutiges Fagott hat kaum die Länge einer modernen Oboe. Ein Rankett mit vergleichbarem Tonumfang kommt auf etwa 17 cm Länge; hier ist das zylindrische Rohr neunmal parallel geführt. Das Sor-

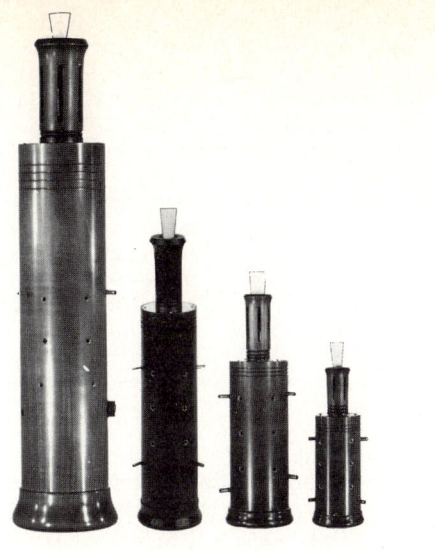
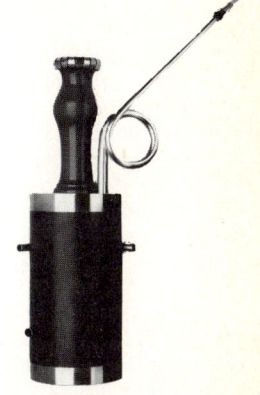

Renaissance-Rankette (Kopien)   Barock-Rankett (Kopie)

dun ist eigentlich nichts anderes als ein Kortholt ohne Windkapsel. Wie dieses gehört es zu den stillen Instrumenten und ist nicht allzu häufig zu finden. Das Rankett oder Rakett ist eines der merkwürdigsten Instrumente der Renaissance mit einem Klang, der dünn und

Baßdulzian oder Chorist-Fagott (Kopie)

schnarrend dem des Orgelregals nahesteht, »fast wie wenn man durch einen Kamm bläst«, sagt Praetorius. Das Groß-Baßrankett erreicht mit 35 cm Länge dieselbe Tiefe wie unser Kontrabaß. Nach dem Vorbild der Renaissance-Rankette wird gegen 1700 das sogenannte Barockrankett, Wurstfagott, Büchsenfagott oder Cervelat konstruiert, wegen seiner konischen Bohrung ist es aber eigentlich ein Fagott in Rankettform.

Konische Kortinstrumente ohne Windkapsel sind die *Dulziane* oder *Fagotte*. Praetorius verwendet beide Namen nebeneinander. Im allgemeinen bezeichnet man die Renaissance-Instrumente mit Dulzian, die Barockinstrumente mit Fagott. Die Dulziane haben einen weichen, sanften Klang verglichen mit den Pommern. Da sie in die Oktave überblasen, ist ihr Tonumfang rund zwei Oktaven. Bei Praetorius besteht die Familie aus sechs Mitgliedern. Im Gegensatz zum Barock-Fagott werden die beiden parallelen Schallröhren aus einem Stück herausgebohrt.

4.2.5 Barockinstrumente mit Doppelrohrblatt

Aus der ganzen Vielfalt der Doppelrohrblattinstrumente der Renaissance bleiben in der Barockzeit im wesentlichen nur die Oboe und das Fagott übrig, dazu kommen noch Oboe da caccia bzw. Englisch Horn und Oboe d'amore. Die Entwicklung der Barockinstrumente vollzieht sich hauptsächlich im Kreis der Instrumentenbauer am französischen Königshof um die Mitte des 17. Jahrhunderts.

Um 1650 wird die *Barockoboe* und damit letztlich auch die moderne Oboe konstruiert. Ausgangspunkt ist die Schalmei. Engere Mensur, Zerlegung in drei Teilstücke, Neugestaltung der Stürze und Anbringung zweier Klappen sind die wesentlichen instrumentenbauli-

Barock-
Oboe
(Kopie)

moderne
Oboe

chen Neuerungen; eine neue Anblastechnik ist vielleicht noch wichtiger: das Rohrblatt wird jetzt zwischen die Lippen genommen. Dabei ist die bisherige Lippenauflage überflüssig und kann entfallen. Durch den direkten Kontakt des Musikers mit dem klangerzeugenden Element des Instruments wird die Gestaltungsfähigkeit des Klangs erst so möglich, wie es die Musik der Zeit erfordert.

Die Oboe wird bis ins 18. Jahrhundert hinein – oft abwechselnd mit der Flöte – von Flötisten gespielt, die Griffweise ist fast dieselbe. Auch bei der Oboe werden die Halbtöne durch komplizierte Gabelgriffe gespielt, die gegen 1800 zunehmend wegen zusätzlicher Tonlöcher mit Klappen überflüssig werden. Damit wird zugleich die Klangfarbe der einzelnen Töne einheitlicher, eine Entwicklung, die parallel mit derjenigen der Querflöte verläuft. Die Boehmsche Applikatur der Flöte wird auch auf die Oboe übertragen, kann sich aber nicht durchsetzen. Es entsteht ein Kompromiß mit der alten Applikatur, der zusammen mit einer noch engeren Bohrung zu der sogenannten *Französischen Konservatoriumsoboe* führt. Daneben wird zunächst noch die Oboe mit weiterer Mensur und alter Applikatur verbessert und als *Deutsche Oboe* bis in unser Jahrhundert weiterverwendet. Die im Klang schlankere Konservatoriumsoboe hat sich aber heute weitgehend durchgesetzt. Die *Wiener Oboe* ist ein Instrument mit unregelmäßiger Bohrung und einer größeren Dynamik; sie wird seit der Jahrhundertwende bevorzugt in den Wiener Orchestern gespielt.

Aus dem Altpommer wird im 17. Jahrhundert die *Oboe da caccia* entwickelt, eine Altoboe, die zunächst viel bei der Jagd (caccia) als Freiluftinstrument verwendet wird. Die Oboe da caccia ist zunächst sichelförmig, später abgewinkelt. Im 18. Jahrhundert erhält sie statt der Stürze den sogenannten Liebesfuß und wird nun *Englisch Horn* genannt. Sein Klang ist dunkler als derjenige der Oboe, auch noch etwas näselnder. Das Englisch Horn in gerader Form und mit Liebesfuß konnte sich erst nach 1820 durchsetzen. In dem neuen Namen lebt noch die sichelförmige Gestalt des Instruments weiter, wie übrigens in dem Namen Bassetthorn, einer Klarinette tieferer Lage, die ebenfalls sichelförmig war. Die Bezeichnung Englisch Horn hat mit England nichts zu tun; sie stammt möglicherweise aus einer falschen Schreibweise: aus französisch »cor anglé« (gewinkeltes Horn) wurde »cor anglais« (englisches Horn), und diese Schreibweise wurde dann korrekt ins Deutsche übersetzt.

Die *Oboe d'amore* wird seit 1720 gebaut, eine Oboe etwas tieferer Lage mit Liebesfuß wie die Oboe da caccia. Das Instrument wird nur einige Jahrzehnte gespielt. Johann Sebastian Bach verwendet die Oboe d'amore wie auch die Oboe da caccia verhältnismäßig oft in seinen Werken. Die Oboe d'amore gerät nach 1750 in Vergessenheit und wird erst seit 1874 wieder mit den instrumentenbaulichen Neuerungen der Oboe gebaut und danach auch gelegentlich im modernen Orchester wieder verlangt.

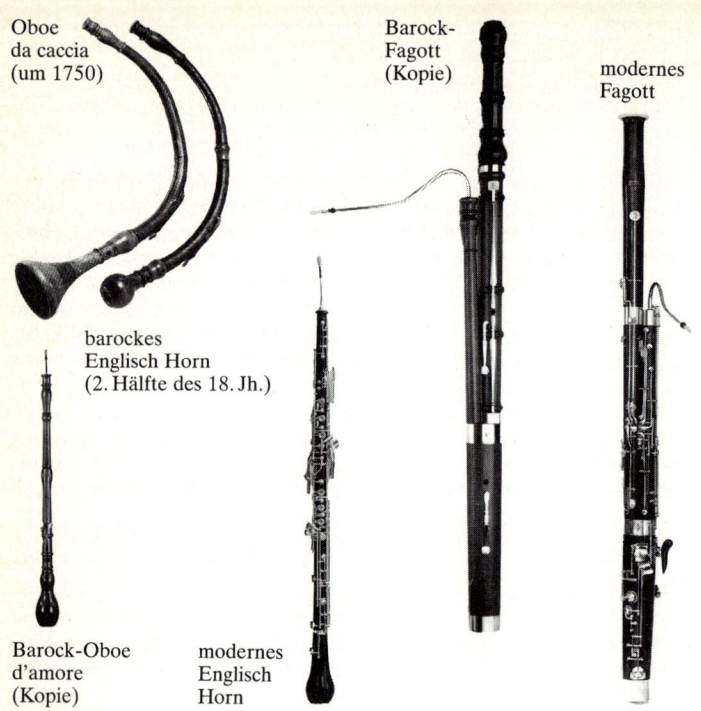

Oboe
da caccia
(um 1750)

Barock-
Fagott
(Kopie)

modernes
Fagott

barockes
Englisch Horn
(2. Hälfte des 18. Jh.)

Barock-Oboe
d'amore
(Kopie)

modernes
Englisch
Horn

Gleichzeitig mit der Barockoboe entsteht das *Barockfagott* aus dem Dulzian. War der Dulzian aus einem Stück gebohrt, so wird das Barockfagott in mehrere Teile zerlegt, die beiden parallelen Röhren liegen nun einzeln nebeneinander. Das Fagott hat von Anfang an drei bis vier Klappen. Es bleibt bis gegen 1780 fast unverändert. Wie die anderen Holzblasinstrumente werden danach zusätzliche Tonlöcher mit Klappen für die Halbtöne hinzugefügt. Im 19. Jahrhundert wird die Applikatur auf 22 bis 24 Klappen erweitert.

4.3 Akustik der Holzblasinstrumente

Blasinstrumente bestehen grundsätzlich aus einem Mundstück (Generator) und einer Röhre (Resonator).

Mit dem *Mundstück* werden die Schwingungen erzeugt. Bei den meisten Blasinstrumenten kann man es von der Röhre trennen. Bläst man dann hinein, gibt es einen Klang ab, der relativ schwach, unschön und musikalisch kaum zu verwenden ist; mit dem Klang des ganzen

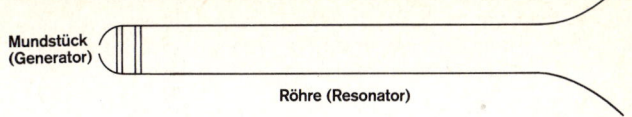

Mundstück
(Generator)

Röhre (Resonator)

Instruments hat er nicht viel Ähnlichkeit. Erst durch die Ankopplung des Rohres, also eines Resonators, entsteht der volle, wohlklingende Ton.

Die Schwingungen der Luftsäule im Resonator kommen dadurch zustande, daß der gleichmäßige Luftstrom, den der Bläser in das Instrument leitet, in sehr rascher Folge immer wieder unterbrochen wird. Damit entstehen im Resonator abwechselnd Zonen mit höherem und niedrigerem Druck. Und das ist die Schallwelle, der Klang, den wir hören. Das Mundstück ist physikalisch also nichts weiter als ein Luftstrom-Unterbrecher. Bei den Blechblasinstrumenten gehören die Lippen des Bläsers allerdings zu diesem Unterbrechersystem. Es gibt bei den Holzblasinstrumenten zwei grundsätzlich sich unterscheidende Formen eines solchen Unterbrechers:

1. eine Schneide, gegen die der gebündelte Luftstrom geblasen wird, wie bei den Flöten,
2. eine oder zwei bewegliche Zungen, die unter dem Einfluß eines auftreffenden Luftstromes den Luftzutritt zum Resonator periodisch sperren und öffnen, wie bei den Rohrblattinstrumenten.

Diese beiden Schwingungssysteme können auf ganz verschiedene Weise realisiert werden: Man kann einerseits das gesamte Schwingungssystem so herstellen, daß der Spieler dann nur noch in eine Öffnung blasen muß; man kann aber auch einige Funktionen den Lippen, der Mundhöhle, der Zunge oder dem Gaumen des Bläsers übertragen. Die Blockflöten z.B. besitzen ein voll »mechanisiertes« Mundstück. Beim Stillen Zink, einem historischen Instrument, hingegen werden alle Funktionen der Schwingungserzeugung dem Mund übertragen, das Instrument selbst ist eigentlich nur ein Resonanzrohr.

Der *Resonator*, die Schallröhre, verstärkt und veredelt nicht nur den Klang wie bei den Streichinstrumenten, sondern fixiert seine Tonhöhe auf den verschiedenen Tonstufen. Durch Reflexion der Schallwelle an den Enden der Röhre entsteht eine sogenannte stehende Welle, die überall da, wo sie mit der das Instrument umgebenden Luft in Kontakt ist, eine sich ausbreitende Schallwelle abstrahlt. Die Länge der stehenden Schallwelle bestimmt die Tonhöhe:

Beidseitig offene zylindrische oder konische Röhren verursachen Schwingungen der Luftsäule, deren Wellenlänge doppelt so lang ist

117

wie die schwingende Luftsäule. Bei erhöhtem Anblasdruck kann die Wellenlänge auch gleich oder ⅔ der schwingenden Luftsäule sein; man nennt die letztgenannten Schwingungsformen Überblasen in die Oktave bzw. Duodezime.

Die Luftsäulen in einseitig offenen zylindrischen Röhren schwingen so, daß ihre Wellenlänge viermal bzw. beim Überblasen um ⅓ länger ist als die schwingende Luftsäule.

Auf den ersten Blick scheinen alle Holzblasinstrumente beidseitig offene Schallröhren zu haben, an einem Ende wird doch die Luft hineingeblasen, am anderen Ende, also bei der Stürze, strömt sie wieder heraus. Für die akustische Wirksamkeit ist aber entscheidend, ob die Öffnung im Mundstück klein verglichen mit dem Querschnitt der Schallröhre ist oder nicht. Eine kleine Öffnung im Mundstück ist für die Schallröhre sozusagen nicht vorhanden, die Schallröhre gilt dann als geschlossen. So stellen zylindrische Doppelrohrblattinstrumente einseitig offene Schallröhren dar, zylindrische Querflöten aber beidseitig offene Schallröhren.

Bei gleicher Länge der Schallröhren ergeben einseitig geschlossene zylindrische Röhren Schwingungen mit doppelter Wellenlänge verglichen mit ebensolangen beidseitig offenen Röhren oder Töne mit halber Frequenz; sie stehen also eine Oktave tiefer.

Bei allen Holzblasinstrumenten wird die Tonhöhe hauptsächlich verändert durch Verkürzung der akustisch wirksamen Rohrlänge. Denn je kürzer das Resonanzrohr, desto kürzer ist auch die Wellenlänge der Schwingung. Und die Wellenlänge ist wieder ein Maß für die Tonhöhe: kurze Wellenlänge = hohe Töne, lange Wellenlänge = tiefe Töne. Durch Klappen oder mit den Fingern abdeckbare Löcher dienen der akustischen Verkürzung. Hier dargestellt sind die Verhältnisse bei der Klarinette.

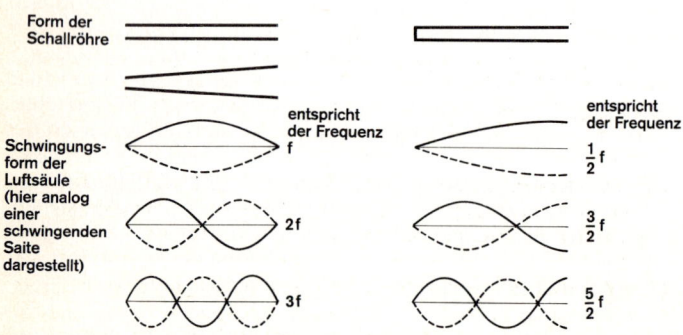

Resonanzröhre und Schwingungsform

118

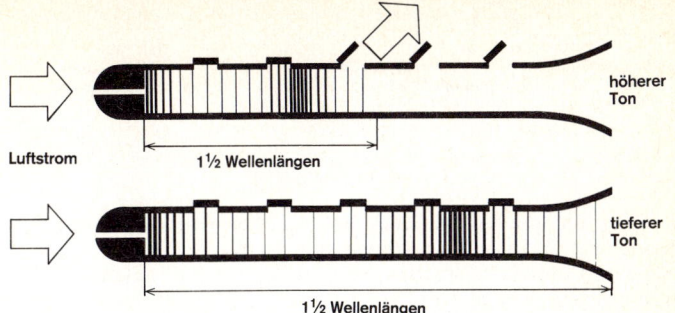

höherer Ton

Luftstrom

1½ Wellenlängen

tieferer Ton

1½ Wellenlängen

Um die Tonhöhe zu verändern, muß der Spieler die rund 20 Tonlöcher am Resonanzrohr eines modernen Holzblasinstruments öffnen oder schließen. Dieses Problem wird mit einem komplizierten System von Deckeln, Ringen, Stangen, Hebeln und Rollen gelöst, das es ermöglicht, die vielen Löcher mit Virtuosität zu beherrschen. Dieses *Klappensystem* – auch Applikatur genannt – hat es außerdem möglich gemacht, die Lage, Größe und Anzahl so zu bohren, wie sie für die gewünschte Klangqualität und Festlegung der Tonhöhe jedes Tons am günstigsten ist.

Das Material, das zur Herstellung von Blasinstrumenten verwendet wird, hat wenig Einfluß auf den Klang. Die Oberflächenstruktur, rauh oder glatt, hat sicher eine größere Bedeutung als die Art des Materials. Wichtiger ist die Form der Röhre, sie kann zylindrisch oder konisch sein oder zylindrische und konische Teile haben.

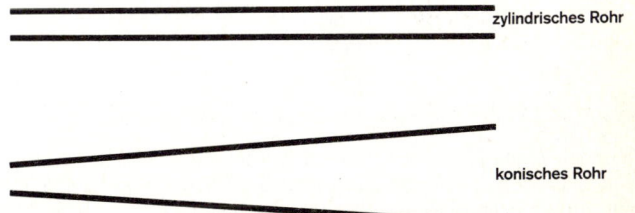

zylindrisches Rohr

konisches Rohr

Bei den meisten Blasinstrumenten erweitert sich die Röhre an ihrem unteren Ende zu einer »Schallstürze«. Sie ist bei Blechblasinstrumenten besonders ausladend gestaltet. Flöteninstrumente haben keine Stürze.

Interessant ist die Funktion der Schallstürze. Sie hat für die tiefsten Töne dieselbe akustische Funktion, wie sie die geöffneten Löcher für die hohen Töne haben: Bei den höheren Tönen schließt sich ja an die akustisch wirksame Rohrlänge ein Stück Rohr mit einigen offenen

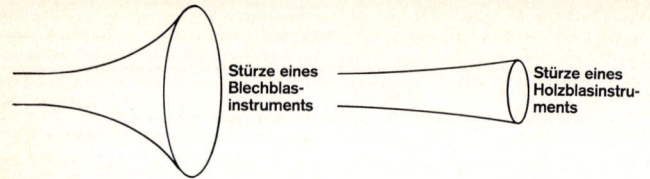

Stürze eines Blechblasinstruments

Stürze eines Holzblasinstruments

Löchern an; dieses Rohrstück hat natürlich trotzdem Einfluß auf Klangfarbe und Klangabstrahlung. Bei den tiefsten Tönen fehlt dieses gelochte Rohrstück ganz bzw. ist sehr kurz; seine Funktion für den Klang übernimmt die Stürze. Bei fehlender Schallstürze wäre die Klangfarbe der tiefsten Töne also ganz anders. Tatsächlich wirkt sich der Einfluß der offenen Löcher nur auf die ganz hohen Tonkomponenten aus, und die fehlen praktisch bei der Flöte. Also braucht die Flöte keine Stürze.

4.3.1 Flöten

Der Luftstrom wird in einer schmalen Spalte zu einem flachen Luftstrom, einem »Luftblatt«, gebündelt und trifft auf die Schneide. Hier teilt er sich nicht, sondern wird insgesamt nach einer Seite hin abgelenkt, um gleich darauf auf die andere Seite zu springen. Dabei löst sich das Luftblatt in einzelne Wirbel auf. Es schwingt und erzeugt den sogenannten Schneidenton.

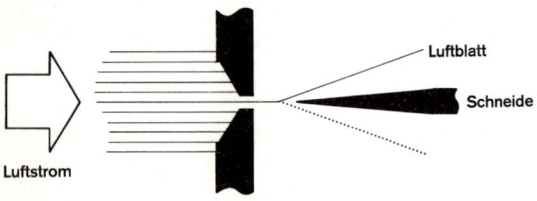

Luftblatt

Schneide

Luftstrom

Koppelt man ein solches Schneidensystem an einen Resonator, so wird der Luftstrom in seiner Gestalt als Luftblatt einmal in den Resonator, einmal nach außen abgeleitet. Es entstehen in der Schallröhre periodische Druckschwankungen, eben Schallwellen.

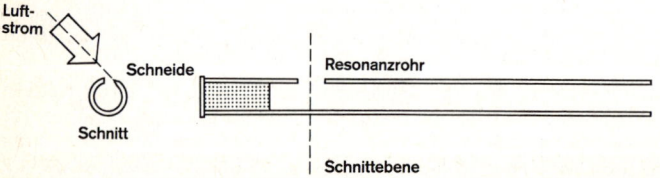

Luftstrom

Schneide

Resonanzrohr

Schnitt

Schnittebene

120

Bei den Querflöten bilden die Lippen des Bläsers den Spalt, sie formen also das Luftblatt. Das Anblasloch der Flöte bildet die Schneide. Die Flöten werden quer zum Mund gehalten, die Schneidenkante verläuft parallel zum Resonanzrohr.

Bei den Blockflöten und den Lippenpfeifen der Orgel wird das Luftblatt in der Kernspalte geformt. Es ist deshalb viel einfacher, einen Ton auf einer Blockflöte zu blasen, aber die Möglichkeiten der Klangformung durch den Spieler sind bei der Querflöte vielfältiger; sie hat sich deshalb seit 1750 gegen die Blockflöte durchsetzen können.

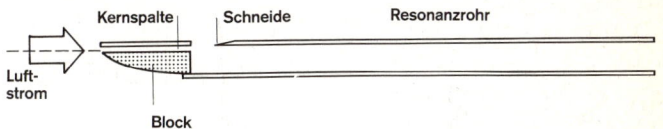

Die Querflöte hat einen bemerkenswert gleichmäßigen Teiltonaufbau: der Grundton ist meist am stärksten, die Teiltöne nehmen mit steigender Frequenz stetig ab. Das Spektrum reicht – je nach Grundtonhöhe – kaum über 3000 bis 6000 Hz hinaus. Leise Klänge haben fast den Charakter einer Sinusschwingung. Auffällig bei der Querflöte ist der relativ lang dauernde Klangeinsatz. Er beginnt mit einem sogenannten Vorläuferton, der bei tiefen Flötentönen etwa drei Oktaven über dem Grundton, bei hohen Tönen etwas unter dem Grundton liegt. Insgesamt kann das Einschwingen bis etwa 0,1 s dauern, an der Präzision des Zusammenspiels im Orchester gemessen ein relativ unprägnanter Klangeinsatz.

Die Klangmerkmale der Pikkoloflöte entsprechen denen der Großen Flöte. Das Spektrum reicht aber bis etwa 10 000 Hz. Ihr klangliches Durchdringungsvermögen beruht weniger auf dem Frequenzumfang des Spektrums als auf der Tatsache, daß die Grundtöne der Pikkoloflöte in einen Bereich fallen, in dem das Gehör besonders empfindlich ist.

Kennzeichnend für die Querflöten sind der relativ starke Geräuschhintergrund, hervorgerufen durch das Anblasgeräusch, und Schwankungen des Pegels von Ton zu Ton und mikrozeitlich auch innerhalb eines Tons.

4.3.2 Rohrblattinstrumente

Bei der Klangerzeugung der Rohrblattinstrumente gibt es zwei Prinzipien: Die *aufschlagende Zunge* wird durch den auftreffenden Luftstrom in Schwingungen versetzt. Dabei öffnet und schließt sie periodisch die Luftzufuhr zur Resonanzröhre, die unten angekoppelt ist. Die Zunge wird auch *einfaches Rohrblatt* genannt.

Aufschlagende Zungen haben die Instrumente der Klarinettenfa-

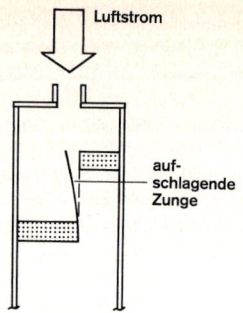

Luftstrom

auf-
schlagende
Zunge

milie und der Saxophonfamilie, außerdem die Zungenpfeifen der Orgel und die Harmonikainstrumente.

Der Hohlraum, in dem die einfache Zunge schwingt, wird bei Klarinetten und Saxophonen durch die Mundhöhle des Spielers gebildet,

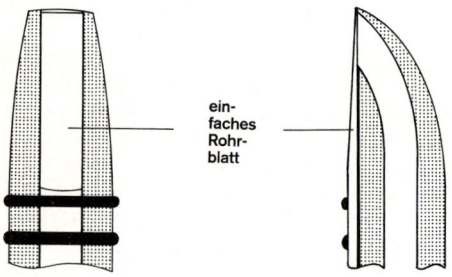

ein-
faches
Rohr-
blatt

in die das Mundstück des Instruments eingeführt wird. Das Mundstück selbst enthält also nur noch die Zunge und die Aufschlagvorrichtung.

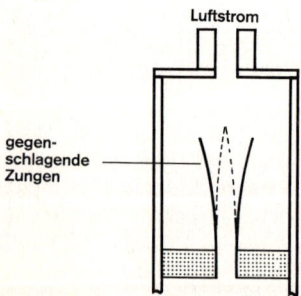

Luftstrom

gegen-
schlagende
Zungen

Die *gegenschlagenden Zungen* schwingen durch den auftreffenden Luftstrom gegeneinander. Dabei öffnen und schließen sie periodisch die Luftzufuhr zum unten angekoppelten Resonanzrohr. Man nennt diese Anordnung *doppeltes Rohrblatt.*

Gegenschlagende Zungen haben die Instrumente der Oboenfamilie – Oboe, Englisch Horn, Fagott –, aber im Prinzip auch alle Blechblasinstrumente.

Die Ausführungsform des Mundstücks der Oboenfamilie besteht in zwei aufeinandergebundenen Rohrblättern des Pfahlrohrs. Wie bei Klarinetten und Saxophonen wird der Hohlraum, in dem das Rohrblatt schwingt, durch den Mund des Spielers gebildet. Bei den historischen Windkapselinstrumenten gehört der Hohlraum zum Mundstück.

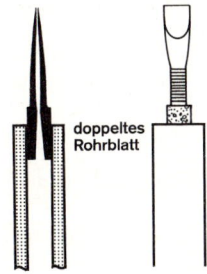

doppeltes Rohrblatt

Das Spektrum der *Klarinette* ist nicht einheitlich, sondern zeigt im tiefen, mittleren und hohen Tonbereich unterschiedliche Merkmale: In der unteren Oktave des tiefen Tonbereichs sind die geradzahligen Teiltöne viel schwächer als die ungeradzahligen, erst bei den hohen Teiltönen verschwindet dieser Unterschied; diese Struktur des Spektrums macht den Klarinettenklang hohl und düster. Im mittleren Klarinettenregister sind nur noch der 2. und 4. Teilton schwächer, oberhalb des 4. Teiltons ist das Spektrum durch einen relativ gleichmäßigen Abfall der Teiltonamplituden gekennzeichnet. Im hohen Register schließlich fällt die Amplitude der Teiltöne mit zunehmender Frequenz relativ stetig ab. Der Frequenzumfang des Spektrums ist relativ

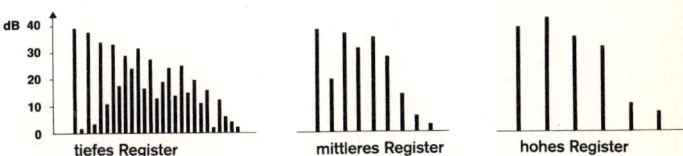

typische Spektren von Klarinettenklängen

groß, im Fortissimo reicht er auch bei tiefen Tönen schon bis etwa 7000 Hz, bei höheren bis etwa 12000 Hz; im Pianissimo verringert sich der Frequenzumfang ganz erheblich. Leise und laute Töne unterscheiden sich also ganz erheblich in ihrer Klangfarbe.

Der Klangeinsatz kann vom Spieler sehr unterschiedlich gestaltet werden: von einem kurzen, prägnanten Einsatz bis zu einem weichen Einsatz, bei dem sich der Klang innerhalb von etwa 50 ms aufbaut. Vorläufertöne wie bei der Flöte gibt es dabei nicht.

Kennzeichnend für die Klarinettenfamilie ist die Vielzahl ihrer Mitglieder. Bereits die »normale« Klarinette gibt es in drei Größen, als Klarinette in A, B und C. Instrumente mit so geringen Größenunterschieden konnten nur deshalb in Gebrauch bleiben, weil sie überraschend deutliche Klangfarbenunterschiede zeigen. Die Klarinette in A ist weicher und dunkler im Klang als die Klarinette in B, die Klarinette in C härter, vielleicht auch etwas »ordinärer« als die B-Klarinette.

Die Eigenschaften des Spektrums, die den *Doppelrohrblattinstrumenten* ihre Unverwechselbarkeit geben, sind ganz anderer Natur als diejenigen, die Flöten und Klarinetten kennzeichnen. Das Spektrum ist obertonreich, der Grundton ist verhältnismäßig schwach, der zweite Teilton überwiegt. Wesentlich für den Klangcharakter sind aber besonders die Formanten der Instrumente, sie geben der Klangfarbe etwas Vokalhaftes, etwas, was an die menschliche Stimme erinnert.

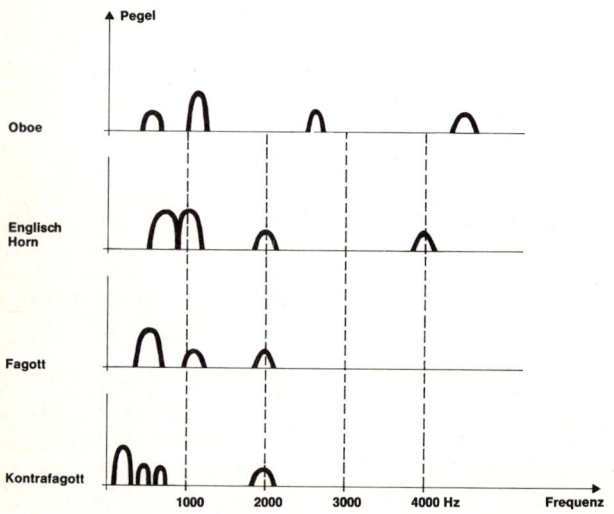

Formanten der Doppelrohrblattinstrumente

Der Hauptformant der Oboe liegt bei 1000 Hz, es ist ein Formant, der auch den Vokal A auszeichnet, der Oboenklang wird dadurch und wegen des großen Anteils hoher Teiltöne hell und klar. Die Formanten von Englisch Horn und Fagott liegen tiefer, beim Fagott stimmt er mit dem Formanten für den Vokal O überein. Der Nebenformant um 2000 Hz gibt den tieferen Doppelrohrblattinstrumenten etwas Näselndes im Klangcharakter.

Die Einschwingvorgänge sind wie bei der Klarinette einerseits kurz und prägnant, andererseits weich gestaltbar, je nachdem, wie die Töne angeblasen werden.

5. BLECHBLASINSTRUMENTE

Den Unterschied zwischen Holz- und Blechblasinstrumenten macht nicht das Material aus, es sind akustische Merkmale: Das Mundstück ist nur eine Auflage für die Lippen des Bläsers; die Lippen sind die eigentlichen Schwingungserzeuger. Die Schallröhre ist – verglichen mit den Holzblasinstrumenten gleicher Tonlage – etwa doppelt so lang, sie hat keine Grifflöcher. Schließlich ist die Schallstürze vergleichsweise stark erweitert.

Obwohl das *Mundstück* selbst nicht schwingt, beeinflußt es doch die Schwingungen der Lippen. Die Zeichnung zeigt einige der gebräuchlichen Mundstückformen:

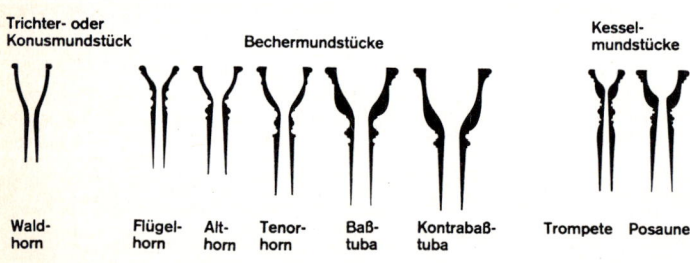

Trichter- oder Konusmundstück · Bechermundstücke · Kesselmundstücke

Wald-horn · Flügel-horn · Alt-horn · Tenor-horn · Baß-tuba · Kontrabaß-tuba · Trompete · Posaune

Die Konus- oder Trichterform ist das eine Extrem, die Kesselform das andere. Dazwischen liegt das Bechermundstück. Mit einem Kesselmundstück trifft der Bläser die Töne gut, das Trichtermundstück gewährleistet nicht dieselbe Treffsicherheit.

Neben dem Mundstück beeinflußt die *Form des Resonanzrohrs* den Klang: Vorwiegend konische Röhren machen den Klang weich und dunkel (wie beim Horn), vorwiegend zylindrische machen ihn hell und strahlend (wie bei der Trompete).

Unter der *Mensur* der Resonanzröhre versteht man die Weite der Röhre: Weite Mensur bedeutet besseres »Ansprechen« tiefer Töne, enge Mensur besseres »Ansprechen« hoher Töne.

Da die Resonanzröhren der Blechblasinstrumente recht lang sind, werden sie in verschiedener Weise aufgewickelt. Das hat allerdings wenig Einfluß auf den Klang. Die wichtigsten Formen der Rohraufwicklung sind: ovale Form, Tubaform, Waldhornform und Trompetenform.

Bei der Tubaform und der ovalen Form wird der Schall beim Spielen nach oben, bei der Trompetenform nach vorn und bei der Waldhornform nach hinten abgestrahlt.

Die Trompetenform wird vor allem für die hohen Instrumente Trompete, Kornett und Flügelhorn gewählt, die Waldhornform vornehmlich für das Horn und Althorn, die Tubaform wird besonders für die Baßtuba, aber auch für Alt-, Tenor- und Baritonhorn verwendet. Die ovale Form bleibt besonders dem Alt-, Tenor- und Baritonhorn vorbehalten. Ein und dasselbe Instrument wird also in mehreren Formen gebaut, Althorn und Tenorhorn werden sogar in allen vier Formtypen verwendet; das macht das Erkennen nicht gerade leichter.

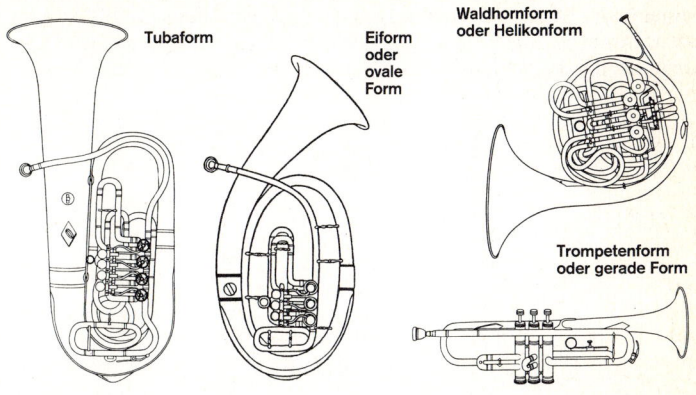

Die verschiedenen Formen und Größen des Mundstücks, die Form und Mensur der Resonanzröhre und die Art der Rohraufwicklung bilden also den Fundus, aus dem die Instrumentenbauer schöpfen konnten. Sie haben daraus eine große Zahl verschiedener Instrumente entwickelt, wobei Instrumente mit gleichem Namen verschieden aussehen bzw. Instrumente mit ähnlichem Aussehen verschiedene Namen haben können.

Die *Erzeugung der Tonhöhe* bei Blechblasinstrumenten ist vor allem auf das »Überblasen« gestützt: Allein durch Veränderung der Lippenspannung und des Anblasdrucks kann zum Beispiel eine Trompete folgende Töne spielen; man nennt diese Tonreihe auch »Naturtonreihe«.

Der 1. Naturton spricht bei den meisten Blechblasinstrumenten nicht an, er heißt übrigens »Pedalton«. Der 7. Naturton paßt nicht in unser Tonsystem. Mit dem Tonvorrat der Naturtöne kann man allerdings nur einfache Melodien, Fanfaren und Signale spielen.

Die Töne der Tonleiter, die zwischen den Naturtönen liegen, werden bei den modernen Blechblasinstrumenten durch Verlängerungen der Resonanzröhre erzeugt. Drei verschieden lange Zusatzrohre können durch *Ventile* zugeschaltet werden.

Das erste Ventil erniedrigt den gerade angeblasenen Naturton um einen Ganzton, das zweite Ventil um einen Halbton und das dritte um eineinhalb Töne. Die Ventile können auch gleichzeitig gedrückt werden. Damit ist eine Erniedrigung der einzelnen Naturtöne bis zu sechs Halbtönen, das sind drei Ganztöne, möglich.

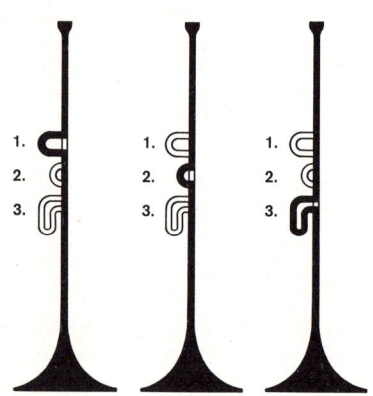

Welche Ventile hat also der Trompeter zu drücken, wenn er eine Tonleiter spielt? 1 = erstes Ventil, 2 = zweites Ventil, 3 = drittes Ventil:

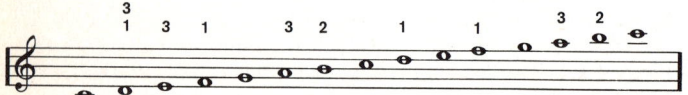

Die Posaune hat anstelle der Ventile einen teleskopartigen Zug, mit dem ihre Resonanzröhre entsprechend verlängert werden kann.

Durch verschieden geformte *Dämpfer,* die in die Schallstürze geschoben werden, kann der Klang verändert werden. Die wichtigsten Dämpferarten zeigt die Zeichnung. Am häufigsten werden Trompete

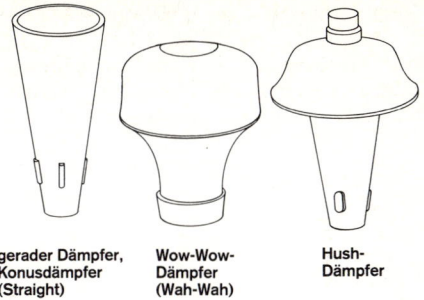

gerader Dämpfer, Konusdämpfer (Straight) Wow-Wow-Dämpfer (Wah-Wah) Hush-Dämpfer

und Posaune mit Dämpfer gespielt, man sagt auch »gestopft«; das Horn wird meist mit der Hand gestopft.

5.1 Moderne Blechblasinstrumente

Die heute gebräuchlichen Blechblasinstrumente werden nach praktischen Gesichtspunkten zusammengefaßt: zu den Instrumenten des Sinfonie- und Opernorchesters und zu den Instrumenten der Blasorchester.

5.1.1 Blechblasinstrumente des Orchesters
Die Hauptinstrumente sind:

Horn oder Waldhorn,
Trompete,
Posaune,
Baßtuba oder Tuba.

Selten werden im Orchester weitere Blechblasinstrumente wie die Wagner-Tuben (Waldhorntuben), Kornett, Tenorhorn u. a. verlangt. Dies sind die Tonumfänge der Instrumente:

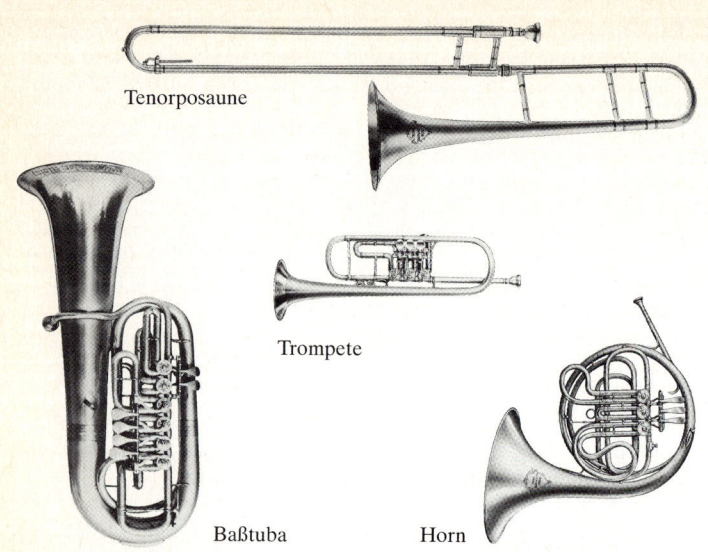

Tenorposaune

Trompete

Baßtuba   Horn

Im Sinfonie- und Opernorchester sind 2, 3, 4 oder gelegentlich 8 Hörner vertreten. Die Hornisten des Orchesters spezialisieren sich auf den höheren oder tieferen Tonbereich des Horns; der 1. und 3. Hornist spielen ein »hohes Horn«, der 2. und 4. ein »tiefes«. Die Trompeten sind meist zwei- oder dreifach besetzt. Die Posaunen wurden erst im 19. Jahrhundert in das Orchester aufgenommen und dann meist dreifach besetzt. Auch die Baßtuba wurde erst im 19. Jahrhundert in das Orchester eingeführt.

Solistische Aufgaben haben vor allem Hornisten und Trompeter. In der Kammermusik wirkt fast nur das Horn mit, da sich sein Klang besonders gut mit dem der anderen Instrumente mischt.

Das *Horn* oder *Waldhorn* hat einen weichen, aber zugleich vollen Klang. Die Haltung des Instruments – der Schalltrichter weist beim Spiel nach hinten – erklärt sich aus der Geschichte des Hornspiels: vor Erfindung des Ventilhorns, vor allem in der zweiten Hälfte des 18. Jahrhunderts und auch noch in der ersten Hälfte des 19. Jahrhunderts, veränderte der Spieler die Tonhöhe dadurch, daß er eine Hand in die Stürze schob. Diese »Stopftechnik« wurde mit den Ventilen überflüssig, die Hand blieb aber in der Stürze. Das Ventilhorn – 1814 erfunden, 1818 patentiert – konnte sich im Laufe des 19. Jahrhunderts erst allmählich durchsetzen.

Vor der Erfindung der Ventile war es notwendig, für jede Tonart das entsprechende Horn zu haben, für *F*-dur wurde ein Horn mit dem Grundton *F* verwendet usw. Noch heute werden in den Partituren deshalb Hörner der unterschiedlichsten Stimmungen notiert, ebenso wie bei den Trompeten. Wie bei den Trompeten hat sich aber heute ein Standardinstrument durchgesetzt, mit dem alle Hornpartien gespielt werden; erst durch die Ventile ist dies möglich geworden. Das Standardhorn ist das Horn in *F*. Es bleibt dem Spieler überlassen, die Hornstimme entsprechend zu transponieren.

Das Horn wird heute in zwei Ausführungen gespielt, einmal das Horn in *F*, bevorzugt aber das Doppelhorn in *F/B*. Beim Doppelhorn kann der Hornist mit einem Ventil die Schallröhre verkürzen, so daß aus dem Horn in *F* ein Horn in *B* wird, ein Horn also, das eine Quarte höher steht. Hohe Töne können damit sicherer gespielt werden; noch größer ist die Treffsicherheit im hohen Register beim Doppelhorn in *F/f*.

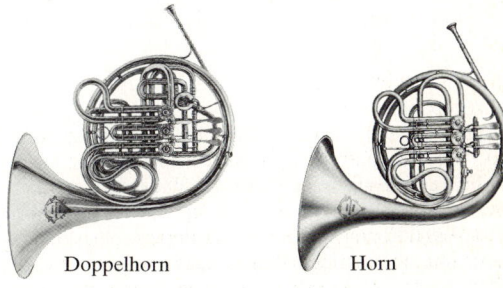

Doppelhorn   Horn

In Wiener Orchestern, die den sogenannten Wiener Klangstil verfolgen, wird das Wiener Horn in *F* gespielt, ein Einfachhorn mit etwas engerer Mensur und kleinerer Stürze. Es ist heller im Klang und zeigt einen deutlicheren Klangunterschied zwischen piano und forte, ist aber schwerer zu spielen.

Die *Trompete* ist das Instrument mit dem höchsten Tonbereich innerhalb der Blechblasinstrumente. Ihre Schallröhre ist – abgesehen von der Stürze – eng und zylindrisch; zusammen mit dem Kesselmundstück ergibt das einen hellen Klang bei guter Treffsicherheit. Standardinstrument ist die Trompete in *B*, für relativ hoch liegende Partien wird oft die Trompete in *C* bevorzugt. Wie beim Horn werden in den Partituren Trompeten in den verschiedenen Tonarten notiert; der Trompeter muß beim Spiel entsprechend transponieren. Zwei verschiedene Ventilsysteme sind in Gebrauch: die klassische deutsche Trompete hat eine sogenannte Zylindermaschine, amerikanische und französische Trompeten verfügen über eine Périnetmaschine. Die Jazztrompete ist durch eine weniger ausladende Stürze und ein engeres Mundstück gekennzeichnet.

Als Nebeninstrumente der Trompetenfamilie werden vor allem bei der Aufführung von Barockmusik mit modernen Instrumenten kleine

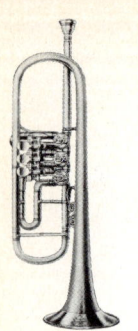 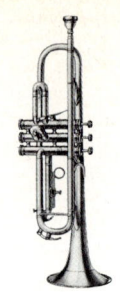  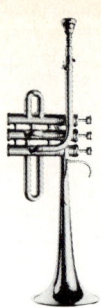

| Trompete mit Zylindermaschine | Trompete mit Périnetmaschine | Trompete in Hoch-*D* | Trompete in Hoch-*B* |

Trompeten in verschiedenen Stimmungen (*D*, *Es*, Hoch-*B*) gespielt. In den Werken Richard Wagners, Richard Strauss', Igor Strawinskys und Leoš Janáčeks findet man Partien für Baßtrompeten. Die Aida-Trompete ist eine langgestreckte Trompete, die Giuseppe Verdi speziell für die Bühnenmusik seiner Oper ›Aida‹ anfertigen ließ.

Die *Posaune* ist wie Horn und Trompete eng mensuriert, das Mundstück ist kesselförmig wie bei der Trompete. Als einziges Blechblasinstrument hat sie statt der Ventile einen sogenannten Zug. Ein Teil der Röhre kann kontinuierlich herausgezogen oder eingeschoben werden. Das ermöglicht auch ein »Schleifen« zwischen zwei Tönen. Gelegentlich werden im Blasmusiksektor auch Ventilposaunen gespielt; sie haben eine ähnliche Gestalt wie die Posaunen ohne Ventil.

Früher wurden Posaunen in mehreren Größen gespielt: Diskant-, Alt-, Tenor- und Baßposaune. Heute versteht man unter »Posaune«

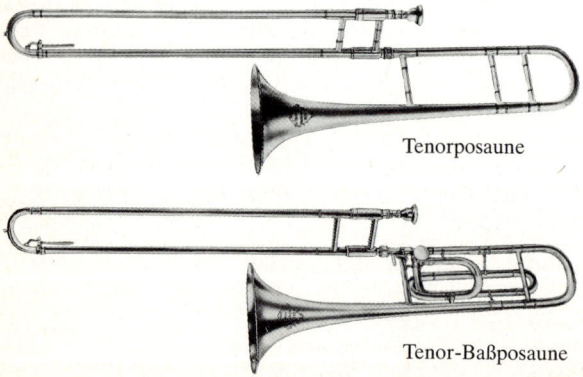

Tenorposaune

Tenor-Baßposaune

eigentlich nur die Tenorposaune und die Tenor-Baßposaune. Die anderen Größen werden nur noch selten gespielt.

Die Tenor-Baßposaune oder Quartposaune ist ähnlich wie das Doppelhorn ein doppeltes Instrument. Während aber beim Doppelhorn mit dem Normalinstrument ein hohes Instrument gekoppelt ist, wird bei der Posaune das Normalinstrument (Tenorposaune) um ein tieferes Instrument erweitert. Durch ein zusätzliches Ventil und eine etwas weitere Mensur wird der Tonbereich nach unten hin wesentlich erweitert. Er entspricht etwa dem der Baßtuba.

Baßtuba

Die *Baßtuba*, auch einfach Tuba genannt, hat ein becherförmiges Mundstück, die Mensur ist weit. Der Ton ist sehr kräftig. Verglichen mit Horn, Trompete und Posaune ist die Schallstürze relativ wenig ausladend, dafür ist allerdings die Röhre selbst schon sehr weit. Es gibt auch die noch tiefere Kontrabaßtuba. Die Doppeltuba ist eine Kombination aus Baß- und Kontrabaßtuba. Die Orchestertuba – wie die im Sinfonieorchester verwendete Bauform heißt – hat meist sechs Ventile; dadurch erhöht sich die Reinheit der Töne.

5.1.2 Blechblasinstrumente der Blech- und Harmoniemusik
In Blech- und Harmonieorchestern (Blaskapellen, Feuerwehrkapellen, Polizeikapellen, Stadtkapellen usw.) werden neben den Blechblasinstrumenten, die im Sinfonieorchester verwendet werden, noch einige andere Blechblasinstrumente gespielt:

Kornett,	Tenorhorn,
Flügelhorn,	Baritonhorn,
Althorn,	Sousaphon.

Das *Kornett* hat die Trompetenform, ist aber etwas gedrungener. Wegen der weiten Mensur und der konischen Röhre ist sein Klang weicher und dunkler als der Trompetenklang. Der Tonumfang entspricht etwa dem der Trompete. Das Kornett wird gelegentlich auch im Sinfonieorchester gespielt. Auch in der Jazzmusik vor 1930 wurde dieses Instrument vielfach verwendet.

Flügelhorn, Althorn, Tenorhorn und *Baritonhorn* (Euphonium) gehören zusammen mit der Baßtuba der Familie der Bügelhörner an, weit mensurierten, konischen Instrumenten mit becherförmigem Mundstück. Der Klang ist weich. Die Bügelhörner werden jeweils in mehreren Formen gebaut. Alt- und Tenorhorn existieren in allen vier Formtypen. Das macht das Unterscheiden und Wiedererkennen schwer. Flügelhorn und Kornett haben die Trompetenform. Die Abbildung auf Seite 135 zeigt diese Instrumente in einigen Varianten.

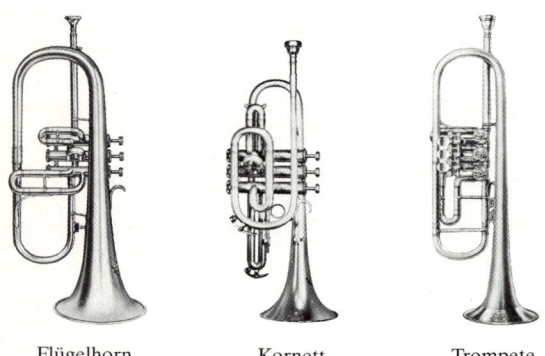

Flügelhorn   Kornett   Trompete

Das Flügelhorn hat etwa den Tonumfang der Trompete und wird meist in Trompetenform gebaut; es kommt aber auch in ovaler Form vor. Das Althorn liegt im Tonumfang etwas unter dem Flügelhorn. Es wird häufig in Waldhorn- und Trompetenform gebaut; doch auch die anderen Formen können sich finden. Tenorhorn und Baritonhorn (Bariton, Euphonium) haben etwa den Tonumfang der Posaune, sie werden hauptsächlich in ovaler oder Tubaform gebaut. Die Abbildungen auf der folgenden Seite zeigen einige Bauformen der Familie Bügelhörner.

Als tiefstes und *Baßinstrument der Harmonie- und Blechmusik* wird oft die Baßtuba benutzt; sie wurde oben, S. 133, vorgestellt. Im Sinfonieorchester erscheint sie als »Baßtuba in *F*« (»Orchestertuba«), in der Harmonie- und Blechmusik als ein geringfügig größeres Instrument, auch Bombardon genannt. Daneben werden die Doppeltuba

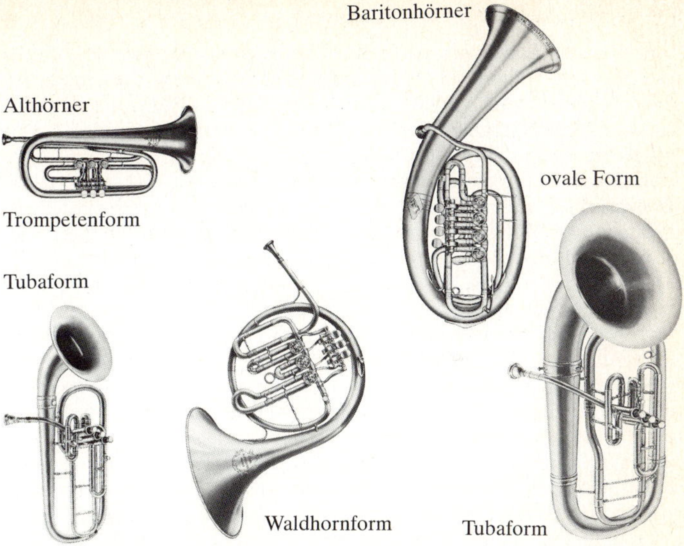

Baritonhörner

Althörner

Trompetenform

ovale Form

Tubaform

Waldhornform

Tubaform

und die Kontrabaßtuba eingesetzt. Eine Kontrabaßtuba mit sehr weiter Mensur ist der »Kaiserbaß«. Außerdem wird die Tuba noch in der runden Form für Showzwecke gebaut, als Sousaphon, das über die Schulter gehängt wird und so bequemer zu tragen ist, und als Helikon mit noch höher aufgesetzter Stürze.

Sousaphon

135

5.2 Historische Blechblasinstrumente

Die Tatsache, daß historische Blechblasinstrumente mit der Naturtonreihe auf wenige Töne beschränkt sind, weist diesen Instrumenten zunächst besondere Aufgaben zu: Fanfaren und Signale, also Repräsentation und Nachrichtenübermittlung. Für Aufgaben in der Kunstmusik bieten sich dagegen wenige Möglichkeiten. Erst als diese Beschränkung überwunden werden konnte, eröffnete sich den Blechblasinstrumenten die Kunstmusik, löste sie aber gleichzeitig von ihren traditionellen Aufgaben und ihrer damit verbundenen sozialen Bedeutung. Als erstes Instrument dieser Gruppe konnte die Posaune die Beschränkung auf die Naturtonreihe sprengen und in die Kunstmusik vorstoßen; das war im späten Mittelalter.

Trompeten und Hörner machen im 17. Jahrhundert durch neue Spieltechniken einen ersten Schritt in diese Richtung. Solange nur die Erweiterung der Naturtonreihe durch besonders virtuose Anblastechnik die Instrumente für die Kunstmusik nutzbar machen kann, behalten Hörner und Trompeten ihre besondere soziale Bedeutung. Nachdem die Instrumente seit 1820 durch die Erfindung von Ventilen schließlich alle chromatischen Halbtöne wie die Holzblasinstrumente spielen können, ist auch ihre Sonderstellung dahin, allenfalls die Erinnerung daran verleiht ihnen noch eine besondere Symbolik.

Die Geschichte der Hörner reicht bis zum Tierhorn zurück. Es ist konisch geformt, kurz und gebogen. Nur ein oder wenige Töne sind spielbar. Die Entwicklung führt zum Jägerhorn, zum Signalhorn, zum Posthorn. Urbild der Trompeten sind dagegen Röhren, z. B. aus Holz. Trompeten sind zylindrisch mit gerader Form und einem größeren Tonvorrat. Sie werden zu Repräsentationsinstrumenten, zu Attributen von Kaisern und Fürsten. Eine solche Typologie vereinfacht gewiß, aber sie trifft das Wesen dieser Instrumente. Die tatsächlichen Bauformen von Hörnern und Trompeten haben sich allerdings vielfach gewandelt und sich zudem im 17. und 18. Jahrhundert teils so angeglichen, daß bei manchen historischen Instrumenten eine strenge Zuordnung zu einer bestimmten Instrumentengruppe sinnlos ist. Als allgemeine Charakterisierung, die aber durchaus nicht auf jedes Instrument und jede Zeit anwendbar ist, kann gelten:

	Trompeten und Posaunen	Hörner
äußere Form	langgestreckt	rund
Klang	hell	weich
Mundstück	kesselförmig	trichterförmig
Schallröhre	überwiegend zylindrisch	überwiegend konisch
Stürze	kleiner	größer
ursprüngliche Funktion	Repräsentationsinstrumente	Signalinstrumente

5.2.1 Horn

Der Urtyp des Horns ist wie gesagt das *Tierhorn*, kurz, gebogen und von konischem Verlauf. Als Signalinstrument, das oft nur einen einzigen Ton spielen kann, begegnet es in vielerlei Formen, besonders bei den Jägern; vielfach wird es deshalb Jägerhorn, Jägertrompete o.ä. genannt. Waldhorn heißt noch unser modernes Horn. Aus dem Jägerhorn wird in der zweiten Hälfte des 17. Jahrhunderts am Hof Ludwigs XIV. mit dem »cor de chasse«, oder »trompe de chasse«, in Deutschland oft »corno da caccia« genannt, ein neues Horn konstruiert, das Eingang in die Kunstmusik finden kann. Es hat eine erheblich längere, eng mensurierte und kreisrund gebogene Schallröhre. Die Stürze wird beim Spielen nach oben gehalten. Der Böhme Franz Anton Graf von Sporck brachte dieses Horn um 1680 mit nach Deutschland, wo es ungewöhnlich rasch in die Orchester aufgenommen wurde.

Jägerhorn
F. Bonanni, Gabinetto Armonico, 1723

Nach 1700 wird die Bohrung verstärkt konisch, die Stürze, auch Schallstück genannt, wird größer. Das anfänglich verwendete kesselförmige Mundstück der Trompeten wird durch ein trichterförmiges Mundstück ersetzt. Um die Hörner in den verschiedenen Tonarten verwenden zu können, werden nach 1700 unterschiedlich lange Zwischenstücke zwischen Mundstück und Horn gesteckt, sie sind kurz und gerade (Setzstücke) oder kreisrund (Stimmbögen). Da die Bögen die Instrumente unhandlich vergrößern, werden sie nach 1750 nicht mehr beim Mundstück eingeschaltet, sondern als u-förmige Aufsteck-bögen mitten in der Schallröhre, so daß die Zusatzstücke nun inner-halb der Windungen des Horns liegen. Dieses sogenannte *Inventions-horn* bietet auch die Möglichkeit, die Stimmung des Horns genau an die Stimmung der anderen Instrumente anzugleichen. Naturhörner mit Stimmbögen und Setzstücken sowie Inventionshörner sind die Hörner der Zeit zwischen 1750 und 1850, also der Zeit der Klassik und Romantik.

Grundsätzlich stehen auf den Naturhörnern nur die Naturtöne zur Verfügung. Mit Setzstücken und Zusatzbögen kann die Naturtonrei-he immerhin jeweils in die Haupttonart des Stücks gelegt werden. Die

Waldhornspieler
J. Chr. Weigel, Musicalisches Theatrum, um 1722

Natur-Waldhorn, um 1770 (Kopie)

Setzstücke und Bögen lassen sich auch während eines Stücks austau-schen. Vom 8. Naturton an aufwärts stehen die Naturtöne aber in einer diatonischen, vom 13. Naturton an sogar in einer chromatischen Folge zur Verfügung. Geschickte Hornisten beherrschten die Kunst, im hohen Tonbereich zu spielen. Gerade bei Johann Sebastian Bach gibt es halsbrecherische Hornpartien für das hohe Horn. Die Trom-peter hatten sich diesen hohen Bereich schon früher erschlossen, Cla-rinregister heißt es bei der Trompete. Die Kunst des *Clarinblasens* wurde auch von einigen Virtuosen des Horns erlernt. Zudem be-herrschten die Hornisten offenbar auch die Kunst, mit den Lippen die

Töne so »herauszuzwingen« – wie man damals sagte –, daß sie nicht nur auf die Naturskala angewiesen waren.

Um die Mitte des 18. Jahrhunderts machte der Dresdner Hornist Anton Joseph Hampel eine Erfindung, die die große Zeit des Horns zwischen 1750 und 1850 eröffnete. Es ist die sogenannte *Stopftechnik*. Die rechte Hand des Spielers ruht nun in der Stürze des Horns. Durch geschicktes Einführen der Hand in die Stürze werden die Töne niedriger. So können weitere Töne zur Naturtonreihe hinzugewonnen werden. Zugleich wird der Gesamtklang dunkler und wärmer und setzt sich in einen deutlicheren Gegensatz zum hellen Klang der Trompeten. Das gestopfte Horn mit dem typischen Unterschied zwischen gestopften und offenen Tönen – von den Komponisten kunstvoll ausgenützt – ist also das Horn für Mozarts Hornkonzerte und für die Hornpartien bis weit ins 19. Jahrhundert. Erst allmählich wird das Horn des 18. Jahrhunderts durch das neue Ventilhorn ersetzt. Noch Johannes Brahms, 1897 gestorben, konnte sich nie ganz mit den um 1820 erfundenen Ventilhörnern anfreunden.

Die Erfindung des *Ventilhorns* im Jahre 1814, patentiert 1820, glich einer Revolution des Horns. Durch Ventile werden zunächst zwei, aber bald drei verschieden lange Rohrstücke zuschaltbar, wodurch nun eine lückenlos chromatische Tonskala spielbar ist. Die Ventile werden von der linken Hand gedrückt, die rechte bleibt weiterhin in der Stürze liegen, um jederzeit die Tonhöhe korrigieren zu können und die dunklere Klangfärbung zu behalten. Dieses Ventilhorn ist im Grunde unser modernes Horn. Daß das universelle Ventilhorn dennoch nur langsam angenommen wurde, spricht für die Klangschönheit des Naturhorns und den klanglichen Reiz der Stopftechnik.

5.2.2 Trompete

Die Geschichte der Trompete ist nicht nur die Geschichte eines Musikinstruments, sondern zugleich die dramatische *Sozialgeschichte* vom Aufstieg und Verfall eines ganzen Berufsstandes. Mindestens bis ins 18. Jahrhundert sind Musikinstrumente mehr als Klangwerkzeuge; sie symbolisieren bestimmte Lebenskreise, mythologische Figuren, Berufsstände oder Machtansprüche. Bei keinem Instrument wird dies so deutlich wie bei der Trompete. Noch im Mittelalter sind die Trompeten neben anderen Instrumenten in den Händen der fahrenden, rechtlosen Musikanten und Gaukler. Im späten Mittelalter treten die Trompeter zunehmend in städtische und höfische Dienste. Durch immer strengere Reglements und das Zunftwesen werden die Aufgaben der Trompeter, ihre Ausbildung, ihre Privilegien immer exklusiver. Als Trompeter bei Hofe haben sie der Repräsentation zu dienen, im Kriege geben sie mit Signalen Befehle an die Kavallerie weiter, werden aber auch als Überbringer von Depeschen zum feindlichen Heer geschickt. Vor nicht standesgemäßer Gesellschaft oder an

Trompetenspieler
J. Chr. Weigel, Musicalisches Theatrum, um 1722

nicht standesgemäßem Ort zu spielen, ist den Trompetern untersagt. Neben den Hoftrompetern haben auch die städtischen Musiker neben anderen Instrumenten Trompeten, sie dürfen aber nur vom Turm herab blasen oder bei feierlichen kirchlichen Anlässen auftreten. Erst im 18. Jahrhundert mit dem Verfall des Absolutismus wird diese Sonderstellung allmählich abgebaut. Parallel mit der sozialen Umwertung geht die Kunst des Trompetenspiels, das gerade in der ersten Hälfte des 18. Jahrhunderts höchste Perfektion erreicht hatte, verloren.

Die *Form* der Trompete liegt um 1500 fest. Sie bleibt fast unverändert bis ins 19. Jahrhundert. Im Gegensatz zum Horn hat die Trompete ein zylindrisches, bügelartig gebogenes Rohr mit einer konischen Erweiterung erst vor der Stürze. Das Mundstück ist kesselförmig. Daneben gibt es gelegentlich auch runde Trompeten mit engen Windungen, die sogenannten Jägertrompeten. Experimente mit der Biegung des Rohrs haben noch zu anderen, teils recht manieristischen Formen geführt (Brezeltrompete, Büchsentrompete).

Die Blütezeit des Trompetenspiels zwischen 1600 und 1750 kennt keine Hilfsmittel, die Begrenzung der Naturtonreihe zu überwinden.

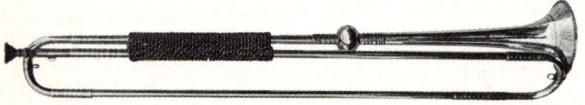

Barock-Trompete, Kopie nach Wolf Ehe, Nürnberg um 1700

140

Die heute nur von wenigen wieder erlernte Kunst, in dem hohen Tonbereich der Trompete zu blasen, dem sogenannten *Clarinregister* vom 8. Naturton aufwärts, nutzt den Tonbereich, in dem die Naturtöne dicht nebeneinander liegen. Sie zwingt die gegenüber dem Tonsystem »verstimmten« Naturtöne in die richtige Tonhöhe und kann allein durch den Ansatz des Bläsers noch einige Halbtöne dazugewinnen. Überblaslöchlein, die in neuerer Zeit als vermeintliches Geheimnis der barocken Trompeterkunst teilweise in rekonstruierte Instrumente gebohrt werden, sind eine Erfindung unserer Zeit.

All die Neuerungen des Horns, die nach 1750 das Instrument befähigen sollen, raschen Tonartenwechseln zu folgen oder gar eine chromatische Tonreihe spielen zu können, werden auch bei der Trompete ausprobiert. Die Zusatzstücke zur Änderung der Stimmung gehören schon bei Michael Praetorius zur Trompete. Entsprechend dem Inventionshorn wird auch die Inventionstrompete geschaffen. Der Versuch, die Stopftechnik vom Horn auf die Trompete zu übertragen, ist nicht erfolgreich; die Klangfarbe ändert sich zu stark. Die Trompete mit Klappen kann sich ebensowenig durchsetzen. Immerhin werden für die *Klappentrompete* zwei der meistgespielten Trompetenkonzerte geschrieben, nämlich das von Joseph Haydn und das von Johann Nepomuk Hummel. Eine Zugtrompete mit einem ausziehbaren Rohr beim Mundstück gibt es schon im 15. Jahrhundert, auch Johann Sebastian Bach verlangt sie in einer Kantate. Die Erfindung der *Ventile* für das Horn, die 1830 auf die Trompete übertragen wurde, leitet zur modernen Trompete über. Wie das Ventilhorn kann sich auch die Ventiltrompete im 19. Jahrhundert nur langsam durchsetzen.

Durch die Erfindung der Ventile hat sich das Trompetenspiel radikal gewandelt. Es ist nicht mehr notwendig, in dem hohen Tonbereich, dem Clarinbereich, zu blasen, weil es mit den Ventilen möglich ist, bis zu einigen Tönen über den ersten Naturton hinunter eine

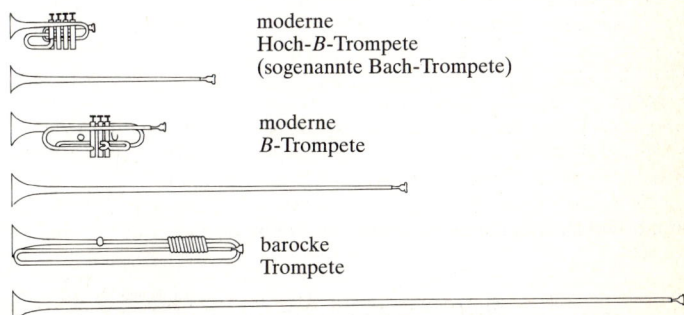

moderne
Hoch-*B*-Trompete
(sogenannte Bach-Trompete)

moderne
B-Trompete

barocke
Trompete

Längen der Schallröhren von Barock-Trompete, moderner Trompete und sogenannter Bach-Trompete

lückenlose Tonreihe zu spielen. Die Trompete kann dadurch gerade halb so lang gebaut werden. In der Regel wird nur noch bis zum 8. Naturton geblasen. Für die barocken Clarinstimmen ist dies nicht hoch genug. So wurde für die Barockmusik u. a. die kleine *Trompete in hoch B* gebaut, gerade halb so lang wie die normale Trompete. Der Vergleich zwischen dieser sogenannten »*Bach-Trompete*«, die ja mit Bach und seiner Zeit überhaupt nichts zu tun hat, und der barocken Clarintrompete zeigt, daß das barocke Instrument viermal länger ist als die moderne kleine Trompete. Die klanglichen Unterschiede sind entsprechend groß. Die kleine Trompete – so reizvoll ihr Klang ist – hat also mit historischer Aufführungspraxis nichts zu tun. Ihr Klang ist stark und beherrschend. Für Aufführungen mit modernen Instrumenten und großen Chören hat dieses Instrument aber durchaus seine Berechtigung.

5.2.3 Posaune

Es gibt neben der Posaune kein anderes Instrument, das seit der Renaissance ununterbrochen in Gebrauch und dabei fast unverändert geblieben ist. Zu erklären ist dies mit der genial einfachen und funktionalen Bauweise, die von Anfang an dem Instrument eine lückenlose und in ihrer Stimmung auf einfachste Weise korrigierbare Tonskala gibt.

Die Posaune hat sich im 15. Jahrhundert aus der damals s-förmigen Trompete entwickelt. Die Trompete gab es nämlich bis ins 18. Jahrhundert auch als sogenannte Zugtrompete mit einem Mundstück auf einem Röhrchen, das mehr oder weniger in das Instrument eingeschoben werden kann, so daß schon im tiefen Tonbereich eine lückenlose Tonskala zur Verfügung steht. Bei der Zugtrompete muß aber das ganze Instrument bewegt werden, nur das Mundstück bleibt fest an den Lippen des Musikers, eine Konstruktion, die sich nicht bewährt hat. Bei der Posaune wird nicht das ganze Instrument be-

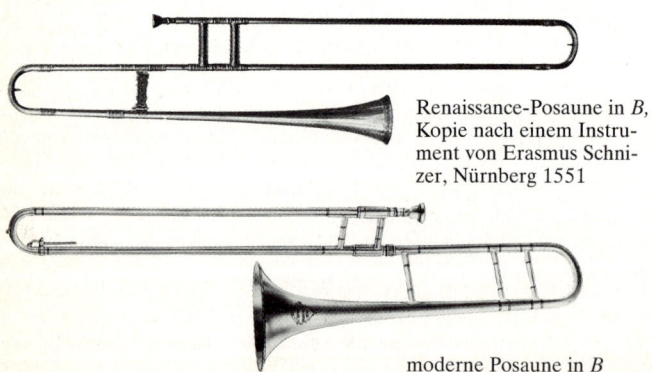

Renaissance-Posaune in *B*, Kopie nach einem Instrument von Erasmus Schnizer, Nürnberg 1551

moderne Posaune in *B*

wegt, sondern nur ein u-förmiges Rohrstück, der Zug, in der Mitte der Schallröhre. Damit bleibt das Instrument an sich unbewegt, und mit der gleichen Verschiebung wird die Schallröhre um die doppelte Länge, verglichen mit der Zugtrompete, verlängert. Diese Konstruktion hat die Posaune bis heute behalten. Ventilposaunen haben sich nicht durchsetzen können bzw. nur beim Laienmusizieren, wo Trompeter gelegentlich auch Posaune spielen sollen.

Der Vergleich zwischen einer Posaune aus dem 16. bis 18. Jahrhundert und einem modernen Instrument zeigt, daß die Mensur weiter geworden ist und daß die Stürze eine deutlich größere und ausladendere Formgebung erhalten hat. Beide Änderungen gehen auf die Zeit vor 1850 zurück. Der Posaunenklang ist damit etwas voller und dunkler geworden, eine Klangwandlung, die auch die Trompeten mit dem Übergang zu Ventilinstrumenten erfahren haben, ja die praktisch für alle Instrumente in den Jahrzehnten vor 1850 kennzeichnend ist.

Die Posaunenfamilie ist im 16. Jahrhundert zu einem ganzen Stimmwerk ausgebaut worden, das vom Diskant bis zum Baß reicht. Als höchstes Instrument der Posaunenfamilie wird im allgemeinen aber nicht die Diskantposaune, sondern ein Zink gespielt. Im 18. Jahrhundert wird die Posaunenfamilie auf das noch heute typische Posaunentrio reduziert. Es besteht aus zwei Tenor- und einer Baßposaune oder je einer Alt-, Tenor- und Baßposaune. Mit der Entstehung der weiter mensurierten modernen Posaune mit weiter Schallstürze wird auch eine kombinierte Tenor-Baßposaune konstruiert; durch ein Ventil kann von der Tenor- auf die Baßlage umgeschaltet werden. Die Baßposaune wurde damit überflüssig.

5.2.4 Zinken

Die Zinken oder Cornetti nehmen einen merkwürdigen Platz zwischen den Holzblasinstrumenten und den Blechblasinstrumenten ein. Einerseits haben sie eine Schallröhre, vergleichbar der Schalmei und wie diese mit Grifflöchern, andererseits werden Zinken angeblasen wie die Blechblasinstrumente. Beides zusammen ergibt einen sehr weichen, mit anderen Instrumenten gut verschmelzenden Klang, der seine Verwandtschaft zu den Trompeten nicht ganz verleugnet. Zinken werden vor allem im 16. und 17. Jahrhundert gespielt, von den Stadtpfeifern beim »Abblasen« zu bestimmten Stunden und Anlässen sogar bis ins 19. Jahrhundert.

Die Zinken konnten sogar die Stimmen von Violinen übernehmen. Auch als Diskant zu den Posaunen oder als Verstärkung der Sopranstimmen des Chors wurden sie verwendet, wie gelegentlich in Johann Sebastian Bachs Kantaten.

Die Schallröhre der Zinken ist relativ stark konisch, entweder gerade oder gebogen. Das Mundstück ist abnehmbar oder – nur bei den Geraden Zinken – direkt an die Schallröhre angedrechselt. Entsprechend gibt es *drei Arten* von Zinken:

Gerader Zink

Stiller Zink

Krummer Zink

Serpent

Familie der Zinken (Kopien)

Gerader Zink, mit abnehmbarem Mundstück,
Krummer Zink oder – wegen des Lederüberzugs – schwarzer Zink,
ebenfalls mit abnehmbarem Mundstück,
Stiller Zink, ein gerader Zink mit angedrechseltem, sehr engem
Mundstück, sein Klang ist schwächer.

Das Baßinstrument der Zinken ist schlangenartig gewunden, daher
sein Name *Serpent.* Wegen seines kräftigen Klangs konnte der Serpent bis ins 19. Jahrhundert überleben. Wagner verlangte ihn z. B. in
seiner Oper ›Rienzi‹, obwohl das unreine Spiel des Serpents immer
wieder beklagt wurde.

Eine Besonderheit beim Blasen der Zinken ist der große »Ziehbereich«, der bei Blechblasinstrumenten sonst gerade klein ist. Das bedeutet, daß der Musiker allein durch unterschiedlichen Anblasdruck
die Tonhöhe um etwa eine Terz verändern kann. Wegen dieser
Schwierigkeiten wurde der Zink von den Stadtpfeifern gelegentlich
auch mit Doppelrohrblatt gespielt.

Das akustische Prinzip, das der Tonerzeugung aller Blechblasinstrumente zugrunde liegt, entspricht demjenigen der Doppelrohrblattinstrumente. Das Mundstück der Instrumente ist nur dazu da, den Lippen des Spielers einen Halt zu geben. Die Lippen selbst schwingen, dabei öffnen und schließen sie sich wie die Rohrblätter periodisch. Es gibt einen für die Spielpraxis ganz wichtigen Unterschied zwischen Doppelrohrblattinstrumenten und Blechblasinstrumenten: Bei den Blechblasinstrumenten muß der Spieler die Lippen so spannen, daß sie ungefähr in der richtigen Frequenz schwingen; das geschieht vor dem Anblasen durch die gedankliche Vorstellung des richtigen Tons. Unterbleibt die richtige Einstellung der Lippenspannung, ergibt sich ein falscher Ton. Bei den Rohrblattinstrumenten steuert die schwingende Luftsäule die Schwingungen des Rohrblatts so durchgreifend, daß der jeweils gegriffene Ton mit großer Sicherheit ertönt.

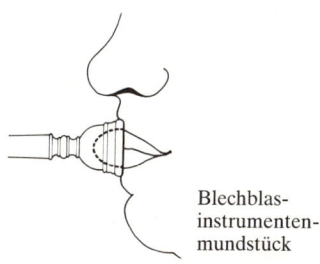

Blechblas-
instrumenten-
mundstück

Bei allen Blechblasinstrumenten kann man durch Veränderung der Rohrlänge nur wenige Töne erzeugen; entweder werden durch Ventile kurze Zusatzrohre hinzugeschaltet, oder das Rohr kann durch einen Zug in seiner Länge verändert werden. Hauptsächlich wird die Tonhöhe dadurch verändert, daß die Luftsäule im Rohr in verschiedene Schwingungszustände gebracht wird; sie wird durch erhöhte Lippenspannung dazu angeregt, nicht in ihrer Grundschwingung, sondern in verschiedenen Oberwellen zu schwingen; dabei ergibt sich die Naturtonreihe (siehe Seite 127). Die Wellenlänge wird hierbei verkürzt, der Ton wird höher. Holzblasinstrumente machen sich für hohe Töne auch diese Schwingungsformen zunutze. Im einzelnen betrachtet sind die akustischen Vorgänge bei den Blechblasinstrumenten relativ kompliziert.

Die Schallstürze ist wesentlich ausladender als bei den Holzblasinstrumenten. Das ermöglicht die große Lautstärke der Blechblasinstrumente. Denn so wie ein Lautsprecher dann die größte Lautstärke abgibt, wenn er optimal an den Verstärker angepaßt ist, so geben die Blechblasinstrumente mit ihren großen Stürzen wegen ihrer guten Anpassung an den Raum um sie herum die größte Lautstärke ab; sie können höchstens noch von Schlaginstrumenten übertroffen werden.

Für die Spektren der Blechblasinstrumente charakteristisch sind Formanten. Die Bereiche, die besonders verstärkt werden, liegen nur bei der Trompete über 1000 Hz.

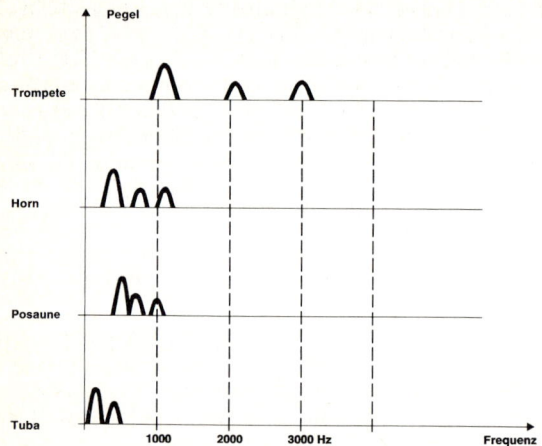

Formantbereiche der Blechblasinstrumente

Das Spektrum der *Trompete* zeichnet sich durch besonderen Teiltonreichtum aus, die Trompete gehört damit zu den klanghellsten Instrumenten des Orchesters. Schon im Piano reichen die Komponenten über 5000 Hz hinaus, im Forte bis 15000 Hz. Der Grundton ist relativ schwach, die Lage des Hauptformanten gibt dem Klang den Vokalcharakter eines *A*. Auffallend ist der große Unterschied der Spektren im Piano und Forte.

Die verschiedenen Dämpfer verändern die Klangfarbe ganz erheblich: der normale Dämpfer – gerade oder konisch – dämpft die Komponenten unter 1500 Hz stark ab, der Frequenzbereich, der den Klang näselnd oder quäkend macht – er liegt bei 1500 bis 2000 Hz – gewinnt dadurch an Klangeinfluß. Beim Wow-Wow-Dämpfer (Wah-Wah-Dämpfer) kann durch Veränderung seiner Lage in der Stürze die Frequenz seiner Hohlraumresonanz verändert werden, das Wort »Wah-Wah« deutet diese Klangfarbenänderung an. Bei elektrischen Musikinstrumenten wird vielfach ein elektrisches Wah-Wah verwendet. Der Hush-Dämpfer absorbiert bevorzugt die hohen Spektralanteile.

Der für das *Horn* kennzeichnende Hauptformant liegt zwischen etwa 400 und 500 Hz. Er kann also nur für die tiefen Töne des Horns, bis etwa *c'* klangfarbenbildend sein. Für Töne über *c'* überwiegt jeweils der Grundton, die Obertöne nehmen mit steigender Ordnungszahl verhältnismäßig gleichförmig ab. Bei den tiefsten Horntönen beträgt die Amplitude des Grundtons nur rund 10% der Amplitude des 1. Obertons.

Bei normaler Lautstärke, beim Mezzoforte also, reicht das Spektrum bei tiefen Tönen kaum bis 2000 Hz, bei hohen Tönen erweitert es sich auf 5000 Hz. Geräuschkomponenten spielen praktisch keine Rolle. Wie die Trompete zeigt auch das Horn mit zunehmender Lautstärke eine gewaltige Zunahme der Pegel höherer Teiltöne, so daß sich zwischen Pianissimo und Fortissimo ein deutlicher Klangfarbenunterschied entwickelt.

Beim Einschwingvorgang schiebt sich vor den eigentlichen Tonbeginn ein sogenannter Vorläuferimpuls wie bei der Trompete. Der Übergang von einem Ton zum nächsten kann – wenn kein Ventilwechsel damit verbunden ist – als sogenannte Lippenbindung weich, fast schleifend sein; ein Ventilwechsel erlaubt nur einen harten Tonübergang.

Die Klangeigenschaften der *Posaune* sind denjenigen des Horns recht ähnlich. Der die tieferen Töne kennzeichnende Formant liegt etwas höher. Das Spektrum ist obertonreicher als beim Horn, aber nicht so obertonreich wie bei der Trompete. Die Posaune entwickelt ein besonders kräftiges und dabei obertonreiches Fortissimo.

Die *Tuba* hat im Laufe des 19. Jahrhunderts die Baßposaune als Baß der Blechbläsergruppe ersetzt. Sie unterscheidet sich in ihrer Klangakustik aber erheblich von der Posaune und vom Horn. Das Spektrum endet bei tiefen Tönen bereits bei etwa 1000 Hz und reicht auch bei hohen Tönen nicht über 2000 Hz hinaus. Bei einer Klangeinsatzdauer, die nicht größer als bei den hohen Blechbläsern ist, zeichnet sich die Tuba durch einen präzisen, volltönigen Baßklang aus. Die unterschiedlichen Bauformen des Instruments, vor allem die Weite der Mensur, wirkt sich natürlich auf den Klangcharakter aus: je weiter die Mensur, desto obertonärmer ist das Spektrum.

6. SCHLAGINSTRUMENTE

6.1 Moderne Schlaginstrumente

Die Vielfalt der modernen Blasinstrumente ist – verglichen mit den Streichinstrumenten – recht groß. Noch weit größer ist allerdings die Zahl der Schlaginstrumente. Weit über hundert Typen sind heute in Gebrauch.

Schlaginstrumente – auch Schlagzeug, Schlagwerk, Perkussions- oder Rhythmusinstrumente genannt – sind nicht nur Instrumente, die vom Spieler geschlagen werden wie etwa die Pauken und Trommeln, sondern zu ihnen zählt man auch die Instrumente, die der Spieler schüttelt, reibt und ähnliches.

Die wichtigsten und am häufigsten verwendeten Schlaginstrumente lassen sich zu folgenden Gruppen zusammenfassen:

Schlaginstrumente des Sinfonie- und Opernorchesters: Pauke, Große und Kleine Trommel, Becken und Triangel.

Schlaginstrumente in U-Musik und Jazz: Große und Kleine Trommel (Bass Drum und Snare), Tom-Tom, Becken (Cymbals).

Schlaginstrumente mit klingenden Stäben (Stabspiele): Xylophon, Marimbaphon, Vibraphon, Glockenspiel, Celesta.

Die Schlaginstrumente des Sinfonie- und Opernorchesters werden auch in Tanz- und Unterhaltungsorchestern sowie in der Blasmusik verwendet; die Schlaginstrumente mit klingenden Stäben finden sich im Sinfonieorchester seltener. Viele der aus der U-Musik und Folklore stammenden Schlaginstrumente haben auch in das Sinfonie- und Opernorchester Eingang gefunden – einige in etwas veränderter Form.

6.1.1 Schlaginstrumente des Sinfonieorchesters

Die wichtigsten Schlaginstrumente des Sinfonie- und Opernorchesters können in zwei Gruppen unterteilt werden: einerseits Pauken, andererseits Trommeln mit Triangel und Becken. Die Pauken sind nicht nur Rhythmusinstrumente, sondern haben auch eine bestimmte Tonhöhe, die auf die jeweilige Komposition abgestimmt wird, sie spielen bei älterer Musik zum Beispiel die Baßstimme zu den Trompeten. Trommeln, Triangel und Becken haben keine bestimmbare Tonhöhe.

Die *Pauke* besteht aus einem halbkugelförmigen, mit Fell bespannten Kupferkessel. Die Tonhöhe des Paukentons, also die »Stimmung« der Pauke, wird durch die Spannung des Fells bestimmt. Durch Veränderung der Spannung mit Hilfe eines Pedals, mit einer Kurbel,

Pedalpauken

durch Drehen des Kessels oder mittels Flügelschrauben kann der Pauker in Pausen – bei Pedalpauken auch als Effekt während des Spiels – seine Instrumente umstimmen. In der Regel hat er zwei Instrumente vor sich stehen, oft auch drei oder vier. Dadurch ist es ihm möglich, in raschestem Wechsel zwei bzw. drei oder vier verschiedene Töne zu schlagen.

Die Pauken, die vor dem Pauker stehen, haben unterschiedliche Größen. So gibt es Große und Kleine Pauken, daneben die seltener verwendeten Formen der größeren Baßpauke und der kleineren Hohen Pauke.

Geschlagen werden die Pauken mit zwei Schlägeln. Dem Pauker stehen etwa ein halbes Dutzend verschiedener Schlägelpaare zur Verfügung; sie unterscheiden sich vor allem in Material und Größe des Schlägelkopfes; so gibt es kleine, große, harte, weiche Filz-, Kork- und Holzschlägel.

Außer den einzeln hörbaren Paukenschlägen spielt der Pauker oft einen sogenannten Paukenwirbel. Dieser besondere Effekt entsteht durch sehr rasches Wiederholen der Paukenschläge.

Die *Trommeln* klingen »geräuschhaft«, das heißt sie haben keine eindeutige Tonhöhe. Ihr Klang wirkt – je nach der Größe des Instruments und nach der Spannung des Fells, das vielfach schon durch Kunststoffmembranen ersetzt wird – dumpfer oder heller.

Die Abbildung S. 150 zeigt zunächst die beiden wichtigsten Vertreter, die *Große Trommel* und die *Kleine Trommel*. Beide Instrumente werden u.a. auch im Blasorchester verwendet. Das *Orchester-Tom-Tom* kommt in neuerer Musik häufiger vor. Kleinere Tom-Toms werden paarweise an Ständer montiert. Zwei weitere Trommeln werden vor allem in der Blasmusik, seltener im Sinfonieorchester eingesetzt:

149

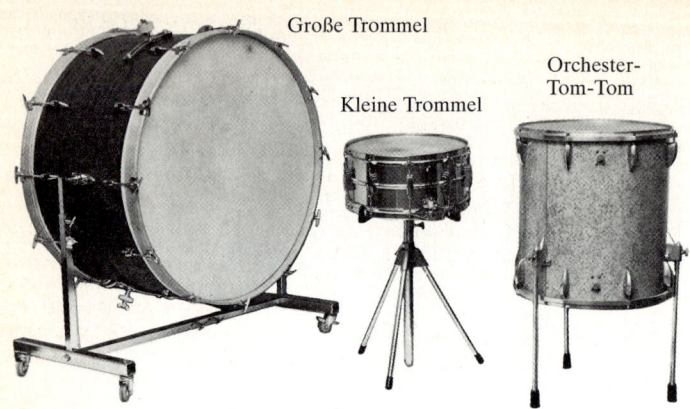

Große Trommel

Kleine Trommel

Orchester-Tom-Tom

die *Rührtrommel* oder *Landsknechtstrommel* und die *Militärtrommel.*
Die Rührtrommel ist ähnlich wie das Orchester-Tom-Tom proportioniert, die Felle sind durch Leinen gespannt. Die Militärtrommel sieht ähnlich wie die Kleine Trommel aus, ihre Zarge ist aber etwa doppelt so hoch.

Rührtrommel, Militärtrommel und Kleine Trommel haben auf der Unterseite mitschwingende Spiralfedern, sogenannte Schnarrsaiten; sie liegen auf dem Fell, das die Unterseite der Trommel abschließt (Resonanzfell), auf und geben den Instrumenten einen rasselnden Klang. Durch eine Mechanik können sie abgehoben werden. Der

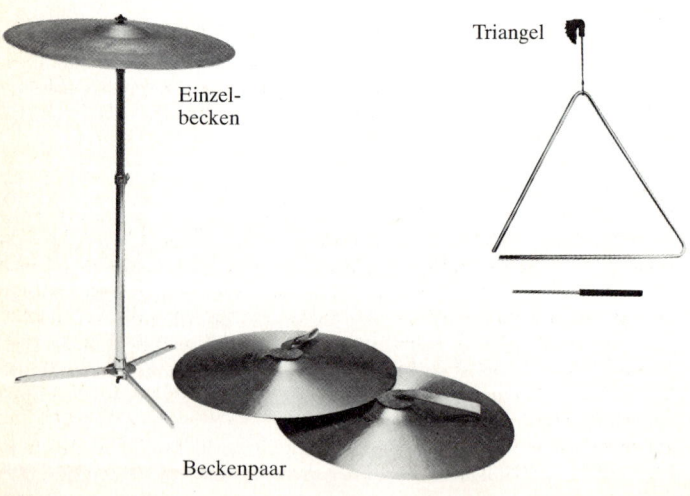

Triangel

Einzel-becken

Beckenpaar

Klang des Tom-Toms hat einen gewissen Tonhöhencharakter, der einstimmbar ist.

Der *Triangel* ist ein einfaches, an einer Ecke offenes Metalldreieck mit etwa 25 cm Kantenlänge, das mit einem Schlägel angeschlagen wird. Er wird mit der Hand gehalten oder an einem Ständer aufgehängt.

Das *Becken* ist eine flache, überdrehte und gehämmerte Scheibe aus einer Bronzelegierung mit einer Ausbuchtung in der Mitte. Becken werden in der E-Musik meist paarweise gegeneinandergeschlagen; beim Gebrauch als Einzelbecken ist das Instrument aufgehängt und wird mit einem Schlägel angeschlagen. In der Musik des 18. und 19. Jahrhunderts tritt das Beckenpaar in der Regel gleichzeitig mit der Großen Trommel auf. Beckenpaare und besonders Einzelbecken gibt es in verschiedenen Größen. Sehr kleine Becken sind die *antiken Zimbeln*.

Das *Tamtam* ist eine leicht gewölbte, gehämmerte Bronzescheibe, die an einem Ständer aufgehängt ist. Man kann es als ein »Baßbecken« kennzeichnen. Das Instrument wird in Größen zwischen etwa 40 und 120 cm Scheibendurchmesser hergestellt. Der Klang hat keine bestimmbare Tonhöhe, sondern ist ähnlich wie beim Becken geräuschhaft; wegen seiner Größe und des viel größeren Gewichts ist der Anteil tiefer Frequenzen allerdings wesentlich stärker. Das Instrument kann ziemliche Lautstärken entwickeln.

Der *Gong* sieht zunächst ähnlich aus wie das Tamtam. Seine Scheibe ist jedoch am Rand rechtwinklig umgebogen. In der Mitte ist die Scheibe beim chinesischen Gong gewölbt. Der Klang des Gongs hat eine bestimmbare Tonhöhe. Große Gongs haben einen Durchmesser von etwa 70 cm, die kleinsten von nur 20 cm.

Röhrenglocken dienen der Nachahmung des Glockenklangs in der Musik. Die Röhrenglocken sind verchromte Messingröhren und – je nach Tonhöhe – zwischen etwa 75 und 165 cm lang bei einem Durchmesser von 3 bis 4 cm. Sie hängen nebeneinander an einem Gestell und werden mit einem Röhrenglockenhammer angeschlagen.

6.1.2 Schlaginstrumente der U-Musik und des Jazz

Die Abbildung auf Seite 152 zeigt eine Zusammenstellung der wichtigsten Schlaginstrumente, die im Bereich der U-Musik und des Jazz verwendet werden. Zunächst sind die *Große Trommel* oder *Bass Drum* und die *Kleine Trommel* oder *Snare Drum* wiederzuerkennen; die Große Trommel wird hier mit einem Pedalmechanismus geschlagen, für die Kleine Trommel benutzt der Schlagzeuger Stöcke oder Metallbesen. Oft wird eine Membran der Großen Trommel abmontiert. Weiter zeigt das Foto die einzeln aufgehängten *Becken* oder *Cymbals*. Meist sind es zwei Becken verschiedener Größe und mit verschiedenem Klangcharakter; dazu kommt gelegentlich noch ein sogenanntes Nietenbecken (*Sizzle*), das am Rand einen Kranz von

Schlagzeug: unten in der Mitte Große Trommel, darüber vier Hänge-Tom-Toms, links ein Stand-Tom-Tom, rechts die Kleine Trommel und das Hi-hat, über den Trommeln zwei Einzelbecken

lose sitzenden Nieten trägt. Das Foto zeigt weiter ein Doppelbecken auf einem Gestell. Dieses Doppelbecken wird als *Hi-hat* oder *Charlestonmaschine* bezeichnet, es wird wie die Große Trommel über einen Pedalmechanismus mit dem Fuß bedient. Schließlich sind noch drei Tom-Toms verschiedener Größe abgebildet. Sie haben eine ungefähr bestimmbare Tonhöhe und sind auf verschiedene Tonhöhen einstimmbar. – Das hier abgebildete Schlagzeug ist nur eine Standardausstattung, es wird oft durch weitere Schlaginstrumente ergänzt, etwa durch Tamburins, Bongos und Congas, Holzblöcke, Kuhglocken u. a.

Das *Tamburin* ist eine Trommel mit sehr niederer Zarge und nur einem Fell. In der Zarge sind Schlitze ausgespart, in die flache Glöckchen eingehängt sind; sie klingen beim Anschlagen des Tamburins mit.

Tamburin

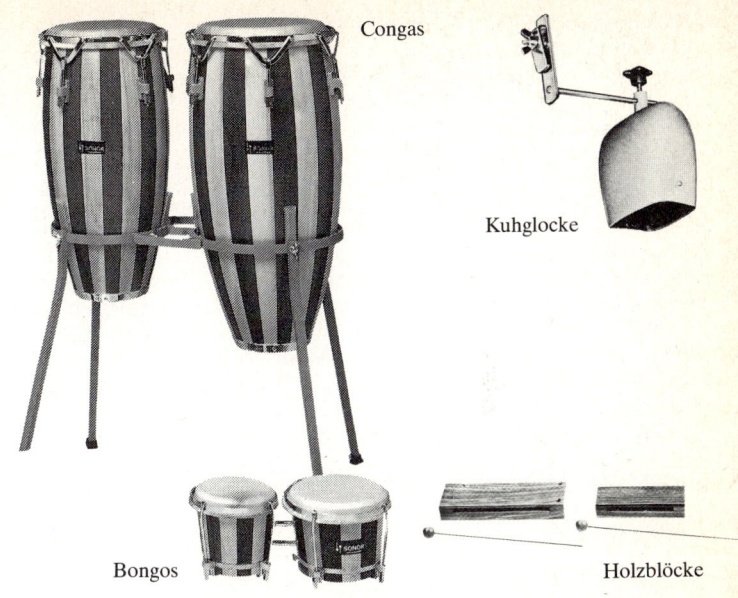

Congas

Kuhglocke

Bongos

Holzblöcke

Bongos und *Congas* sind Handtrommeln aus der lateinamerikanischen Folklore, die in Jazz, U- und E-Musik Eingang gefunden haben. Handtrommel bedeutet, daß die Instrumente in der Regel mit der Hand bzw. mit den Fingern geschlagen werden. Der Klang hat eine Tonhöhe, deren genaue Bestimmung allerdings nicht einfach ist. Die Congas sind die größeren, klanglich tieferen Instrumente. Sie stehen auf einem Ständer. Die Bongos – meist paarweise verwendet – sind kleiner und werden entweder an einen Ständer montiert oder zwischen den Knien gehalten.

Der *Holzblock* (wood block) wird in Längen zwischen 10 und 25 cm verwendet; der Ton ist sehr kurz, seine Tonhöhe ist nur ungefähr zu erkennen. Die *Kuhglocke* wird von außen mit einem Schlägel angeschlagen, sie hat keinen Klöppel. Die Kuhglocken (cow bells) entstammen wie Bongo und Conga der lateinamerikanischen Folklore.

Guiro (spanisch, bedeutet Gurke) und Maracas (oft als Rumbakugeln bezeichnet) sind Rhythmusinstrumente der indianisch-mittelamerikanischen Folklore. Sie haben – je nach Besetzung – Eingang in die Tanz- und Unterhaltungsorchester gefunden. Der *Guiro* ist ein ausgehöhlter Flaschenkürbis mit eingekerbten Rillen auf der Oberseite und zwei Haltelöchern auf der Unterseite; mit einem Holzstäbchen wird über die Rillen hin- und hergestrichen. Ähnlich gebaut wie der Guiro ist der *Sapo cubano* (kubanischer Frosch); er ist aus Bambus und hat quer zu den Rillen – also in Längsrichtung – einen Schlitz. Das *Maracas* – meist paarweise verwendet – besteht aus einer Kugel mit feinkörniger Füllung. Das Instrument wird vom Spieler an einem Stiel geschüttelt.

6.1.3 Stabspiele

Innerhalb der Schlaginstrumente nimmt die Gruppe der Stabspiele einen besonderen Platz ein: Während die bisher besprochenen Schlaginstrumente (Pauken, Trommeln, Becken, Triangel) vor allem den Rhythmus gestalten, sind die Stabspiele eigentlich Melodieinstrumente. Sie werden dennoch von den Schlagzeugern gespielt. Die Stabspiele haben äußerlich große Ähnlichkeit miteinander: Nach Art vergrößerter Klaviertasten sind Stäbe waagrecht auf einem Gestell angeordnet; an ihrer Unterseite hängen meist Resonanzröhren unterschiedlicher Länge, die klangverstärkend wirken. Die Bauformen der Stabspiele sind vielfältig, die hier gezeigten Instrumente sind typische Formen, wie sie im Orchester verwendet werden.

Vier Typen von Stabspielen werden heute besonders verwendet:

Xylophon,
Marimbaphon,
Glockenspiel,
Vibraphon.

Xylophon und *Marimbaphon* sind einander ähnliche Instrumente; beide haben Holzstäbe, die mit Schlägeln angeschlagen werden. Der Ton der klingenden Stäbe wird durch die Resonanzröhren verstärkt. Das Marimbaphon, das aus der mittelamerikanischen Folklore entwickelt wurde, hat einen tieferen Tonbereich als das Xylophon, es ist auch größer. Die Xylomarimba verbindet Marimbaphon und Xylophon in sich. Es gibt Xylophone mit und ohne Resonanzröhren.

Das *Glockenspiel* ist dem Xylophon und Marimbaphon ähnlich gebaut, seine klingenden Stäbe sind jedoch aus Metall. Die Resonanzröhren können durch einen allen Stäben gemeinsamen Resonanzkörper ersetzt sein. Dieses Orchesterglockenspiel, wie man es am besten bezeichnet, kommt auch in einer kleineren Form vor. Bei ihr schlägt der Spieler die Stäbe selbst nicht mehr an, sondern er spielt auf Klaviertasten, die über einen Hämmerchenmechanismus die Stäbe anschlagen. Dieses Instrument sieht wie ein schmales, niedriges Klavier aus und heißt deshalb Klavierglockenspiel.

Die Perfektionierung des Klavierglockenspiels ist die *Celesta*. Ihre Anschlagmechanik entspricht derjenigen des Klaviers, auch ihr Äußeres gleicht dem Klavier.

Das *Vibraphon* ist grundsätzlich dem Orchesterglockenspiel ähnlich konstruiert. Bei ihm befinden sich aber über den oberen Reso-

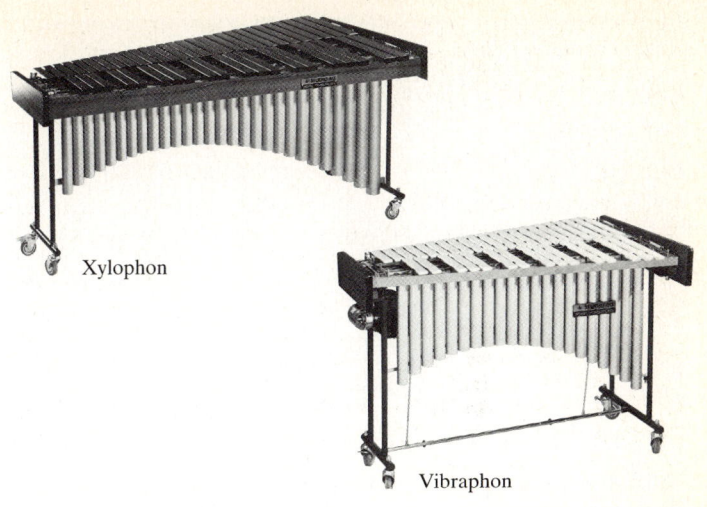

Xylophon

Vibraphon

nanzrohrkanten Scheiben. Sie werden durch einen Elektromotor angetrieben und öffnen und schließen die Resonanzrohre. Die Scheiben bewirken, daß der Ton in seiner Lautstärke dauernd verändert wird. Obwohl das Instrument Vibraphon heißt, ist dieser Klangstärkenwechsel kein Vibrato, sondern ein Tremolo. Der Vibrator ist übrigens abschaltbar. Durch ein Pedal können die schwingenden Stäbe bedämpft werden.

6.1.4 E-Drums und Rhythmusgeräte
Wie Gitarre, Klavier, Orgel und andere Instrumente erhielten auch die »akustischen« Schlaginstrumente elektronische Instrumente zur Seite gestellt, die im Bereich von Schlager- und Popmusik in ganz erheblichem Umfang Verwendung finden. Wie bei allen elektronischen oder elektromechanischen Instrumenten ist eine große Vielfalt unterschiedlichster Instrumente von einfachsten Geräten für den privaten Hausgebrauch bis zu Instrumenten hoher Qualität auf dem Markt.

Unter der Bezeichnung *E-Drum* o.ä. sind Geräte in Gebrauch, die den Klang verschiedener Schlaginstrumente elektronisch erzeugen, der einzelne Schlag aber wird von Hand ausgelöst, meist über Schlagflächen, sogenannte Pads, auf denen wie auf dem akustischen Schlagzeug gespielt wird. *Rhythmusgeräte* – sie sind unter den verschiedensten Bezeichnungen im Handel – bieten nach entsprechender Programmierung den kompletten Schlagzeugsound; es handelt sich hier also um Musikautomaten für den Rhythmus. Rhythmusgeräte sind meist auch in E-Orgeln und anderen elektrischen Instrumenten ein-

E-Drums

gebaut. Zusammen mit Begleit- und Baßautomatik schaffen sie die Voraussetzung für einen kompletten Sound für den Alleinunterhalter oder das Selbstmusizieren.

Die analoge Technologie erlaubt keine perfekte Imitation des Schlagzeugklangs, kann aber je nach Funktion des Rhythmus durchaus akzeptable Ergebnisse bieten. Einen Schritt weiter geht die digitale Technologie, die nach dem Prinzip des Synthesizers arbeitet. Zweifellos kommt aber der überzeugendste Schlagzeugsound von Rhythmusgeräten, die auf gespeicherte Naturklänge zurückgreifen können.

Rhythmusgeräte bieten – je nach Ausführung – umfangreiche Beeinflussungsmöglichkeiten: Standardrhythmen, verstellbar in Tempo, Klang und Balance der Instrumente, freie Rhythmusprogrammierung, rhythmische Wechsel, Breaks, Einleitungen (Intros), Schlüsse (Endings), leichte Abweichungen vom sterilen Rhythmus (Humanizing), Programmierung bis hin zum Rhythmus ganzer Titel und vieles mehr; die Entwicklung ist noch voll im Fluß.

6.2 Historische Schlaginstrumente

Schlaginstrumente haben in der europäischen Kunstmusik vor 1700 eine relativ geringe Bedeutung. Michael Praetorius bildet 1620 zwar eine ganze Reihe von Instrumenten ab, interessiert sich aber offensichtlich wenig für diese Instrumente aus dem Bereich der nicht notierten Musik, also aus dem Bereich der Tanzmusik, Vagantenmusik und Militärmusik. Bemerkenswert ist die Erwähnung exotischer Schlaginstrumente; amerikanische, türkische, moskowitische (russische), Mohren- (Mauren-) und Indianerinstrumente stellt er uns im Bild vor. Verschiedene Pauken, Trommeln, Triangel, Glocken, Schellen, Zimbeln u. a. sind abgebildet.

Die *Pauke* ist zweifellos das wichtigste Schlaginstrument, das im Orchester verwendet wurde und wird. Sie war bis um 1800 das Baßinstrument der Trompeten. Trompeten und Pauken waren die Instrumente der Reiterei und symbolisierten die Macht und den Prunk des Adels. Sie verkündeten die Ankunft des Herrschers; Turniere und Spiele wurden mit Paukenklang eröffnet. Bis um 1800 hat sich die Gestalt der Pauke wenig verändert. Mit etwa 50 cm Durchmesser des Fells war sie relativ klein. Die Pauken wurden mit hölzernen Schlägeln oder Stöcken geschlagen, ihr Klang war deshalb heller und präziser als derjenige moderner Pauken; natürlich sind kleinere Pauken auch leiser als große. Gegen 1800 wird die Pauke allmählich größer und klangstärker; Filzschlägel treten an die Stelle der Holzschlägel. Die Erfindungen verschiedener mechanischer Umstimmvorrichtungen leiten im 19. Jahrhundert schließlich zur modernen Pauke über.

Die anderen Schlaginstrumente haben – wenn sie gelegentlich im Orchester gefordert sind – bis ins 19. Jahrhundert ein exotisches Klangkolorit zu vermitteln. Aus der Militärmusik wurden die Kleine Trommel und die Rührtrommel übernommen. Die Große Trommel und das Becken kommen aus der Janitscharenmusik, der Militärmusik des türkischen Heeres. Das Tamburin stammt ebenfalls aus dem

Paukenpaar

Triangel

M. Praetorius, Theatrum Instrumentorum, 1620

157

Orient. Die Kastagnetten verleihen spanisches Kolorit. Der Triangel kennzeichnet schon in der Barockmusik das Exotische ganz allgemein, wird dann gegen 1800 zu den Janitschareninstrumenten hinzugenommen, wie z.B. in Mozarts Oper ›Die Entführung aus dem Serail‹.

6.3 Akustik der Schlaginstrumente

Die akustische Struktur der Klänge der Schlaginstrumente ist viel komplexer als diejenige der Instrumente mit schwingenden Saiten oder Luftsäulen. Die schwingenden Elemente der Schlaginstrumente sind nämlich zweidimensionale oder dreidimensionale Gebilde. Solche Gebilde schwingen nicht in Schwingungen mit harmonischem Teiltonaufbau, sondern haben eine Reihe von mehr oder weniger dicht nebeneinanderliegenden Eigenresonanzen, die unharmonisch sind. So überwiegt bei den Schlaginstrumenten nicht ein Klang mit bestimmbarer Tonhöhe, sondern das Geräuschhafte oder zumindest Klänge mit undeutlicher Tonhöhe. Es gelingt nämlich bei einigen Instrumenten, das unharmonische Spektrum so zu verändern oder zu verstärken, daß ein Tonhöhencharakter entsteht wie z.B. bei der Pauke oder beim Gong.

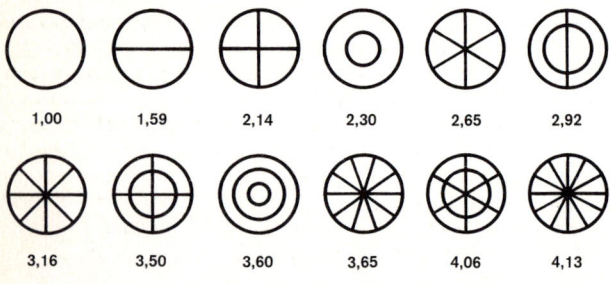

Die ersten Knotenlinien einer kreisrunden Membran und die Frequenzen als Vielfache der Frequenz der Grundschwingung.

Wie eine schwingende Saite Punkte ohne Schwingungsbewegung, sogenannte Schwingungsknoten, entlang der Saite zeigt, so hat eine schwingende Membran oder Platte Knotenlinien. Sie bilden symmetrische Muster. Jedem Knotenbild kann eine Eigenresonanz zugeordnet werden. Die Frequenzen dieser Resonanzen liegen unharmonisch zueinander. Deshalb kann sich keine Tonhöhe des Klangs entwickeln. Die ersten 12 Resonanzen einer eingespannten Membran zeigt zusammen mit den Frequenzverhältnissen zur tiefsten Eigenresonanz die Abbildung.

Die Akustik der *Pauke* wird durch das Zusammenwirken der schwingenden Membran mit den Resonanzen des Kessels bestimmt. Die einfachste Schwingungsform, bei der die Membran nur im Zentrum auf- und niederschwingt, wird bei der Pauke durch die Dimensionierung des Kessels und eines Luftaustrittslochs praktisch unterdrückt. Die erste Eigenresonanz des Kessels ist vielmehr auf die zweite Eigenresonanz des Fells abgestimmt, wodurch diese Frequenz als Tonhöhe der Pauke hervortritt. Durch Verändern der Membranspannung wird die Pauke gestimmt. Der mögliche Stimmbereich ist mit höchstens einer Quinte deshalb gering, weil die Verstimmung gegenüber der Kesselresonanz nicht zu groß werden darf.

An einer Anschlagstelle kann keine Knotenlinie liegen, so wie an der Anregungsstelle einer Saite kein Knotenpunkt sein kann. So können sich bei einem Anschlag genau in der Mitte von den oben abgebildeten Schwingungsformen nur drei tatsächlich ausbilden, der Klang wird dumpf. Je weiter die Anschlagstelle an den Rand rückt, desto mehr Schwingungsbilder können sich ausbilden, desto heller wird also die Klangfarbe. Größe und Elastizität des Schlägels verändern ebenfalls die Klangfarbe: große und weiche Schlägelköpfe ergeben einen weichen, dunklen Klang, kleine und harte Schlägel einen harten, hellen Klang. Beim Anschlag kann das Frequenzspektrum bis etwa 4000 Hz reichen, die starken Komponenten liegen jedoch unter 1000 Hz.

Die Klangerzeugung der verschiedenen *Trommeln* unterscheidet sich im Grunde nur wenig von derjenigen der Pauke. Andere Resonanzeigenschaften des Hohlraums und eine andere Abstimmung der Membranresonanzen auf den Hohlraum lassen bei den Trommeln keine Tonhöhe entstehen. Der Frequenzumfang der Spektren ist auch bei den kleineren Trommeln relativ gering.

Auch das *Becken* hat keine bestimmbare Tonhöhe. Beim Anschlag baut sich der geräuschartige Klang langsam auf, um erst nach etwa 0,4 s seine größte Intensität zu erreichen. Das Spektrum reicht von 800 bis 10 000 Hz, Komponenten außerhalb dieses Frequenzbereiches sind sehr schwach. Einzelne Frequenzbereiche im Spektrum treten hervor. Auch beim Triangel liegen die einzelnen Klangkomponenten so dicht und unharmonisch, daß sich keine bestimmbare Tonhöhe ausbildet. Das Spektrum reicht von 1000 bis 17 000 Hz mit hervortretenden Komponenten zwischen 12 000 und 14 000 Hz. Damit gehört der Triangel zu den Orchesterinstrumenten mit dem nach hohen Frequenzen hin am weitesten reichenden Spektrum.

7. TASTENINSTRUMENTE

7.1 Moderne Tasteninstrumente

Gemeinsam ist den Tasteninstrumenten nur die Spieltechnik, ganz unterschiedlich ist hingegen die Art der Klangerzeugung. Angeschlagene Saiten hat das Klavier, angerissene Saiten das Cembalo. Die Orgel und das Positiv, eine Kleinorgel, gehören von der Klangerzeugung her zu den Blasinstrumenten. Schließlich gehören auch einige elektrische Musikinstrumente wie E-Orgel und E-Piano zu den Tasteninstrumenten. Außerdem muß verwiesen werden auf die Celesta (Seite 154).

7.1.1 Klavier

Das Klavier gibt es in zwei Bauformen: das Pianino ist das Instrument mit senkrecht verlaufenden Saiten, das im allgemeinen als Klavier bezeichnet wird; der Flügel ist die Bauform mit waagrecht verlaufenden Saiten. In den Noten werden beide Instrumentenformen als »Klavier«, »Pianoforte« oder kurz als »Piano« bezeichnet. Das Kleinklavier ist ein etwas niedrigeres Pianino, dessen Saiten kürzer sind als beim normalen Klavier. Im Konzertsaal und bei Aufnahmen wird fast immer ein Flügel gespielt; zum häuslichen Musizieren dient meist das Klavier, da es wesentlich weniger Platz als der Flügel benötigt.

Der Flügel hat – verglichen mit dem Klavier – größere Klangfülle; seine Tonqualität, besonders der ganz tiefen und ganz hohen Töne, ist bedeutend besser. Der Klangunterschied in der mittleren Tonlage ist geringer.

Stutzflügel haben eine Länge bis etwa 180 cm, Salonflügel bis etwa 250 cm und Konzertflügel bis 290 cm. Größere und kleinere Pianinos unterscheiden sich in erster Linie durch ihre Höhe.

Pianino

Flügel

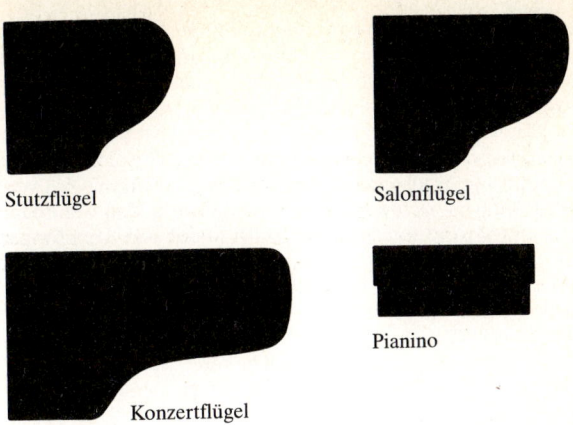

Stutzflügel

Salonflügel

Pianino

Konzertflügel

Bauformen des Klaviers

Die Kraftübertragung von der Taste zu dem Hämmerchen, das die Saiten anschlägt, ist die »Mechanik« des Klaviers. Die sinnreiche Erfindung dieser Mechanik hat den Siegeszug des Klaviers im 19. Jahrhundert überhaupt erst ermöglicht und es zu einem der meistgespielten und universellsten Musikinstrumente gemacht. Die Mechaniken von Flügel und Klavier sind im Prinzip gleich konstruiert. Dadurch, daß beim Flügel die Saiten waagrecht verlaufen und die Hämmerchen somit senkrecht anschlagen, kann bei ihm die Schwerkraft einiger Mechanikteile genutzt werden, die beim Klavier durch Federn ersetzt werden muß. Daraus ergeben sich einige qualitative Vorteile der Flügelmechanik.

Durch das Niederdrücken einer Taste wird der zugehörige Hammer zur Saite hin bewegt. Je schneller, das heißt kräftiger die Taste gedrückt wird, um so größer ist die Geschwindigkeit des Hammers beim Auftreffen auf die Saite. Die letzten Millimeter seines Weges fliegt der Hammer allein; er wird nicht mehr durch den Tastendruck beschleunigt, da zwischen Taste und Hammer kein Kontakt mehr besteht. Durch den Anschlag kann also nur die Hammergeschwindigkeit beim Auftreffen auf die Saite und damit die Lautstärke beeinflußt werden. Spricht man von »weichem« oder »hartem« Anschlag, bezieht sich das nur auf die Lautstärke. »Weicher« und »harter« Anschlag wird dennoch vielfach so verstanden, als ob er mit der Lautstärke nichts oder nur wenig zu tun hätte. Dann meint man meist die Art und Weise, wie die Töne aufeinanderfolgen, ob ein Ton in den nächsten hineinklingt, ob der nächste Ton genau anschließt oder ob eine kleine Pause dazwischen liegt.

Wird die Taste losgelassen, dann dämpft ein Filzdämpfer die Saite ab. Der Pianist kann das verhindern, indem er auf das rechte der Pedale oder – wenn dies vorhanden – auf das mittlere sogenannte Tonhaltepedal tritt. Das mittlere Pedal entdämpft dann nur die gerade gedrückten Tasten. Das rechte Pedal entdämpft dagegen alle Saiten, die können nun ein wenig mitklingen, auch wenn die zugehörige Taste nicht angeschlagen wurde.

Die Funktion des linken Pedals ist bei Klavier und Flügel verschieden: Beim Klavier werden durch das Niederdrücken des Pedals alle Hämmerchen den Saiten nähergebracht, so daß ihre Geschwindigkeit und damit die Lautstärke gemäßigt wird. Beim Flügel dagegen verschiebt sich die gesamte Mechanik einschließlich der Tasten bei der Betätigung des linken Pedals ein wenig nach rechts. Dabei treffen die Hämmerchen nur noch zwei Saiten; die Klangfarbe wird etwas weicher. Jeder Taste sind nämlich mit Ausnahme der Baßlage drei Saiten zugeordnet, die dicht nebeneinander laufen und gleich gestimmt sind.

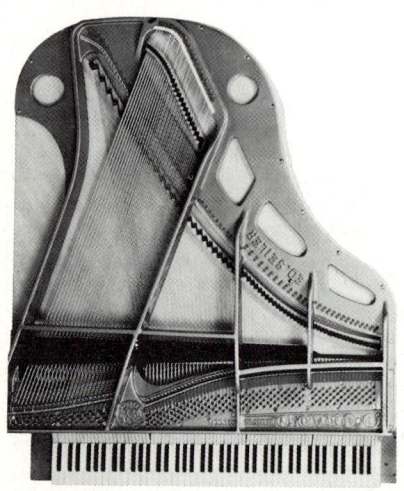

Flügel, Innenansicht

Die Kraft, die die gespannten Saiten auf das Instrument ausüben, kann von einer reinen Holzkonstruktion nicht mehr aufgefangen werden. Wegen der Erhaltung der Stimmung des Instruments muß eine sehr hohe Formstabilität gewährleistet sein. Seit der Mitte des 19. Jahrhunderts sorgt hierfür ein gußeiserner Rahmen.

7.1.2 E-Piano

Bei Rock- und Popkonzerten werden große Verstärker- und Lautsprecheranlagen im Konzert eingesetzt. Hierfür eignen sich Musikinstrumente, die direkt elektrische Signale abgeben, besser als akustische Musikinstrumente, die erst über Mikrofone aufgenommen werden müssen. So wurde auf diesem Sektor aus diesem Grund, aber auch aus Gründen der Klangformbarkeit die akustische Gitarre durch die E-Gitarre ersetzt, aber auch das akustische Piano mußte vielfach dem E-Piano weichen. Wie bei der E-Gitarre ist die Vielfalt in Bauform und Klang groß.

Eine Gruppe von E-Pianos stützt sich in der Klangerzeugung auf das akustische Klavier: Saiten oder Metallplättchen werden durch Hämmerchen angeschlagen, die Schwingung wird elektrisch verstärkt und geformt. Diese Instrumente sind noch relativ schwer und erinnern vielfach an ihre akustischen Vorbilder.

Elektronische E-Pianos können entweder in analoger oder digitaler Technik aufgebaut sein. Analoge E-Pianos, deren Klänge von einem einzigen Generator abgeleitet werden, bieten einige Vorteile wie Transponierbarkeit, Stimmbarkeit, diverse Effekte, Einstellung verschiedener Klangvarianten (z.B. Honky Tonk Piano) und anderer Instrumente wie Celesta, Cembalo u.a. Oft ist das E-Piano auch Bestandteil von E-Orgel oder Synthesizer.

E-Piano

Beim digitalen E-Piano gibt es einmal das Prinzip der synthetischen Klangerzeugung, bei der Schwingungsverlauf und -einhüllende durch ein Programm bestimmt werden. Prinzipielle Unterschiede zu einem Computersynthesizer gibt es nicht. Digitale E-Pianos, die mit gespeicherten Naturklängen arbeiten (Preset), liefern einen natürlichen Klang; es handelt sich im Prinzip um einen spezialisierten Presetmusikcomputer.

163

7.1.3 Cembalo

Beim Cembalo werden die Saiten gezupft, besser gesagt angerissen; die Mechanik kann hierfür viel einfacher sein. Durch diese Art des Anschlags hat der Cembalist keinerlei Einfluß auf die Tongebung oder Lautstärke. Das Cembalo hat jedoch im allgemeinen mehrere »Register«, mit denen Klangstärke und Klangfarbe verändert werden können. Ein Register ist ein Satz Saiten, für jede Taste eine. Die unterschiedlichen Klangstärken kommen einerseits von den unterschiedlichen Klangstärken der einzelnen Register, mehr noch aber von der Möglichkeit, mehrere Register gleichzeitig einzuschalten. Die Register unterscheiden sich in ihrer Klangfarbe. Sie haben die Namen »Achtfuß« (8′), »Vierfuß« (4′) und »Sechzehnfuß« (16′). Das 8′-Register ist das normale Register, das 4′-Register klingt eine Oktave höher als notiert, das 16′-Register eine Oktave tiefer als notiert (siehe Seite 180). Viele Cembali haben zwei 8′-Register verschiedener Klangfarbe. Die Register werden in der Regel durch Pedale eingeschaltet. Große Cembali haben zwei Klaviaturen, sie werden Manuale genannt.

Cembalo (moderne Bauweise)

Das Cembalo in moderner Bauweise, die vieles vom Klavierbau übernommen hat, verliert zunehmend an Bedeutung gegenüber den Kopien historischer Instrumente (siehe Seite 178).

7.1.4 Harmonikainstrumente

Eine besondere Art von Tasteninstrumenten sind die *Harmonikainstrumente*. Die Töne dieser Instrumente werden mit abgestimmten

164

Metallzungen erzeugt, die durch einen Luftstrom zum Schwingen angeregt werden. Er wird durch einen Blasebalg erzeugt, der mit den Armen des Spielers bewegt wird. Das erste Harmonikainstrument wurde 1822 (»Handäoline«) bzw. 1829 (Akkordeon) gebaut.

Das am weitesten verbreitete Harmonikainstrument ist das *Akkordeon*. Zwischen den beiden Spielteilen befindet sich der Balg, der vom Spieler dauernd auseinandergezogen und zusammengedrückt wird. Links vom Balg ist der Baßteil; er ist meist mit Knöpfen versehen, seltener noch zusätzlich mit Klaviertasten. Mit den Knöpfen können Einzeltöne und ganze Akkorde (daher der Name Akkordeon) gespielt werden. Rechts vom Balg ist der Melodie- und Diskantteil; er trägt die Klaviertasten für das melodische Spiel, selten sind sie durch Knöpfe (Knopfakkordeon) ersetzt. Akkordeons haben verschiedene Register (8′, 4′, 16′, Tremoloregister). Nur in Akkordeon-Ensembles wird die sogenannte *Baßorgel* verwendet, ein Baß-Akkordeon, das im Gegensatz zum Akkordeon im Baßbereich Klaviertasten besitzt und damit melodisch spielen kann.

Ein einfacheres Harmonikainstrument ist die *Handharmonika* oder *Ziehharmonika,* auch Klubharmonika genannt. Auch sie hat mehrere Register. Wie die Mundharmonika gibt die Handharmonika verschiedene Töne, je nachdem, ob die Luft von vorn oder hinten einströmt (Druck- und Zugluft). Da das Instrument außerdem nur diatonisch ist, d. h. da ihm sozusagen die schwarzen Tasten fehlen, sind die musikalischen Möglichkeiten dieses Instruments eingeschränkt. Das *Bandonion* ist ein in seiner Form quadratisches Harmonikainstrument, bei dem jedem Ton ein Knopf zugeordnet ist, also keine Akkorde im Baßbereich. Ähnlich ist die *Konzertina* gebaut.

7.1.5 Orgel

Die Orgel ist das größte, technisch aufwendigste und komplizierteste Musikinstrument; sie ist zugleich das klanglich am stärksten wandelbare. Ihr Platz ist hauptsächlich die Kirche. Aber auch als reines Konzertinstrument gewinnt sie zunehmend an Bedeutung.

Die Orgel ist im Grunde eine Kombination vieler Holzblasinstrumente. Jeder Taste sind Pfeifen mit unterschiedlichem Klangcharakter zugeordnet. Sie können gleichzeitig als Ganzes klingen, es können aber auch nur einzelne Pfeifen beliebiger Zusammenstellung eingeschaltet werden. Entsprechend dem komplizierten Bau der Orgel gibt es viele Konstruktionsformen. Eine davon ist in der Zeichnung schematisch dargestellt.

Wenn der Organist eine Taste niederdrückt, wird diese Bewegung durch die »Traktur« auf das »Spielventil« übertragen. Im Bild ist es geöffnet. Was geschieht dabei? Das elektrische Gebläse erzeugt in der angeschlossenen »Windkammer« einen Luft-Überdruck. Durch das geöffnete Spielventil strömt Luft in die »Tonkanzelle« ein und von da in die Pfeife. Wird das Spielventil durch Loslassen der Taste

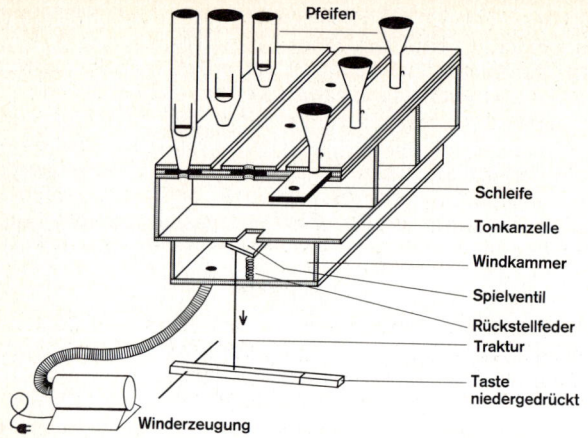

Pfeifen

Schleife
Tonkanzelle
Windkammer
Spielventil
Rückstellfeder
Traktur
Taste niedergedrückt

Winderzeugung

geschlossen, so wird augenblicklich die Luftzufuhr zu den Pfeifen unterbrochen.

Damit nicht immer alle Pfeifen auf der Kanzelle ertönen, gibt es eine Einrichtung, mit der man die Luftzufuhr zu einzelnen Pfeifen unterbrechen kann. Bei herausgezogener »Schleife« ist der Luftdurchgang von der Tonkanzelle zu der entsprechenden Pfeifenreihe unterbrochen. Bei der gezeigten Anordnung klingt also nur die linke Pfeifenreihe. Eine Reihe gleichartiger Pfeifen heißt Register.

Nach diesem Überblick über das Prinzip der Orgel folgen Erläuterungen zu den einzelnen Funktionsgruppen:

Der *Spieltisch* ist das zentrale Schaltwerk der Orgel. Wichtigster Bestandteil sind die »Manuale«. Manuale werden die Klaviaturen, die Tastenreihen, genannt. Während ein Klavier immer nur eine Klaviatur (ein Manual) hat, haben schon kleine Orgeln zwei, mittlere Orgeln drei oder vier, sehr große Orgeln fünf, nur ganz selten noch mehr Manuale. Weiterhin gibt es eine Tastenreihe für das Spiel mit den Füßen, das sogenannte »Pedal«, mit großen Fußtasten. Links und rechts der Manuale zeigt die Abbildung eine größere Anzahl von Bedienungselementen, das können entweder Wipptasten oder Knöpfe zum Herausziehen sein. Sie sind für die Anwahl der Register da. Außerdem gibt es die Möglichkeit, Manuale miteinander zu verkoppeln und bestimmte Registerkombinationen vorzuwählen, die dann gemeinsam mit einem Knopfdruck eingeschaltet werden und vieles mehr.

Die Weiterleitung der Schaltbefehle vom Spieltisch zu den Ventilen, die die Luft zu den Pfeifen freigeben oder die Register einschalten, ist die *Traktur*. Es gibt heute drei verschiedene Traktursysteme; sie können auch kombiniert werden:

Spieltisch einer großen Orgel

1. Mechanische Traktur: Alle Schaltbefehle des Spieltisches werden rein mechanisch übertragen. Diese Traktur wurde bis vor etwa hundert Jahren ausschließlich angewendet. Heute ist sie bei Orgelneubauten wieder vielfach die Norm. Sie wird als das beste Traktursystem anerkannt, da sie über den Tastenanschlag einen Einfluß auf die Tongebung ermöglicht. Bei sehr großen Orgeln oder bei zu großem Abstand des Spieltischs von den Pfeifen ist diese Traktur nicht mehr anwendbar.
2. Pneumatische Traktur: Die Schaltbefehle des Spieltisches werden über ein Röhrensystem pneumatisch, also durch Druckluft, übertragen. Sie erlaubt keinen Einfluß auf die Tongebung und verursacht zwischen Anschlag und Toneinsatz eine unter Umständen störende Verzögerung. Diese Traktur ist auch bei sehr großen Orgeln anwendbar.
3. Elektrische Traktur: Die Schaltbefehle des Spieltischs werden rein elektrisch übertragen. Auch bei dieser Traktur kann der Organist beim Anschlag keinen Einfluß auf die Tongebung nehmen. Orgelgröße und Standort des Orgeltisches spielen bei dieser Traktur keine Rolle.

Die Registerschaltungen erfolgen bei allen modernen Orgeln elektrisch. Dies ermöglicht nicht nur ein rasches Einschalten der Register, sondern auch ein elektronisch arbeitendes Vorwahlsystem.

Das *Pfeifenwerk* umfaßt auch bei einer kleinen Orgel schon zehn bis fünfundzwanzig Register, bei einer großen Orgel hundert und mehr. Jeweils eine Gruppe von Registern ist dabei einem Manual bzw. dem Pedal zugeordnet. Die Gesamtheit der Register, die einem bestimmten Manual zugeordnet sind, nennt man »Werk«. Bei den »klassischen« Orgeln, worunter vor allem die deutschen Orgeln aus dem 17. und 18. Jahrhundert verstanden werden, sind die Werke ausgewogene Zusammenstellungen (»Dispositionen«) aus den verschiedensten Pfeifentypen; sie sind räumlich zusammengefaßt. Auch heute werden den Manualen in ihrer Klangfarbe vielfach wandelbare Werke zugeordnet. In einer Orgel können folgende Werke enthalten sein: Hauptwerk, Brustwerk, Oberwerk, Rückpositiv, Pedaltürme, Schwellwerk, Fernwerk.

Schwellwerk, Rückpositiv, Fernwerk und Pedaltürme sind Werke mit besonderen Eigenschaften. Das Schwellwerk ist eigentlich ein ganz normales Werk, aber es befindet sich in einem Kasten mit einer jalousieartigen Vorderfront, deren Lamellen mit einem Pedal geöffnet und geschlossen werden können. Dadurch kann die Lautstärke kontinuierlich gesteigert oder vermindert werden. Diese Einrichtung hat sich vor allem bei den Orgeln des 19. Jahrhunderts durchgesetzt.

Das Rückpositiv ist von dem Gesamtwerk der Orgel räumlich getrennt. Es steht meist im Rücken des Organisten an der Brüstung der Orgelempore. Auch Fernwerke, die irgendwo im Kirchenraum stehen können, werden von der Orgel aus gespielt.

Die Pedalwerke haben die größten Pfeifen, Pfeifen bis zu 10 m Länge und 50 cm Durchmesser. Die langen Pfeifen des Pedals werden oft zu zwei »Pedaltürmen« zusammengefaßt, die dann zum Beispiel links und rechts von den anderen Orgelwerken stehen. Die Pfeifen werden den beiden Türmen nach akustischen und optischen Gesichtspunkten zugeordnet, so daß eine Melodie »hin- und herspringt«,

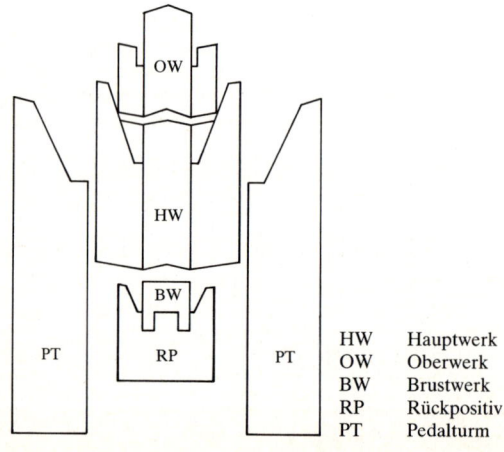

HW	Hauptwerk
OW	Oberwerk
BW	Brustwerk
RP	Rückpositiv
PT	Pedalturm

wenn sie mit diesen Pfeifen gespielt wird. Auch bei anderen Werken kann es ein solches Springen geben, aber bei den Pedaltürmen hört man es besonders deutlich.

Die Vielfältigkeit des Orgelklangs kommt von der Vielfältigkeit der *Orgelpfeifen*. Es gibt zwei in der Art der Tonerregung unterschiedliche Pfeifentypen: Lippenpfeifen, auch Labialpfeifen genannt; Zungenpfeifen, auch Lingualpfeifen, Rohr- oder Schnarrwerk genannt.

Die Tonerzeugung der *Lippenpfeifen* entspricht derjenigen der Flöten; ein Luftblatt pendelt also um eine Schneide. Die Lippenpfeifen können zylindrisch, konisch oder umgekehrt konisch sein. Das Pfeifenende kann offen oder gedeckt sein. Weite, mittlere oder enge Mensur ist möglich. Als Material werden Metallegierungen und Holz verwendet. Rund 90 Prozent der Pfeifen einer Orgel sind in der Regel Lippenpfeifen. Allerdings gibt es davon auch erhebliche Abweichungen; es gibt Orgeln, die nur Lippenpfeifen haben, insbesondere kleine Orgeln; es gibt aber auch Kleinorgeln mit nur Zungenpfeifen, die heißen dann Regal.

Die Anzahl der verschiedenen Lippenpfeifen ist sehr groß. Jeder Pfeifentyp, also jedes Register, hat seinen eigenen Namen, zum Beispiel Prinzipal (1), Flöte (2), Gambe (3), Spitzflöte (4), Koppelflöte (5), Trichterflöte (6), Quintaden (7), Gedackt (8), Rohrflöte (9), Spitzgedackt (10), Holzprinzipal (11), Holzgedackt (12). Oft haben Lippenpfeifen also einen Namen, der mit -flöte zusammengesetzt ist.

Die Tonerregung der *Zungenpfeifen* entspricht etwa derjenigen der Klarinetten. Allerdings ist die schwingende Zunge aus Metall und bestimmt mit ihrer Resonanz die Tonhöhe. Das Resonanzrohr beeinflußt nur die Klangfarbe. Der Klangcharakter der Zungenpfeifen ist – verglichen mit den Lippenpfeifen – scharf. Der Klang setzt sofort voll ein. Die Zungenpfeifen bilden einen deutlichen klanglichen Gegensatz zu den Lippenpfeifen.

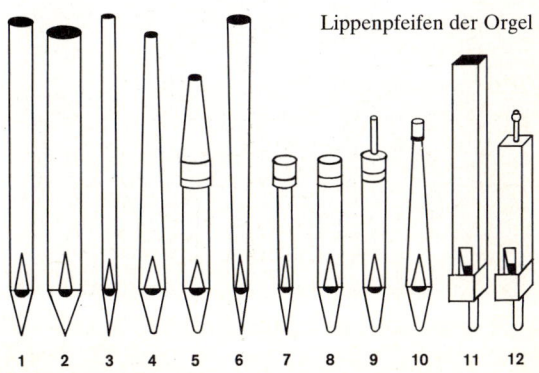

Lippenpfeifen der Orgel

1 2 3 4 5 6 7 8 9 10 11 12

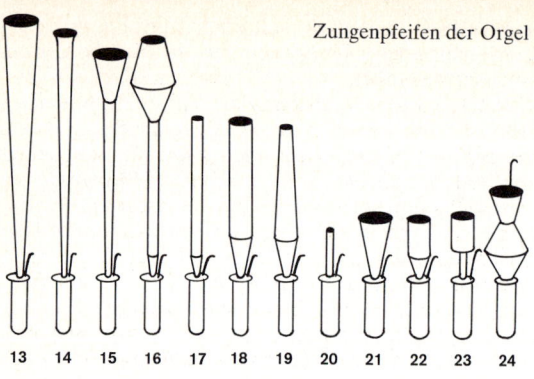

Zungenpfeifen der Orgel

13 14 15 16 17 18 19 20 21 22 23 24

Orgel der Kirche St. Andreas in Hildesheim, erbaut 1966 von Rudolf von Beckerat

Die Namen der Zungenpfeifen und ihr Klangcharakter entsprechen meist Blasinstrumenten mit Rohrblatt oder Blechblasinstrumenten. Die Pfeifenformen können ganz abenteuerlich sein.

Und hier sind noch einige Namen von Zungenregistern: Trompete (13), Schalmei (14), Oboe (15), Englisch Horn (16), Krummhorn (17), Dulzian (18), Musette (19), Geigenregal (20), Trompetenregal (21), Vox humana (22), Rankett (23), Bärpfeife (24).

Die Abbildung auf Seite 170 zeigt eine moderne Orgel. Bei der Gestaltung des Orgelprospekts – das sind die sichtbaren Orgelpfeifen mit dem Orgelgehäuse – herrscht weitgehend künstlerische Freiheit. Trotzdem ist auch bei modernen Orgeln die Zusammenfassung verschiedener Register zu einzelnen Werken sichtbar.

Dieses »Werkprinzip« der Orgel, das auch im Prospekt sichtbar wird, findet sich besonders bei historischen Orgeln, aber auch bei modernen Orgeln.

Positiv

Eine kleine, transportable Orgel ist das Orgelpositiv oder *Positiv*. Es wird bevorzugt bei Aufführungen von Barockmusik zur Ausführung des Generalbasses verwendet. Meist verfügt das Instrument nur über Lippenpfeifen. Es ist im allgemeinen einmanualig, vielfach ohne Pedal.

7.1.6 E-Orgel

Elektronische Orgeln (E-Orgeln) gibt es in einer solchen Vielfalt von Funktionsprinzipien, Ausstattungen und Qualitätsunterschieden, daß es kaum möglich ist, das Musikinstrument Elektronische Orgel zu beschreiben. Ausgangspunkt der Entwicklung Elektronischer Orgeln waren mechanisch-elektrische Systeme zur Erzeugung elektrischer Schwingungen, die dann über Lautsprecher abgestrahlt wurden. Als

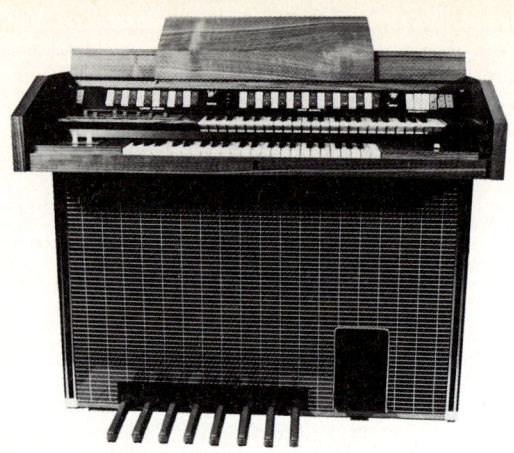

Elektronische Orgel

Schwingungserzeuger mechanisch erzeugter Schwingungen dienen schwingende Saiten und Zungen sowie rotierende Zahnscheiben. Die Umwandlung in elektrische Signale erfolgt elektromagnetisch, elektrostatisch, elektroakustisch oder elektrooptisch. Beim Neo-Bechstein-Flügel z.B. wird eine Saitenschwingung elektromagnetisch abgenommen, beim Elektrochord elektrostatisch. Das Elektronium wandelt Zungenschwingungen elektromagnetisch um, die Wurlitzer-Orgel elektrostatisch, das Ranger-Harmonium elektrooptisch. Die Induktionswirkung einer rotierenden, magnetischen Zahnscheibe benutzt die Hammond-Orgel. Der legendäre Klang der Hammond-Orgel – inzwischen elektronisch erzeugt – ist noch bei den heutigen Orgeln ein wichtiges Klangkriterium.

Bei den Instrumenten mit rein elektronischer Klangerzeugung gibt es vier Grundtypen: der additive, der selektive, der reproduzierende und der synthetisierende Typ. Beim additiven Typ werden die Amplituden der einzelnen Teiltöne für alle Töne des Manuals gleichzeitig eingestellt, die Obertonstruktur läuft mit der Tonhöhe des Grundtons mit. Formanten sind also nicht einstellbar. Im Gegensatz dazu geht der selektive Typ von einer obertonreichen (meist Sägezahn- und Rechteck-)Schwingung aus, deren Obertonstruktur durch verschiedene Filter variiert wird. Dadurch entstehen Formanten, ähnlich den Formanten der nichtelektronischen Musikinstrumente. Es gibt auch Kombinationen von additivem und selektivem Typ. Bei den reproduzierenden Instrumenten stehen auf Bandschleifen (Mellotron) oder in digitalen Festspeichern echte Instrumentenaufnahmen auf Abruf durch Tastendruck zur Verfügung.

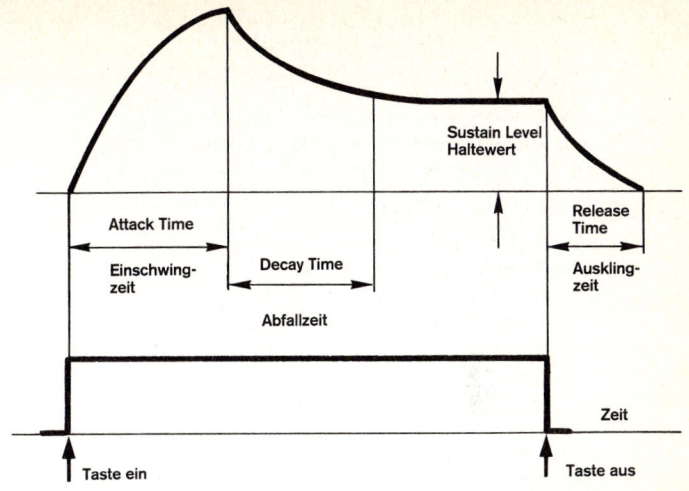

Neben der Klangfarbe kann das Ein- und Ausschwingverhalten beeinflußt werden; die meistbenutzten englischen Bezeichnungen können der Abbildung entnommen werden.

7.1.7 Synthesizer
Der Synthesizer stellt ein elektronisches Musikinstrument mit fast unbegrenzten Möglichkeiten zur Erzeugung synthetischer Klänge dar. Er besteht aus mehreren Frequenzgeneratoren, Rauschgeneratoren sowie Modulatoren (Konturgeneratoren), die vorwiegend die Amplituden der Klänge beeinflussen (Ein- und Ausschwingvorgänge, Tremolo, Vibrato usw.). Hinzu kommen in weiten Grenzen veränderbare Filter und eine Mischeinrichtung. Alle Generatoren und Filter können durch Gleichspannungen gesteuert werden, eine Erfindung von Robert A. Moog, die 1964 zur Konstruktion des ersten Synthesizers führte. So kann eine Gleichspannung z.B. die Frequenz eines Generators oder die Frequenzlage eines Filters steuern, aber auch den zeitlichen Verlauf der Hüllkurve oder der Filtereinstellung. Weiterhin können sowohl die internen Tonquellen als auch beliebige externe Tonquellen (z.B. Gesang über ein Mikrofon) an frequenzabhängige Gleichrichter (Diskriminatoren) angeschlossen werden, deren in Abhängigkeit von der eingespeisten Frequenz variierend abgegebene Gleichspannung wieder zur Steuerung von Generatoren und Modulatoren herangezogen werden kann.

Dieser »klassische« analoge Synthesizer ist eigentlich ein Klangbaukasten, aus dem das Instrument erst aufgebaut werden muß; die Module müssen erst miteinander verbunden werden in der Weise, wie es der Musiker wünscht. Natürlich gibt es auch »spielfertige« Instrumente, das sind in erster Linie die kleineren.

Die Digitaltechnik hat auch den Musiksynthesizer völlig umgekrempelt. Das Gleichspannungssteuerprinzip des analogen Instruments gibt es nicht mehr. Der Klang bzw. die Schwingungsformen werden durch ein Programm hergestellt, durch Software; sie macht einen Computer im Grunde zum Synthesizer.

Ähnlich wie bei den Orgeln gibt es Synthesizer in großer Typen- und Qualitätsvielfalt. Durch vorprogrammierte Klangkombinationen ist eine genaue Unterscheidung von Orgeln und Synthesizern nicht immer möglich. Eine gewisse Orientierung kann die folgende Einteilung bringen:

1. *Monophoner Synthesizer*: Bei den ersten auf den Markt gebrachten Synthesizern und bei einfachen Modellen kann jeweils nur eine Taste gespielt werden. Ein solcher Synthesizer wird vorwiegend für Soli oder einzelne Effekte eingesetzt, mehrstimmiges Spiel ist nur mit der Playback-Aufnahmetechnik möglich. Duophone Synthesizer bieten die Möglichkeit, zwei Stimmen gleichzeitig zu spielen.

2. *Polyphoner Synthesizer*: Im allgemeinen spricht man bei mindestens vierstimmig spielbaren Synthesizern von polyphonen Instrumenten. Vollpolyphon ist ein Instrument dann, wenn gleichzeitig alle Tasten spielbar sind; hierbei gehört zu jeder Taste ein kompletter Synthesizer als Grundbaustein. Im allgemeinen ist eine Anzahl vorprogrammierter Klänge vorhanden (Presets).

3. *Presetsynthesizer*: Bei diesem vollpolyphonen Synthesizertyp sind nur bestimmte Klänge wie Streicher, Bläser oder Chor als Originalklang oder synthetisch fest einprogrammiert und können vom Spieler noch klanglich verändert werden. Große polyphone Synthesizer haben ebenfalls eine mehr oder weniger große Anzahl fest gespeicherter Instrumentenklänge.

4. *Modulsynthesizer*: Diese Synthesizer bestehen aus einzelnen Modulen, die baukastenartig zusammengestellt werden können.

5. *Digitalsynthesizer*: Bei diesen Instrumenten ist die analoge Technik durch eine digitale Signalverarbeitung ersetzt. Ein Rechner übernimmt die Klangerzeugung und Klangsteuerung. Umfangreiche Programmierungsmöglichkeiten, die mit Hilfe einer alphanumerischen Tastatur ausgeführt werden, und die digitalen Speichermöglichkeiten eröffnen dem Musiker fast unbegrenzte Möglichkeiten der Klanggestaltung. Durch die Speicherung kann das Musizieren in Echtzeit durch eine bis in alle Einzelheiten gehende Programmierung ersetzt werden; manuelle Fertigkeit, die Voraussetzung des Spiels konventioneller Musikinstrumente einschließlich des Synthesizers, erfordert der Digitalsynthesizer nicht mehr, wohl aber umfangreiche Kenntnisse der musikalischen Akustik und entsprechende Klangerfahrung. Je nach Ausstattung können natürli-

Analoger Synthesizer (6stimmig) mit zentraler digitaler Bedienung

che Klänge erfaßt (Sampling) und verarbeitet werden, können Schwingungsformen mit dem Lichtgriffel auf einem Bildschirm entworfen werden, ist auch eine Ausgabe der Komposition in Notenschrift möglich, sind feste Instrumentenklänge im Originalton abgespeichert.

Zur Steuerung der Synthesizer und anderer elektrischer Musikinstrumente wurde neben firmenspezifischen Codes ein allgemeiner Steuercode geschaffen, das sogenannte MIDI (Musical Instrument Digital Interface).

7.2 Historische Tasteninstrumente

Aus heutiger Sicht bilden die Tasteninstrumente keine solch geschlossene Instrumentenfamilie, wie sie es tatsächlich bis ins 18. Jahrhundert war. Bis etwa 1750 bedeutete Klavier ganz allgemein Tasteninstrument, jegliche Klaviermusik war selbstverständlich für alle Tasteninstrumente gedacht. Zwischen 1750 und 1800 bezeichnete Klavier in Deutschland im allgemeinen das Clavichord, danach den Hammerflügel und in neuerer Zeit endlich das Pianino.

Tasteninstrumente mit Saiten, also Saitenklaviere, und Tasteninstrumente mit Pfeifen, also Orgeln, sind die beiden Hauptgruppen. Daneben gibt es aber auch Klaviere mit Glocken, Glasschalen oder Stäben.

Heute werden die besaiteten historischen Klavierinstrumente in drei Gruppen eingeteilt:

Clavichorde,
Kielinstrumente (Cembalo, Spinett, Virginal),
Klaviere (also Hammerklaviere im engeren Sinne).

Hauptinstrument der »Pfeifenklaviere« ist die Orgel, zugleich auch ältestes Tasteninstrument überhaupt. Der Tastenmechanismus der Orgel wurde bereits im Altertum erfunden. Neben der »großen Orgel« gibt es verschiedene Typen von »kleinen Orgeln«, das Regal, das Positiv und das Portativ.

Die Vielfalt der Typen historischer Tasteninstrumente hat gerade um 1800 abgenommen:

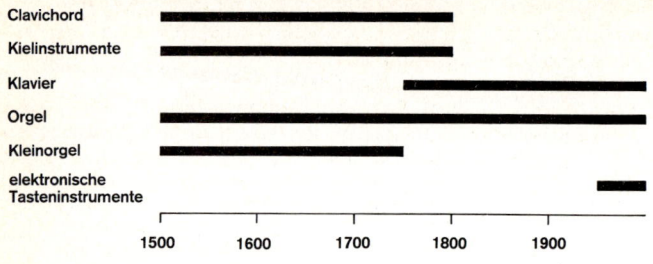

Blütezeiten der Tasteninstrumente

Die historische Aufführungspraxis hat sich den historischen Tasteninstrumenten mit besonderer Sorgfalt zugewandt. So gibt es heute eine beachtliche Zahl von Werkstätten, die Tasteninstrumente in historischer Bauweise herstellen; für Konzerte und Aufnahmen steht auch eine ausreichende Zahl restaurierter alter Instrumente zur Verfügung.

Bei den Tasteninstrumenten ist jeder Taste ein bestimmter Ton zugeordnet, der vom Spieler nicht in seiner Tonhöhe beeinflußt werden kann, nur das Clavichord macht hier eine Ausnahme. Bei fast allen anderen Instrumenten kann der Musiker auf die genaue *Einstimmung* der einzelnen Töne während des Spielens mehr oder weniger Einfluß nehmen, die gespielte Tonhöhe wird Teil der musikalischen Interpretation. Die Tasteninstrumente werden vor dem Spielen eingestimmt, die Tonhöhe ist während des Spielens nicht mehr zu beeinflussen. So stellt sich die Frage, welche genauen Tonhöhen die einzelnen Töne erhalten sollen, hier als Grundsatzfrage. In ihrer Beantwortung steckt bereits historische Aufführungspraxis. Die Instrumente sind zu verschiedenen Zeiten verschieden gestimmt worden. In der Zeit zwischen 1500 und 1800 sind gut zwei Dutzend Stimmungen vorgeschlagen worden, durchgesetzt haben sich aber nur ganz wenige. Der Grund, warum soviel über Stimmungen diskutiert werden mußte, liegt ganz einfach darin, daß man einerseits möglichst viele Intervalle rein, d.h. wohlklingend stimmen wollte, daß es aber andererseits aus mathematisch-akustischen Gründen unmöglich ist, alle Intervalle rein zu stimmen. So war das Problem des Stimmens stets ein Suchen nach einem optimalen Kompromiß, und einen solchen gibt es offensichtlich nicht. Der musikalische Ausdruck für Kompromiß ist die »Temperatur«. Zwei Temperaturen wurden im wesentlichen verwendet:

die mitteltönige Temperatur bis gegen 1700,
die gleichschwebende Temperatur seit dem 18. Jahrhundert.

Die *mitteltönige Temperatur* ist dadurch gekennzeichnet, daß die Tonarten mit wenigen Vorzeichen Intervalle von Reinheit und Klangschönheit besitzen. Tonarten mit mehreren Vorzeichen sind durch mehr oder weniger große Unreinheiten charakterisiert, manche Tonarten, wie z.B. *H*-dur, klingen völlig verstimmt, sind mithin nicht spielbar. Berüchtigt ist die sogenannte Wolfsquinte *gis/as – es'*, die geradezu exotisch klingt. Die Kompositionen bis um 1700 nehmen auf diese Stimmung Rücksicht, ja sie bauen auf dem unterschiedlichen Klangcharakter der Tonarten auf. Denn die verschiedenen Tonarten sind in dieser Temperatur nicht einfach höher oder niedriger in ihrer Tonlage – wie in der heute gebräuchlichen gleichschwebenden Temperatur –, sondern sie sind individuell geprägt durch unterschiedliche Klangreinheit.

Im *18. Jahrhundert* vollzieht sich der Übergang von der mitteltönigen zu der gleichschwebenden Temperatur. Dabei sind verschiedene Kompromisse zwischen beiden Systemen in Gebrauch gewesen. Das bekannteste ist die sogenannte »Kirnberger III-Temperatur«, die auch Johann Sebastian Bach bevorzugt haben soll.

Die *gleichschwebende Temperatur* war zwar im 16. Jahrhundert bekannt, setzte sich aber erst im Laufe des ausgehenden 18. Jahrhunderts durch und bildet zweifellos die Voraussetzung für die musikalische Entwicklung bis ins 20. Jahrhundert. Bei dieser Temperatur werden alle Intervalle als Vielfache eines definierten Halbtons festgelegt; einige Intervalle werden dadurch relativ rein, andere zu groß oder zu klein. Im Unterschied zur mitteltönigen Temperatur klingen hier aber alle Tonarten gleich, nur höher oder tiefer. Wenn auch gegenüber der mitteltönigen Temperatur die Tonartencharakteristik verlorengegangen ist, so bietet sich nun die Möglichkeit, von einer Tonart zur anderen hinüberzuwechseln und so neue musikalische Ausdrucksmittel zu schaffen.

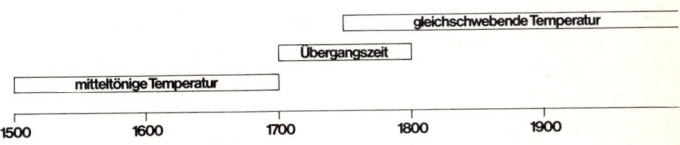

Temperaturen

Nicht nur die relative Tonhöhe der einzelnen Töne zueinander, auch die absolute Tonhöhe ist historischen Veränderungen unterworfen. Die absolute Tonhöhe war nicht einheitlich, sie war sogar von Ort zu Ort verschieden, im allgemeinen aber tiefer als heute. »Alte Stimmung« bedeutet heute, daß der Kammerton 415 Hz anstatt 440–445 Hz hat.

177

7.2.1 Kielinstrumente

Die Kielinstrumente haben ihren Namen von den Federkielen, die die Saiten anreißen, wenn man eine Taste niederdrückt. Die *Mechanik* der Kielinstrumente ist – verglichen mit der Mechanik des Hammerklaviers moderner Bauart – sehr einfach. Auf dem hinteren Ende der Taste steht der Springer (Docke) mit der beweglichen Zunge, aus der der Kiel herausragt. Wird die Taste gedrückt, so reißt der Kiel die Saite an, die Saite kann jetzt frei schwingen. Wird die Taste losgelassen, so fällt der Springer in seine ursprüngliche Lage, die Zunge weicht dabei zurück, und der Filz am oberen Springerende legt sich auf die Saite und dämpft sie ab. In Ruhestellung hängt der Springer also an seiner Saite und hat keine Berührung mit der Taste.

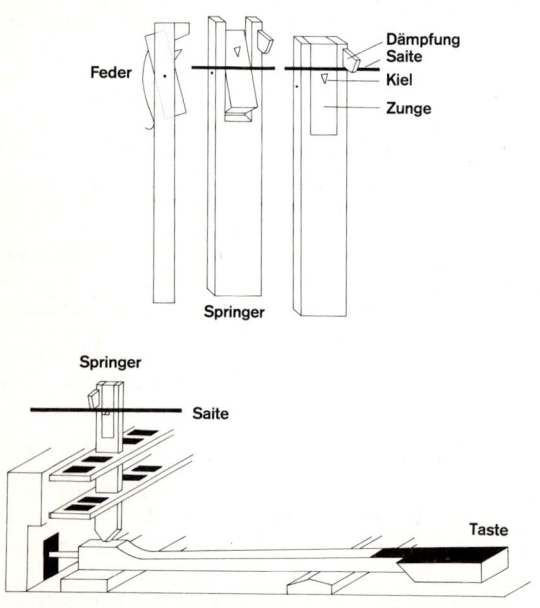

Mechanik der Kielinstrumente

Die historischen Cembali hatten als Kiele die Federkiele von Raben, gelegentlich sind auch mit Leder überzogene Holzkiele zu finden. Rabenkiele sind heute nur schwer zu bekommen, sie nützen sich zudem zu schnell ab; so geht man zu speziellen Kunststoffkielen über, die klanglich praktisch dasselbe Ergebnis liefern. Lederkiele finden sich gelegentlich als besondere Soloregister in einigen französischen Cembali des 18. Jahrhunderts, teils aber auch bei modernen Cembali.

Kielinstrumente gibt es in vier verschiedenen *Bauformen*:

Cembalo,
Clavicytherium, ein senkrecht stehendes Cembalo,
Virginal mit rechteckigem Resonanzkörper,
Spinett mit dreieckigem, fünf- oder sechseckigem Resonanzkörper.

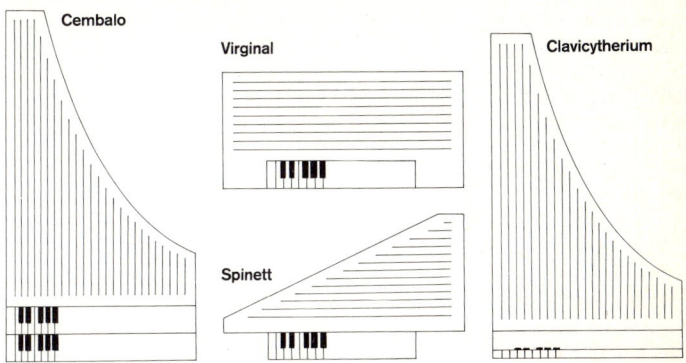

Bauformen der Kielinstrumente

Die heute einheitlich gebrauchten Namen der Bauformen konnten
sich erst gegen 1700 durchsetzen, vorher sind sie unterschiedlich bezeichnet. Virginal bedeutete z.B. in England jede Art von Kielinstru-
ment für den häuslichen Gebrauch. Das Cembalo hieß im 18. Jahrhundert in Deutschland vielfach »Flügel« oder »Clavier«; letzteres
bedeutete aber meist Clavichord. »Instrument« nennt Michael Praetorius um 1600 Virginal und Spinett. Das Cembalo ist zweifellos die

F. Bonanni, Gabinetto Armonico, 1723

Hauptform der Kielinstrumente. Die beiden kleinen Formen wurden gerade im 16. und 17. Jahrhundert beim häuslichen Musizieren viel verwendet. Das Clavicytherium, das »cembalo verticale«, wie es in Italien hieß, ist eine seltenere Bauform. Klein- und Kleinstspinette sind oft in Nähkästchen und dergleichen eingebaut, sie stehen eine Oktave höher und werden deshalb als Oktavspinette bezeichnet. Die Kielinstrumente werden entweder auf einen Tisch gelegt oder haben ein separates Fußgestell, das – wie das Instrument – den jeweiligen Möbelstil aufnimmt.

Während beim Spinett und Virginal jeder Taste nur eine Saite zugeordnet ist, können beim Cembalo mit jeder Taste oft zwei, ja sogar drei Saiten gleichzeitig gespielt werden. Man sagt dann, das Cembalo hat zwei oder drei Register. Sie können sich in Klangfarbe, Tonstärke und Tonhöhe unterscheiden. Gerade in der späteren Zeit des Cembalobaus, also im 18. Jahrhundert, werden oft zweimanualige Instrumente gebaut, obwohl es vergleichsweise wenige Kompositionen gibt, die tatsächlich ein zweimanualiges Instrument erfordern.

Zur Kennzeichnung der verschiedenen *Register* werden die Begriffe 8′ (»Achtfuß«), 4′ (»Vierfuß«) und 16′ (»Sechzehnfuß«) verwendet. Nur beim 8′ erklingt die notierte Tonhöhe, beim 4′ eine Oktave höher, beim 16′ eine Oktave tiefer. Diese Bezeichnungen der Register stammen von der Orgel, sie geben da die Länge der offenen Lippenpfeife in Fuß (8 × 0,30 m = 2,40 m) für den Ton *C* an. Der 16′ kommt beim historischen Cembalo nur in der Zeit gegen 1800 vor, aber auch da sehr selten. Die Zusammenstellung der Register eines Instruments heißt Disposition.

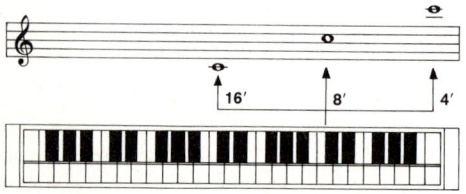

Fußtonlagen

Die *Geschichte des Cembalobaus* beginnt um 1500 und endet zunächst um 1800. In dieser Zeit werden Instrumente mit ganz unterschiedlichen Klangeigenschaften gebaut, die sich aus verschiedenen musikalischen Anforderungen heraus entwickeln. Das 19. Jahrhundert verwendet und baut so gut wie keine Cembali. Um 1900 beginnt die Epoche des modernen Cembalobaus, die zwar von dem Willen gekennzeichnet ist, das alte Instrument aus dem neuen Interesse an alter Musik heraus wieder zur Verfügung zu haben, andererseits aber von einem Fortschrittsglauben im Instrumentenbau getragen ist, der zu einer Neukonstruktion des Cembalos führt. Dieses neue Cembalo zeigt die Merkmale des modernen Flügelbaus. Das Instrument erhält seine Stabilität durch ein massives Balkenwerk, den sogenannten Rasten, einen dicken, wenig schwingungsfähigen, auch von unten her offenen Resonanzboden und durch unhistorische Dispositionen, die dem Cembalo wenigstens teilweise die dynamischen Möglichkeiten des modernen Konzertflügels geben sollen. Erreicht wird eine gute Stimmhaltung und eine zuverlässige Mechanik. Aufgegeben wird die Klangeigenart der alten Instrumente, die einen grundtönigeren Klang haben, der auch im Ensemble zu erkennen ist, während von den modernen Instrumenten im Zusammenspiel oft nur ein Zirpen übrig bleibt, aus dem nur schwer die musikalische Struktur zu hören ist. Der heutige Cembalobau ist durch die Hinwendung zu Kopien der alten Instrumente gekennzeichnet.

Das 16. bis 18. Jahrhundert hat klanglich und konstruktiv verschiedene Instrumente hervorgebracht. Die Zentren des Cembalobaus sind auf ganz Europa verteilt, so daß man geradezu von einer Geographie des Cembalobaus, von Cembalolandschaften, sprechen kann. Aus der ganzen Vielfalt der Cembalogeschichte heben sich vor 1700 besonders zwei Zentren heraus: Oberitalien und Antwerpen. Das italienische Cembalo ist im wesentlichen im 16. Jahrhundert entwickelt und wird in dieser Form bis etwa 1800 gebaut. Der nordeuropäische Cembalobau entwickelt gegen 1600 in Antwerpen einen klanglich und konstruktiv anderen Typus, der während des 17. Jahrhunderts weiter gebaut wird. Im 18. Jahrhundert schließlich wird dieses flämische Cembalo in England, Deutschland und Frankreich den musikalischen Anforderungen des 18. Jahrhunderts angepaßt und in seinen Bauprinzipien weiterentwickelt. Das Spätzeitcembalo – insbesondere in England vor 1800 – erhält seine Eigenart durch die Herausforderung durch das nun aufkommende Hammerklavier.

Die wesentlichen Merkmale des *italienischen* und *flämischen Cembalos* sind: Das italienische Instrument ist extrem leicht gebaut; es erhält seine Stabilität durch die Außenwände, ihre Dicke beträgt dennoch nur etwa 4 mm. Das Bauprinzip erinnert an den Streich- und Zupfinstrumentenbau. Einen Deckel hat es nicht. Das flämische Instrument hat wesentlich stärkere Außenwände, erhält seine Stabilität aber insbesondere noch durch eine verstärkende Balkenkonstruktion innerhalb des Instruments. Das italienische Instrument ist in seiner Bauweise so empfindlich, daß es nach dem Spielen, wie z.B. eine Geige, in einen Kasten gelegt wird. Beide Instrumente haben im Gegensatz zu vielen modernen Cembali einen geschlossenen Resonanzraum.

Die italienischen Instrumente sind meist einfach und funktional gestaltet, aber nicht schmucklos; verziert ist der Aufbewahrungskasten. Die flämischen Instrumente sind bemalt, sie sind innen tapeziert, die Innenseite des Deckels ist oft mit einem Gemälde geschmückt.

Das typische italienische Cembalo hat ein Manual mit zwei sehr ähnlich klingenden 8'-Registern, die gleichzeitig gespielt werden. Das flämische Cembalo ist ebenfalls einmanualig. Die zweimanualigen flämischen Instrumente sind sozusagen pseudozweimanualig, da das zweite Manual den selben Saiten zugeordnet ist, die Tasten sind allerdings um eine Quarte verschoben. Dieses zweite Manual ist also ein reines Transpositionsmanual. Zusätzliche klangliche Möglichkeiten bietet es nicht. Die typisch flämische Disposition ist 8' und 4'. Der Vierfuß kann zu- und abgeschaltet werden, so daß klangliche Differenzierungen möglich sind.

Bei den italienischen Instrumenten spielen einzelne Instrumentenbauer keine solch herausragende Rolle wie in Flandern, viele Instrumente sind unsigniert. Die Instrumente zeigen eine Standardisierung, von der es aber auch eine beträchtliche Anzahl von Abweichungen gibt. Im Gegensatz dazu liegt der flämische Cembalobau drei Generationen lang in Händen der Familie Ruckers. Ruckers-Instrumente hatten schon zu ihrer Zeit und insbesondere im 18. Jahrhundert einen hohen Preis.

Die beiden Cembalotypen sind von unterschiedlichem Klangcharakter. Die italienischen Instrumente haben einen »sprechenden, trockenen« Klang, der noch deutlich an die Zupfinstrumente erinnert. Die Bässe klingen länger und kräftiger als die Höhen, die relativ stumpf sind, ganz wie bei den Lauten. Der Anreißimpuls ist deutlich hörbar. Dieser Klang entspricht den musikalischen Anforderungen,

französisches Cembalo
Kopie nach einem Instrument
von Henri Hemsch, Paris 1754

vorwiegend Begleitinstrument zu sein, Generalbaßinstrument. Demgegenüber ist das flämische Cembalo klanglich ausgewogen, lange nachklingend, singend; Klangziel ist der »schöne« Klang eines Soloinstruments.

Während die italienische Bauweise auf Italien beschränkt bleibt, wird die flämische Bauweise im 18. Jahrhundert in *Frankreich* zu einer Vollkommenheit entwickelt, die diesen Typus zum anerkannt besten Instrument macht. Dabei befassen sich die Pariser Cembalobauer – wieder im wesentlichen eine einzige Werkstatt, die von Blanchet und später Taskin – vor allem mit dem Umbau der Ruckers-Instrumente. Sie erweitern den Tonumfang der Instrumente und erneuern die Mechanik. Weitaus seltener sind die neu gebauten französischen Cembali, die aber in der Ruckers-Tradition bleiben. Das französische Cembalo ist zweimanualig, das untere Manual hat ein 8′- und ein 4′-Register, das obere Manual ein 8′-Register. Alle drei Saitenchöre können mit der Manualkoppel auch vom unteren Manual aus gespielt werden. Eines der 8′-Register kann mit einem Lautenzug gedämpft werden. Mit dieser Disposition können immerhin elf verschiedene Klangfarben eingestellt werden. Schwarze Untertasten und weiße Obertasten kennzeichnen die französischen Instrumente; bei den Flamen war dies umgekehrt.

In *Deutschland* hatte der Cembalobau im 16. und 17. Jahrhundert eine geringere Bedeutung, erst im 18. Jahrhundert waren vor allem in Mittel- und Norddeutschland mehrere Werkstätten damit beschäftigt. Die Instrumente stehen in der französisch-flämischen Tradition, zeigen aber im einzelnen keine Standardisierung eines Cembalotyps. Eine gewisse Experimentierfreudigkeit führt zu der aber immer noch seltenen Verwendung des 16′- und 2′-Registers; das 2′-Register liegt zwei Oktaven über dem 8′. Die wenigen bekannten Instrumente mit 16′ haben im modernen Cembalobau zu einer völlig unhistorischen Verwendung des 16′ bei großen Instrumenten geführt. Deutschland hatte vielleicht nicht dieselbe Bedeutung als Cembalobauzentrum wie Italien, Flandern und Frankreich; aber aus Deutschland stammen immerhin die Brüder Hemsch in Paris und die Familie Kirkman in London, die zu den besten Cembalobauern des 18. Jahrhunderts gehören.

7.2.2 Clavichord

Das Clavichord ist unter den europäischen Musikinstrumenten ein Unikum: Es ist so leise, daß ein Zusammenspielen mit anderen Instrumenten ausgeschlossen ist, nur wenige Hörer, die sich um das Instrument herum versammeln, können es überhaupt vernehmen. So ist das Clavichord ganz ausgesprochen ein Soloinstrument für den privaten Gebrauch. Konstruktiv bei weitem das einfachste Tasteninstrument, ist es – verglichen mit Cembalo und Hammerklavier – billig in der Herstellung und anspruchslos in der Pflege. Diese Eigenschaften machen aus dem Clavichord zunächst ein ideales Übeinstru-

Clavichord, Anfang des 18. Jh.

ment, auch für Organisten, wofür es viele Zeugnisse aus dem 16. bis 18. Jahrhundert gibt.

In seinen klanglich-musikalischen Möglichkeiten ist das Clavichord – nicht das Cembalo – der direkte Vorgänger des Hammerklaviers. Es ist dem Spieler möglich – im Gegensatz zum Cembalo und zur Orgel –, die Dynamik jedes einzelnen Tones zu bestimmen. Das Clavichord öffnet also Dimensionen der interpretatorischen Gestaltung, die es vor dem Hammerklavier sonst bei keinem Tasteninstrument gibt. Selbst nach dem Anschlagen eines Tones besteht noch Kontakt zwischen Saite und Taste, der ein Vibrato oder ein Verziehen der Tonhöhe möglich macht; diese Möglichkeiten kann auch das Hammerklavier nicht bieten.

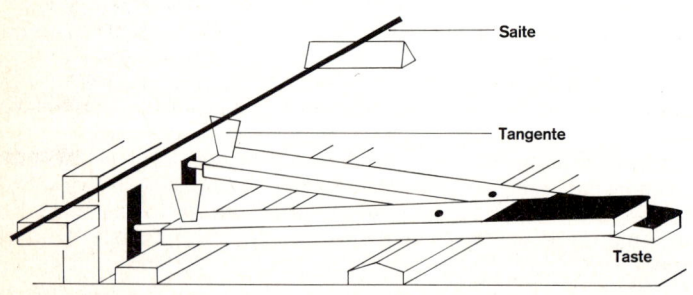

Clavichordmechanik

Die *Mechanik*, die solchen Einfluß auf die Tongestaltung ermöglicht, ist denkbar einfach konstruiert: Auf dem hinteren Tastenende steht eine spatelförmige Messingzunge, die sogenannte Tangente. Wird die Taste gedrückt, so stößt die Tangente gegen die Saite. Die Saite kommt ins Schwingen, und zwar getrennt links und rechts der Tangente. Der vom Spieler aus gesehen linke kürzere Teil der Saite wird aber sofort durch einen Filzstreifen abgedämpft, der durch die Saiten hindurchgewunden ist. Wird die Taste losgelassen, so dämpft dieser Filzstreifen die ganze Saite ab. Eine einfachere Mechanik ist überhaupt nicht denkbar.

Anders als beim Cembalo ist das *Bauprinzip* des Clavichords sowohl geographisch als auch historisch verhältnismäßig einheitlich und ohne Weiterentwicklung. Italien ist im 16. Jahrhundert das Zentrum des Clavichordbaus wie ja auch des Cembalobaus. Im 17. und 18. Jahrhundert liegt das Zentrum dagegen in Deutschland. Größte Anerkennung und Wertschätzung erfährt das Clavichord in der zweiten Hälfte des 18. Jahrhunderts, während der »Zeit der Empfindsamkeit«. Carl Philipp Emanuel Bach, der zweitälteste Sohn Johann Sebastian Bachs, war ein hervorragender Clavichordspieler; er komponierte viele Werke für das Instrument. Um 1800 wurde das Clavichord wie das Cembalo sehr rasch vom Hammerklavier verdrängt.

7.2.3 Hammerklavier

Um 1800 endet die Zeit, deren Klangideal in der Klangfarbendifferenzierung durch Cembalo und Clavichord erfüllt wird. Das Klangideal des 19. Jahrhunderts liegt vielmehr in der Entfaltung einer Klangstärkedifferenzierung, einer großen Dynamik. Das Orchester kommt diesem Klangideal am nächsten, die wesentlichen musikalischen Entwicklungen vollziehen sich deshalb in der Orchestermusik, die Oper eingeschlossen. In dieser Entwicklung hat der statische Cembaloklang ebensowenig Platz wie der hauchzarte Clavichordklang. Der Forderung nach Dynamikentfaltung kann aber das Hammerklavier nachkommen. Es wird neben dem Orchester deshalb auch zum wichtigsten Träger der musikalischen Entwicklung im 19. Jahrhundert. Es hat sich eingebürgert, daß mit dem Wort Hammerklavier die historischen Instrumente bis etwa 1850 bezeichnet werden, während mit Flügel oder Klavier die späteren Instrumente gemeint sind.

Das Hammerklavier übernimmt die klanglichen, musikalischen und sozialen Funktionen von Clavichord und Cembalo, es wird sowohl zum Mittelpunkt des häuslichen Musizierens als auch zum beliebtesten Konzert- und Virtuoseninstrument. Interessant ist, daß das Hammerklavier zwar gleich nach 1700 erfunden wurde, aber erst in der zweiten Jahrhunderthälfte entsteht ein musikalischer Bedarf nach einem solchen Instrument. Auch vor 1700 gibt es zahlreiche Zeugnisse für Ideen zu einem Hammerklavier, aber ein Interesse daran bestand offenbar nicht. Schon das erste Hammerklavier – 1709 von dem italienischen Cembalobauer Bartolomeo Cristofori gebaut – zeigt eine bemerkenswerte Perfektion.

Das Hammerklavier wird zunächst wie ein Cembalo gebaut, statt der Anreißmechanik wird eine *Anschlagmechanik* verwendet. Ein Hämmerchen trifft die Saite und prallt sofort wieder von ihr ab. Zwei verschiedene Mechaniken sind dabei entwickelt worden und bis zu Beginn unseres Jahrhunderts nebeneinander in Gebrauch geblieben:

die Deutsche oder Wiener Mechanik, aus der einfachen Prellmechanik entwickelt,
die Englische Mechanik, aus der einfachen Stoßmechanik entwickelt.

Die *Deutsche Mechanik* wurde um 1770 in Augsburg von Johann Andreas Stein erfunden; 1794 zog Steins Werkstätte nach Wien um, daher die gängigere Bezeichnung *Wiener Mechanik*. Ihre Kennzeichen sind Leichtigkeit des Anschlags, Klanghelligkeit, aber nur mäßige Lautstärkedynamik. Das Hammerklavier mit Wiener Mechanik ist das Instrument der Mozartzeit, das klanglich dem Cembalo und Clavichord noch nahesteht. Obwohl die Wiener Mechanik noch bis ins 20. Jahrhundert gebaut wird, geht ihre eigentliche Zeit um 1800 bereits zu Ende. Die Beethovenzeit, ihr voran Beethoven selbst, bevorzugt die *Englische Mechanik*, die dem Klangideal des 19. Jahrhunderts mehr entgegenkommt, da sie größere Dynamik und Klangfülle ermöglicht und in ihrer Weiterentwicklung in Paris durch Sébastien Erard erst das virtuose Spiel der Folgezeit ermöglicht. Heute wird für moderne Instrumente nur noch die Englische Mechanik verwendet.

Bei der Wiener Mechanik trägt die Taste selbst den Hammer, der deshalb leicht sein muß und so dem Klangvolumen Grenzen setzt. Im

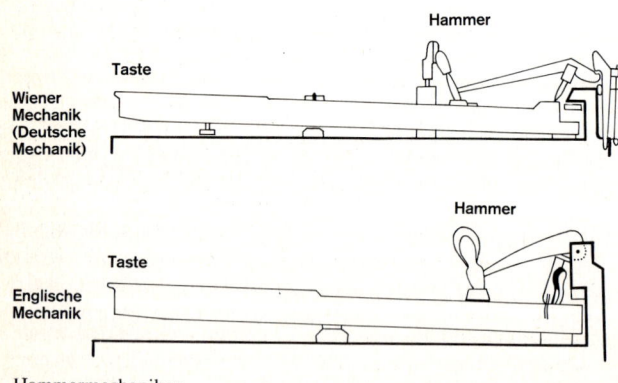

Hammermechaniken

Gegensatz dazu ist bei der Englischen Mechanik der Hammer von der Taste getrennt, er kann schwerer werden und damit größere Kraft auf die Saite übertragen.

Eine moderne Englische Mechanik hat für den laienhaften Betrachter mit der einfachsten Form dieser Mechanik nichts mehr gemeinsam. Ein kompliziertes Kraftübertragungssystem sorgt u. a. dafür, daß der Anschlag sich schnell wiederholen läßt, daß der Hammer nicht mehrfach gegen die Saite prallt, daß auch Nuancen im Anschlag zuverlässig in Nuancen der Dynamik umgesetzt werden.

Das Hammerklavier wurde wie die Kielinstrumente in einer ganzen Reihe von *Bauformen* hergestellt, die sich aus den Bauformen der Kielinstrumente unmittelbar ableiten lassen:

aus dem Cembalo:	Flügel Das erste Hammerklavier, Cristoforis Instrument von 1709, war ein Flügel. Noch heute sind Flügel die klanglich und mechanisch besten Instrumente und darum auch die Konzertinstrumente.
aus dem Virginal und Clavichord:	Tafelklavier Seit der Mitte des 18. Jahrhunderts und bis weit in das 19. Jahrhundert hinein wird dieses tischartige Instrument gebaut. Ausgehend von der zerbrechlichen Konstruktion des Clavichords wird es immer größer und stabiler, bleibt aber klanglich hinter dem Flügel zurück.
aus dem Clavicytherium:	Pyramidenklavier, Giraffenklavier, Lyraflügel Diese Klaviere mit senkrechtem Saitenbezug werden in oft spielerischen Bauformen teils seit Anfang des Hammerklavierbaus, teils erst im 19. Jahrhundert gebaut. Gegen 1850 verschwinden sie aus dem Musikleben.
	Pianino Das Pianino ist der Anzahl an gebauten Instrumenten nach die erfolgreichste Bauform des Hammerklaviers, es ist unser heutiges Klavier schlechthin. Pianinos wurden schon vor 1800 gebaut, ihre eigentliche Bedeutung erlangten sie aber erst im Laufe des 19. und im 20. Jahrhundert.

Das erste Hammerklavier ist zwar in Italien gebaut worden, die weitere *Entwicklung* vollzieht sich aber in Deutschland, Österreich, Frankreich, England und auch in Amerika. Die ersten Hammerflügel

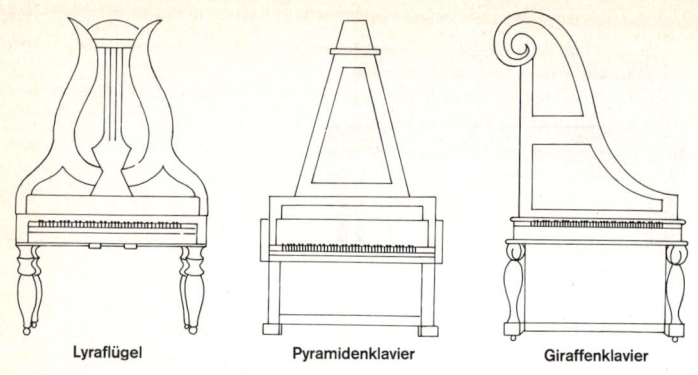

| Lyraflügel | Pyramidenklavier | Giraffenklavier |

Bauformen von Hammerklavieren mit senkrechtem Saitenbezug

werden in Deutschland von Gottfried Silbermann gebaut, der die Instrumente auch Johann Sebastian Bach vorführte. Wien war zur Zeit der Klassik eines der Zentren des Klavierbaus, neben den Instrumenten aus den Werkstätten der Familien Stein und Streicher sind es die Instrumente von Anton Walter, Conrad Graf, Johann Jakob Könnicke u. a., die den Ruhm der Wiener Instrumente begründet haben. Der englische Klavierbau wurde zwar zunächst durch deutsche Einwanderer nachhaltig getragen, wie schon der englische Cembalobau des 18. Jahrhunderts, er schlug aber eigene Wege ein. In den Werkstätten von Johann Christoph Zumpe, Robert Stodart, den Familien Kirkman, Shudi, Broadwood u. a. wurden Instrumente in großen Stückzahlen hergestellt und nach 1800 viel auf den Kontinent exportiert. Die englischen Instrumente sind klangstärker, nicht nur aufgrund ihrer anderen Mechanik. Beethoven spielte ein Instrument von Broadwood. Erard in Paris vervollkommnete schließlich die Englische Mechanik zu der allen virtuosen Anforderungen gerecht werdenden »Repetitionsmechanik«, die im Prinzip bis heute so beibehalten wurde.

Der folgende *Klangvergleich* zwischen dem Hammerklavier des ersten Drittels des 19. Jahrhunderts und dem modernen Klavier soll die Unterschiede deutlich machen. Beim Hören alter Hammerklaviere ergibt sich eine gewisse Problematik daraus, daß die Instrumente als unvollkommene Vorfahren des modernen Klaviers empfunden werden, da der Klang der historischen und modernen Instrumente doch wieder nicht so weit voneinander entfernt ist. Die frühen Klaviere mit Wiener Mechanik setzen sich allerdings von dem modernen Klavierklang sehr deutlich ab und erscheinen nicht als Vorfahren, sondern als eigenständige Instrumente mit sehr reizvollem und in seiner Art

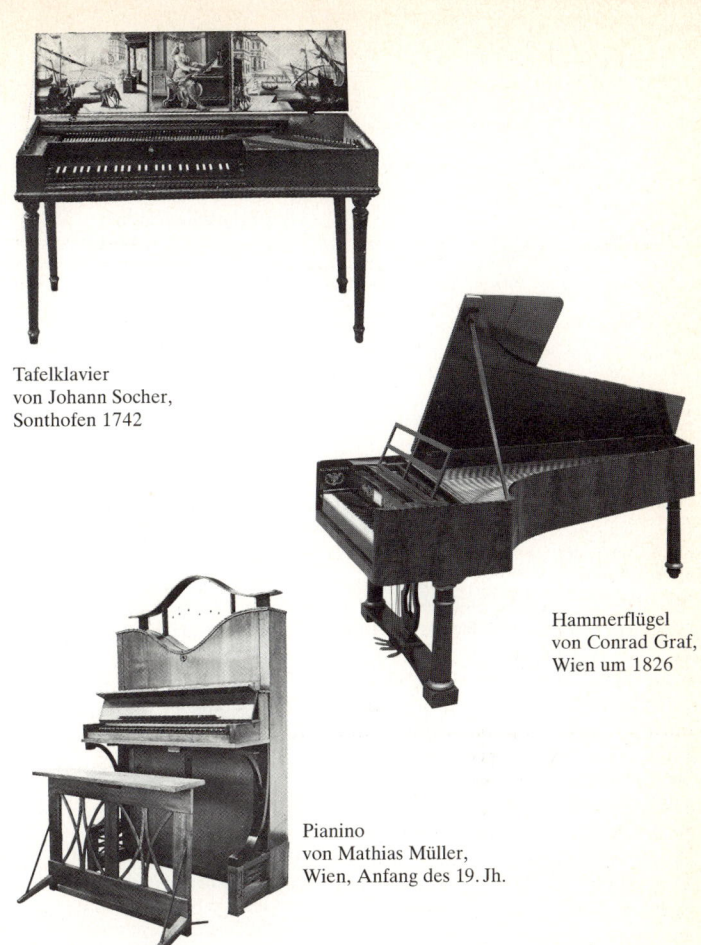

Tafelklavier
von Johann Socher,
Sonthofen 1742

Hammerflügel
von Conrad Graf,
Wien um 1826

Pianino
von Mathias Müller,
Wien, Anfang des 19. Jh.

Bauformen von Hammerklavieren

vollkommenem Klangcharakter. Wenn es auch keine generelle
Forderung sein kann, jede Musik auf den Instrumenten ihrer Zeit zu
spielen, so kann doch die Beschäftigung mit dem Klang und den
spieltechnischen Möglichkeiten und Grenzen gerade beim Hammerklavier wertvolle Impulse geben für die Interpretation auf modernen
Instrumenten.

189

Merkmal	Hammerklavier	modernes Klavier
Klang	Der Klang ist schlanker und schwächer, nicht so dynamikreich, rascher ausklingend, durchsichtiger, im Baß klanglich sehr stark vom heutigen Klavier verschieden. Diese Eigenschaften gelten in stärkerem Maße für Instrumente mit Wiener Mechanik, Instrumente mit Englischer Mechanik sind modernen Instrumenten ähnlicher. Es bestehen große klangliche Unterschiede zwischen den einzelnen Instrumenten.	Der Klang ist massiver und stärker, dynamikreich, lang nachklingend, zwischen den einzelnen Fabrikaten bestehen verhältnismäßig geringe Klangunterschiede.
Tasten und Anschlag	Die Tasten sind schmäler und mit geringerem Tiefgang, der Anschlag ist leichter, rasches Spiel ist möglich, weitgespannte Akkorde sind leichter zu greifen.	Die Tasten sind breiter und mit größerem Tiefgang, der Anschlag ist schwerer, größere Kraftentfaltung ist möglich.
Mechanik	Die Mechanik geht leicht (bei der Wiener Mechanik leichter als bei der Englischen Mechanik), die Hämmerchen sind leicht (0,5 bis 1 g) und lederbezogen, rasche Repetition ist nicht möglich.	Die Mechanik geht schwerer, dafür können die Hämmerchen höher beschleunigt werden; die Hämmerchen sind schwerer (4 bis 8 g) und filzbezogen. Rasche Repetition ist möglich.
Saiten	Die Saiten sind kürzer und dünner, der Gesamtzug aller Saiten geht bis 5000 kp.	Die Saiten sind länger und dicker (überkreuzter Saitenbezug), der Gesamtzug aller Saiten geht bis 20 000 kp.
Konstruktion	Die Konstruktion ist leicht und ohne Eisenverstärkungen, die Stimmhaltung ist deshalb nur mäßig gut. Der Resonanzboden ist etwa 4 mm stark. Das Gesamtgewicht beträgt nur etwa ein Drittel eines vergleichbaren modernen Instruments.	Die Konstruktion ist schwer und stabil mit gußeisernem Rahmen, daher wird die Stimmung gut gehalten. Der Resonanzboden ist etwa 10 mm stark. Das Gesamtgewicht beträgt rund das dreifache eines vergleichbaren Hammerklaviers.
Zusatzeinrichtungen	Dämpfungsaufhebung, Verschiebung, oft zusätzliche Register und Klangeffekte.	Dämpfungsaufhebung, Verschiebung bzw. Pianopedal beim Pianino.

7.2.4 Orgel

Die Orgel ist als größtes und konstruktiv kompliziertestes Musikinstrument weit differenzierbarer als alle anderen Instrumente und bietet als historisches Instrument ein so vielgestaltiges Bild, daß hier nur die wichtigsten Linien nachgezeichnet werden können. Zuvor soll die Aufmerksamkeit nochmals auf ein Problem gerichtet werden, das die historischen Musikinstrumente allesamt betrifft, bei der Orgel aber besonders deutlich wird. Es ist falsch, die Geschichte der Musikinstrumente so zu betrachten, als würde sie durch einen Fortschritt im Sinne von »immer besser« getragen. Jede Zeit hat sich die Instrumente geschaffen, die sie für die klangliche Realisierung ihrer Musik benötigte; es wäre absurd zu sagen, die Klangideale wären »immer besser« geworden; also können auch die Instrumente nicht »immer besser« geworden sein. Genauso unsinnig wie das Immer-besser ist das Immer-schlechter, das ebenfalls auf die Geschichte der Musikinstrumente projiziert wird, es ist aus denselben Gründen falsch wie das Immer-besser. Gerade in der heutigen Diskussion um die historischen Orgeln führt dieser Standpunkt zu einer Überbewertung bestimmter historischer Orgeltypen, z. B. der norddeutschen Werkorgel des Barock. Da natürlich die verschiedensten Orgeltypen als Maß des Guten genommen werden können, ist der Boden für unfruchtbare Diskussionen bereitet.

Mit der Orgel verbindet sich stets der Gedanke an die Kirche, an die Orgel als »*geistliches Instrument*«, die damit aus den übrigen, »weltlichen Instrumenten« herausgehoben wird. Diese Sonderstellung erhielt die Orgel erst im hohen Mittelalter, nachdem sie in der Antike das Instrument für Theater und Gladiatorenkämpfe, aber auch das Hausinstrument der Reichen war. Im Bewußtsein der Menschen in der spätantiken bzw. frühchristlichen Zeit verband sie sich mit luxuriöser Festlichkeit und sinnlichem Erleben, wie übrigens Musikinstrumente allgemein. So wird das Verbot der asketischen Kirchenväter, das sich gegen die Verwendung von Instrumenten in der Kirche richtet, verständlich.

Erst fast tausend Jahre später war die Assoziation von Orgel und weltlicher Sinnlichkeit so weit vergessen, daß die Orgel – zunächst in der kirchlichen Provinz nördlich der Alpen – in die Kirche eingeführt werden konnte. Die Größe sowie die teure und schwierige Herstellung sicherten der Kirche sozusagen von selbst das Monopol auf die Orgel, das erst in unserem Jahrhundert durch den Bau von Konzertorgeln in nichtkirchlichen Räumen gebrochen wurde. Innerhalb der von Johannes Calvin und Ulrich Zwingli geprägten Richtungen des Protestantismus wurde die Orgel zunächst wieder aus der Kirche verbannt und teilweise erst im 19. Jahrhundert wieder eingeführt.

Die Orgel ist niemals ein standardisiertes Instrument gewesen. Einerseits verbietet die große Zahl der Register mit ihren klanglichen Varianten eine allgemein anerkannte Beschränkung, andererseits muß jede Orgel an den jeweiligen Raum und an die jeweiligen musikalischen Aufgaben akustisch und in der Anordnung der Elemente angepaßt werden. Auch heute noch ist jede Orgel eine Einzelanfertigung mit individueller Planung. Orgeln wurden und werden deshalb in ganz unterschiedlichen Größen gebaut, von Kleinstinstrumenten bis zu Rieseninstrumenten. *Vier verschieden große Orgelinstrumente* lassen sich nach Größe und musikalischen Aufgaben unterscheiden:

die Orgel, das große Instrument, das Instrument der Kirche, das erst in der Gegenwart auch als Konzertinstrument für Konzertsäle gebaut wird,

das Positiv, eine transportable Klein- oder Hausorgel, für weltliche und kirchliche Musik,

das Regal, eine ausschließlich mit Zungenstimmen aufgebaute Kleinorgel,

das Portativ, eine tragbare »Kleinstorgel« mit nur wenigen Pfeifen, wie Positiv und Regal ein vor allem weltliches Instrument.

Die *große Orgel* wurde im 8. Jahrhundert als Palastorgel, als kaiserliches Repräsentationsinstrument nach Europa gebracht. Bis 1200 wird sie in einzelne Kirchen zunächst in England, dann in Frankreich aufgenommen. Erst mit der Hochgotik nach 1200 setzt der eigentliche Einzug der großen Orgel in die Kirchen ein. Bis 1500 wird die Orgel so vervollkommnet, daß sie als ausgereiftes Instrument mit europäischer Verbreitung – ohne auffällige landschaftliche Typisierung – bezeichnet werden kann. Bis etwa 1500 wird

das Wellenbrett erfunden, das die starre räumliche Zuordnung von Taste und zugehöriger Pfeife unnötig macht,

jedes Register so mensuriert, daß die Klangfarbe für alle Tonhöhen gleich bleibt,

das Orgelpedal entwickelt,

die Mehrmanualigkeit der Orgel eingeführt,

die Wahlmöglichkeit der Register und der Registerkombinationen wieder entdeckt,

ein Orgelgehäuse mit einer repräsentativen Vorderseite, dem sogenannten Prospekt, geschaffen,

das Positiv in die Hauptorgel als Rückpositiv integriert.

Nach 1500 entwickeln sich aus diesem relativ einheitlichen europäischen Orgeltyp verschiedene nationale »*Orgellandschaften*«, ähn-

Orgel der Johanniskirche in Lüneburg, 1551–1553 von Hendrik Niehoff und Jasper Johansen erbaut, 1634 und 1712–1715 erweitert

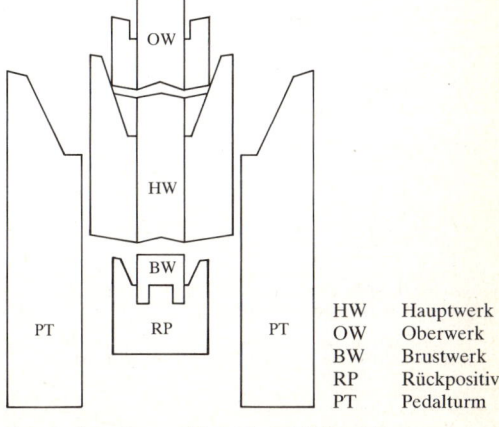

HW	Hauptwerk
OW	Oberwerk
BW	Brustwerk
RP	Rückpositiv
PT	Pedalturm

schematischer Aufbau der norddeutschen Werkorgel

193

Der englische Orgelbau ist weniger bedeutend, bis ins 18. Jahrhundert kleine Orgeln meist ohne Pedal, im 18. Jahrhundert liegt der Orgelbau bei zugewanderten Orgelbauern.

Die Brabanter Renaissance-Orgel ist bahnbrechend für den Orgelbau des 17. und 18. Jahrhunderts.
Hauptgehäuse mit Hauptwerk (Prinzipalchor) und Oberwerk (Weitchor und Zungenstimmen), Rückpositiv (gemischte Register), Pedal.
Orgelbauerfamilie Niehoff.

Die französische Orgel besteht aus Hauptwerk, Rückpositiv und Pedal. Das besondere Interesse gilt den charakteristischen Soloregistern, die in der Blütezeit des französischen Orgelbaus (1650–1750) auf alle Manuale aufgeteilt sind.

Im 17. und 18. Jahrhundert ist Deutschland, insbesondere der Norden, ein europäisches Zentrum des Orgelbaus. Die barocke Werkorgel hat fünf in einzelnen Gehäusen untergebrachte Werke mit ausgewogenem Plenumsklang und charakteristischen Soloregistern. Die fünf Werke sind:
1. Manual: Rückpositiv (vermischte Registerfamilien),
2. Manual: Hauptwerk (Prinzipalchor sowie Register des Weitchors und der Zungenstimmen),
3. Manual: Oberwerk (Weitchorgruppe, Zimbeln, vollbecherige Zungen),
4. Manual: Brustwerk (kurzbecherige Zungen, kleinfüßige Register).
Pedal: Baßregister und Zungen.
Orgelbauer: Gottfried Fritzsche, Familie Compenius, Familie Scherer, Arp Schnitker, Gottfried Silbermann u. a.

Der spanische Orgelbau pflegt wie der italienische Orgelbau den Gesamtklang in Prinzipalmensur (Ripienoklang), daneben aber auch charakteristische Weitchor- und Farbregister.
Im 18. Jahrhundert gibt es zwei Besonderheiten: horizontal aus dem Prospekt herausragende klangstarke Zungenstimmen (Trompeten) und die Plazierung zweier Orgeln über dem Chorgestühl in großen Kirchen.

Der Gesamtklang der italienischen Orgel (Ripieno) wird besonders gepflegt, er ist ohne Schärfe. Die »voce umana« ist eine Besonderheit, ein gegen die Prinzipalstimmen leicht verstimmtes (»schwebendes«) Zungenregister. Die Orgel ist einmanualig und hat nur ein rudimentäres Pedal. Dieser Orgeltyp ist 1550 ausgebildet und wird bis ins 19. Jahrhundert gebaut.

lich wie im Cembalobau. Die mitteleuropäischen Orgeltypen zeigen dabei größere Verwandtschaft zueinander als die Randgebiete. Italien und Spanien pflegen mehr den »Ripienoklang«, den ausgewogenen Gesamtklang aller Register, Frankreich daneben charakteristische Soloregister. In Deutschland wird aufbauend auf dem Brabanter Orgelbau die Orgel zu einem allgemein anerkannten Höhepunkt geführt.

Die norddeutsche Barockorgel ist in fünf Orgelwerke mit jeweils typischen Fußlagen der Prinzipalstimmen gegliedert; der Prospekt spiegelt den »Werkcharakter« der Orgel.

Das 16. und 17. Jahrhundert ist die Zeit der größten Verbreitung des *Positivs*. Mit profanen und kirchlichen musikalischen Aufgaben war es das Universalinstrument der Oberschicht, bevor sich das Cembalo durchsetzen konnte. Das Positiv ist einmanualig und hat kein Pedal. In der Hauptsache hat es Lippenpfeifen. Ein Helfer muß den Blasebalg bedienen. Vor 1500 verfügten viele Kirchen neben der großen Orgel über ein Positiv für Intonationen und die Begleitung des Gesangs. Um 1500 wurde das Positiv dann als Rückpositiv in die große Orgel integriert und von einem eigenen Manual des Spieltisches der Orgel aus gespielt.

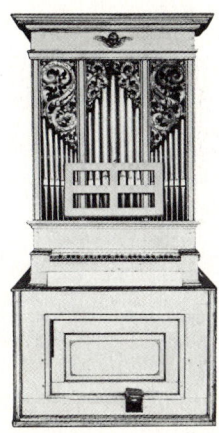

Positiv, Heilbronn 1749

Das *Regal* besteht nur aus kurzbecherigen oder becherlosen Zungenregistern und hat daher vor allem in der Tiefe einen seltsam schnarrenden Klang. Das Instrument, mit Blasebalg kleiner als ein Cembalo, wurde vor allem im 16. und 17. Jahrhundert verwendet, aber bald durch das Positiv ersetzt.

Regal

M. Praetorius, Theatrum Instrumentorium, 1620

Das *Portativ* ist vor allem im Mittelalter sehr verbreitet gewesen, von allen Orgeltypen finden wir es in dieser Zeit am häufigsten abgebildet. Der Spieler bedient mit einer Hand den Blasebalg, mit der anderen spielt er die Tasten. Die Instrumente haben meist nur ein oder zwei Lippenregister, der Tonumfang ist gering.

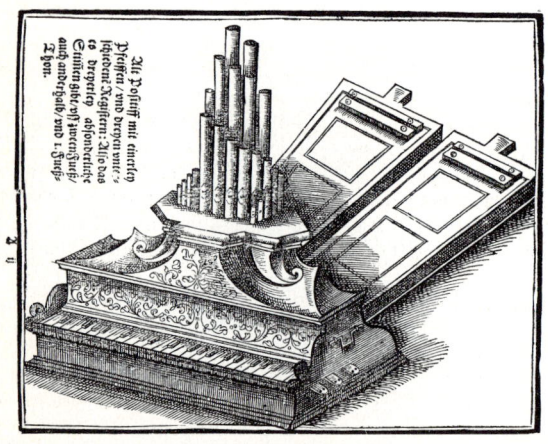

Portativ

M. Praetorius, Theatrum Instrumentorum, 1620

Der *Orgelbau des 19. Jahrhunderts* wendet sich ganz anderen Prinzipien der Klanggestaltung zu. Nicht die Klangfarbe mit der typisch barocken Klanghelligkeit wird erstrebt, sondern Lautstärkedynamik bei verhältnismäßig dumpfem Klang. Die Zahl der 8′-Register wird erhöht, kleinfüßige Register werden stark vernachlässigt. Den Manualen sind nicht mehr Werke zugeordnet, sondern Register mit jeweils gleicher Lautstärke. Typisch, wenn auch nicht neu, ist das sogenannte Schwellwerk, ein Werk in einem Kasten, der mit einer Jalousie geöffnet und geschlossen werden kann, um den Orgelklang anund abschwellen zu lassen. Diesem Ziel dient auch das Registercrescendo, bei dem die Register in festgelegter Reihenfolge rasch nacheinander eingeschaltet werden, wodurch die Klangstärke stetig zunimmt. Insgesamt orientiert sich der Orgelklang am Orchesterklang der Romantik. Die mechanischen Funktionen der Orgel werden mehr und mehr durch Druckluftsysteme ersetzt, die den mechanischen Kontakt zwischen Taste und Pfeifenventil aufheben. Der Orgelprospekt ist nicht mehr Spiegel des Aufbaus der Orgel, sondern aufgesetzte Fassade ohne sinnvollen Bezug auf die Klangordnung.

Das *20. Jahrhundert* bringt die Rückbesinnung auf die barocke Werkorgel mit mechanischer Traktur und funktionellem Prospekt, ein Ergebnis der sogenannten Orgelbewegung. Im Zuge dieses Interesses wurden viele historische Orgeln restauriert und stehen heute als historische Klangdokumente wieder zur Verfügung.

7.3 Akustik der Tasteninstrumente

Die Systematik der Musikinstrumente, die in diesem Buch Ordnung in die Vielfalt des Instrumentariums bringt, geht nicht von physikalischen Gesichtspunkten der Klangerzeugung aus, sondern von der Spieltechnik. Das führt nun dazu, daß sich unter dem Begriff Tasteninstrumente ganz unterschiedliche Prinzipien der Klangerzeugung und damit auch der Klangakustik zusammenfinden: Instrumente mit geschlagenen oder gezupften Saiten (Klavier und Cembalo), Blasinstrumente (Orgel) und elektronische Instrumente (E-Piano, E-Orgel und Synthesizer).

Über die bei der Beschreibung der jeweiligen Instrumente gemachten Anmerkungen zur Akustik hinaus wird in diesem Abschnitt nur nochmals näher auf die Akustik des Klaviers eingegangen. Die Akustik der E-Instrumente würde ein Eingehen auf die synthetische Klangerzeugung erfordern, für die Orgel kann einerseits auf die Klangerzeugung bei den Flöten (Lippenpfeifen) und Klarinetten (Zungenpfeifen) verwiesen werden, andererseits würden darüber hinausgehende Details, gemessen an der Bedeutung der Orgel im heutigen Musikleben, zu weit führen.

Im Spektrum des *Klavierklangs* überwiegt der Grundton, das gilt uneingeschränkt für die mittlere und hohe Lage der Töne. Frequenzen unter 100 bis 250 Hz werden von einem Klavier jedoch nicht mehr abgestrahlt, weil der Resonanzboden hier keine Resonanzen mehr aufweist. Das Maximum des Spektrums verschiebt sich demnach bei tiefen Tönen auf den 2., für extrem tiefe Töne auf den 3.

oder 4. Teilton. Neben dem Fabrikat spielt hier vor allem die Größe des Instruments eine Rolle: je größer, um so tiefer liegt das Maximum. Große Instrumente zeigen ihre Vorzüge also besonders im Baßbereich. Die Spektren reichen im Baßbereich bis etwa 3000 Hz, im Diskant bis etwa 10000 Hz, das gilt für das Spiel im Forte, im Piano ist der Frequenzumfang des Spektrums natürlich geringer. Da die Grundfrequenzen der höchsten Klaviertöne um 4000 Hz liegen, können diese Töne auch nur zwei oder höchstens drei Teiltöne enthalten. Formanten sind für das Klavier im allgemeinen nicht typisch, höchstens einzelne Instrumente zeigen schwache Formanten.

Eine Besonderheit des Klavierklangs ist die nicht streng harmonische Lage der Teiltöne. Die Steifigkeit der Saiten spreizt die Teiltonreihe. Da sich dieser Effekt verstärkt, je kürzer eine Saite ist, führt das besonders bei kleinen Instrumenten zu einer gewissen Unreinheit des Klangs.

Der Einschwingvorgang ist vergleichsweise kurz, mit einer Dauer um 25 ms für die tiefen und um 10 ms für die hohen Töne hat er etwa dieselbe Länge wie bei der gezupften Saite. Interessant nicht nur für den Pianisten ist, daß sich beim Klavier der Einschwingvorgang durch die Art des Anschlags nicht verändern läßt, einen weichen oder harten Anschlag gibt es also akustisch nicht. Die Stärke des Anschlags wirkt sich natürlich auf die Klangfarbe des Tons aus: je stärker der Anschlag, desto obertonreicher der Klang.

Zu der Charakterisierung des typischen Klavierklangs trägt neben der Struktur des Spektrums ganz besonders der zeitliche Ablauf des Tons bei. Der Ton wird nicht wie bei einem idealen Resonanzsystem oder auch weitgehend wie der Nachhall eines Raums mit guter Akustik gleichmäßig leiser, sondern zeigt hier Unregelmäßigkeiten, die dem Klang Lebendigkeit und Individualität verleihen. Daß sich während des Ausklingens das Spektrum abbaut, wurde schon gezeigt (Seite 50). Die Nachklingdauer kann man übrigens wie die Nachhallzeit eines Raums definieren und messen. Für die tiefen Klaviertöne liegt sie etwa bei 30 bis 40 s, eine Nachhallzeit, die auch von großen Kirchen nicht erreicht wird. Mit zunehmender Tonhöhe sinkt die Nachhallzeit dann auf Werte von einigen Sekunden. Wie sieht das Ausklingen nun im einzelnen aus?

Wenn der Hammer eine Saite trifft, schwingt sie zunächst in Richtung der Hammerbewegung, also senkrecht zum Resonanzboden. Die Saite überträgt ihre Schwingungen über den Steg auf den Resonanzboden; er ist in dieser Bewegungsrichtung leicht beweglich und übernimmt viel Schwingungsenergie von der Saite. Die Saitenschwingung wird also gleich zu Beginn des Tons relativ stark bedämpft. Entspricht die Frequenz der Saite genau einer Resonanz des Resonanzbodens, klingt der Ton zwar laut, aber verhallt schnell, ein solcher Ton klingt nicht gut. Nach der beschriebenen ersten Phase des Ausklingens folgt eine zweite Phase, während der das Ausklingen deutlich langsamer erfolgt. Die Saite hat nun nämlich aufgrund ihrer Einspannung ihre Bewegungsebene um 90° gedreht und schwingt parallel zum Resonanzboden; in dieser Schwingungsrichtung ist der Resonanzboden viel steifer und kann die Schwingungsenergie der Saite nur langsam übernehmen. Während dieser zweiten Phase kann die Saite durchaus ihre Schwingungsebene wieder um 90° weiterdrehen, so daß der Ton wellenartig ausklingt. Bei hohen Tönen wird diese Art des Ausklingens sogar zur Regel: sie entsteht hier deshalb, weil zu einem Klavierton hier drei Saiten gehören, die auf die gleiche Frequenz gestimmt sind, deren höhere Teiltöne sich aber wegen der genannten Inharmonizität der Saiten unterscheiden; das führt zu Schwebungen. Für den subjektiven Klangeindruck ist aber die erste Phase wichtiger als die zweite.

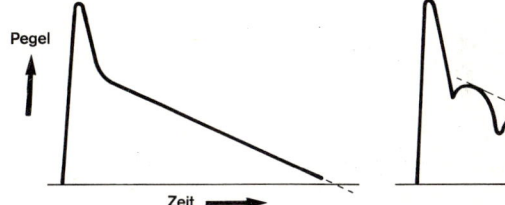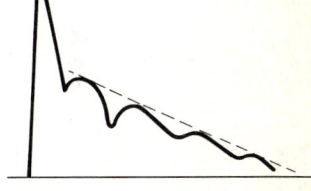

typisches Ausklingen von Klavierklängen

Ein Klavier kann die Stimmung nicht beliebige Zeit halten; jedes Instrument, auch das beste, verstimmt sich im Lauf der Zeit. Auf die Verstimmung nehmen eine Reihe von physikalischen Größen unabhängig voneinander Einfluß; sie bewirken ein Absinken der Tonhöhe der einzelnen Saiten. Tendenziell sinkt der Diskant stärker ab, darüber hinaus streuen die Werte ganz erheblich. Eine erste Ursache hierfür ist die Ermüdung der Saiten, die in einem materialspezifischen Fließvorgang der Spannung nachgeben; aber auch der Resonanzboden und der Rahmen geben mehr oder weniger nach. Weiter lassen Temperaturschwankungen, die größer als 5° C sind, und Temperaturen unter 15° C bzw. über 25° C die Stimmung schlechter werden. Beides führt zu einem Fallen der Stimmung; der Einfluß der Feuchteschwankungen ist besonders gravierend. Auch das Spielen der Instrumente fördert das Verstimmen; dabei können wenige Anschläge im Fortissimo schon ebenso wirkungsvoll sein wie viele Anschläge im Mezzoforte. Bei all diesen Einflüssen läßt sich eine Abhängigkeit von der Qualität beobachten. Gutes, abgelagertes Holz bei sorgfältiger und aufwendiger Konstruktion zeigt deutlich bessere Stimmhaltung, ebenso häufigeres Vorstimmen neuer Instrumente. Auch eine sachkundig angelegte Stimmung ist haltbarer als eine Stimmung, die die Regeln des Stimmens vernachlässigt.

8. MENSCHLICHE STIMME UND CHOR

8.1 Die Stimme

Den Abschluß unserer Übersicht über die wichtigsten und häufigsten Musikinstrumente soll ein Instrument bilden, das gemeinhin nicht zu den Musikinstrumenten gezählt wird, mit dem man aber dennoch Musik machen kann: die menschliche Stimme.

Man unterscheidet die verschiedenen Stimmen zunächst nach ihrer *Stimmlage*: Sopran ist eine hohe Frauenstimme, Alt eine tiefe Frauenstimme, Tenor eine hohe Männerstimme und Baß eine tiefe Männerstimme. Mezzosopran liegt zwischen Sopran und Alt, Bariton zwischen Tenor und Baß.

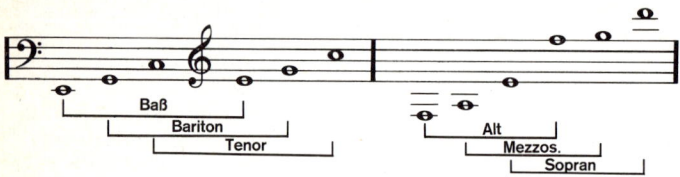

Bei Opernsängern werden die Stimmen außer nach der Stimmlage auch nach dem sogenannten *Stimmfach* unterschieden; das Stimmfach kennzeichnet den Charakter der Stimme und ihre Eignung, bestimmte Rollentypen zu übernehmen. Hier sind die wichtigsten Stimmfächer:

Sopran: Dramatischer Sopran, Lyrischer Sopran, Koloratursopran, Soubrette
Alt:　　Dramatischer Alt, Tiefer Alt, Spielalt
Tenor: Heldentenor, Jugendlicher Heldentenor, Lyrischer Tenor, Tenorbuffo
Baß:　　Seriöser Baß, Charakterbaß, Schwerer und Leichter Baßbuffo, Heldenbariton, Charakterbariton

Die menschliche Stimme wird jedoch nicht nur solistisch eingesetzt wie die Bläser im Orchester, häufig wird sie wie die Streichinstrumente auch chorisch verwendet. *Chöre* werden nach ihrer Zusammensetzung und nach ihren musikalischen Aufgaben unterschieden. Nach der Zusammensetzung unterscheidet man gemischte Chöre (Männer- und Frauenstimmen), Männer- und Frauenchöre, Knaben- und Mädchenchöre sowie Kinder- und Jugendchöre.

Nach der Zahl und Bedeutung stehen die gemischten Chöre an erster Stelle für die Pflege der Kunstmusik. Knabenchöre mit stimmbegabten Knaben stellen für viele Musikfreunde den Höhepunkt des

Chorklangs dar; zusammen mit Männerstimmen bilden sie gemischte Chöre.

Opernchöre, Oratorienchöre und Kirchenchöre sind in der Regel gemischte Chöre mit einem besonderen Aufgabengebiet. Diese Chöre sind meist vierstimmig, seltener fünf-, sechs- oder achtstimmig besetzt. Chöre, bei denen die Stimmgruppen ähnlichen Charakter haben (Frauen-, Kinderchöre u. ä.) singen vielfach dreistimmig. Ein »a cappella-Chor« ist ein Chor, der ohne Begleitung von Instrumenten singt, der reine Vokalmusik aufführt.

Die meisten Chöre sind Laienchöre. Nur Opernchöre und Rundfunkchöre sind meist professionelle Chöre mit ausgebildeten Sängern.

Die menschliche Stimme, ein historisches Musikinstrument? Natürlich ist die menschliche Stimme selbst kein »historisches Musikinstrument«, nur ihr Gebrauch kann sich im Laufe der Geschichte ändern. Und genau dieser Aspekt gehört zur Betrachtung des Klangs historischer Instrumente.

Die *historische Betrachtung der Gesangskunst* hat zwei verschiedene Aspekte: Zunächst ist da die Frage der Kultivierung der Stimme, der Gesangsausbildung, und dann erhebt sich die Frage der Besetzung, z.B. durch Knaben- oder Frauenstimmen. Eine Gesangsausbildung, die über das bloße Absingen von Noten oder das Auswendiglernen von Liedern hinausgeht, gibt es in der Neuzeit erst seit der Renaissance. Von Gesangskunst kann deshalb erst seit dem letzten Drittel des 15. Jahrhunderts gesprochen werden. In der folgenden Zeit – genauer bis zum beginnenden 19. Jahrhundert – gehörte zur Gesangskunst einerseits die Entwicklung einer schönen Stimme, andererseits die Erziehung zum musikalischen Geschmack. Mit dem Geschmack war ganz konkret die Kunst, eine Melodie durch Verzierungen zu bereichern, gemeint. In der historischen Aufführungspraxis hat sich aus verschiedenen Gründen diese Verzierungskunst nur wenig durchsetzen können. Die Zeit vor 1500 und die Zeit nach 1800 fordert die exakte Wiedergabe der Noten, aber die Zeit dazwischen überläßt dem Sänger große Freiheit für die Ausgestaltung durch Verzierungen. Die Erziehung zur »schönen Stimme«, italienisch »Belcanto«, stellt den Klang vor die Wortverständlichkeit, die Virtuosität vor die Ausdeutung des Textes. Die Stimmführung wird durch schnelle Noten und Sprünge gekennzeichnet, sie ist instrumental. Zum Belcanto gehört ein Startum der Sängerinnen und Sänger, der Primadonna und des Primo uomo. Die italienischen Opern des 17. und 18. Jahrhunderts mit ihrer mächtigen Ausstrahlung auf ganz Europa sind Opern des Belcanto.

Im *17. und 18. Jahrhundert* werden die hohen Stimmen in der *Oper* von Frauen oder von Kastraten gesungen. Die Kastratenstimme verbindet die Klangschönheit der Knabenstimme mit der Resonanz und Stimmstärke der Männerstimme. So wurden die Kastratenstimmen vielfach den Frauenstimmen vorgezogen. Gerade in der ernsten

Oper, der Opera seria, tritt die Männerstimme weit zurück. Nach 1800 endet das Zeitalter der Kastratenstimmen, aber noch lange werden gelegentlich Männerrollen mit hohen Stimmen, d. h. jetzt Frauenstimmen, besetzt.

In der *Kirchenmusik* bietet sich eine andere Situation als in der weltlichen Musik. Im ersten Brief des Paulus an die Korinther steht der folgenreiche Satz, die Frau schweige in der Kirche. Obwohl dieser Satz sich nicht auf die Musik bezieht, wurde er doch so ausgelegt. Er hat bewirkt, daß die weibliche Gesangsstimme bis ins 18. Jahrhundert in der Kirche nicht geduldet wurde. Wir wissen allerdings auch, daß es davon viele Ausnahmen gab, z. B. in Frauenklöstern. Allgemein gilt aber, daß Kirchenmusik bis ins 18. Jahrhundert Männersache war. Da man aber nicht bereit war, auf hohe Stimmen zu verzichten, standen hierfür drei verschiedene Besetzungen zur Wahl: Falsett- oder Fistelstimmen, also die Kopfstimmen von Männern, Knabenstimmen und Kastratenstimmen. Diese drei Möglichkeiten beziehen sich nur auf die oberste Stimme, also den Sopran oder Diskant. Bereits die zweitoberste Stimme war mit hohen Männerstimmen oder Falsettisten besetzt. Alt kommt von »altus«, d. h. hoch, ein Hinweis auf eine hohe Männerstimme, nicht auf eine tiefe Frauenstimme. Diese Stimmbezeichnung führt zugleich auf die Herkunft der Stimmbezeichnung »Baß« von »bassus«, also tief. Ausgangspunkt bei den Stimmbezeichnungen ist nämlich der Tenor, zu dem zwei Gegenstimmen, sogenannte Contra-Tenöre, hinzutreten: eine tiefe Gegenstimme, der Contra-Tenor bassus, und eine hohe Gegenstimme, der Contra-Tenor altus. Erst im 18. Jahrhundert wurde die Altstimme allmählich durch tiefe Frauenstimmen besetzt. Die Kastraten hatten ihr Betätigungsfeld zwar vor allem in der Oper, aber seit dem 17. Jahrhundert ersetzen in Italien teilweise Kastraten die Falsettisten in der Kirche, und dies, obwohl die Kastration 1587 durch die katholische Kirche verboten wurde. Aber noch im 20. Jahrhundert gab es in der Päpstlichen Kapelle Kastratenstimmen.

8.2 Akustik der Stimme

Die menschliche Stimme ist wohl eines der faszinierendsten Musikinstrumente, nicht nur, weil sie verbunden mit dem Wort außer Klang auch Sinn transportieren kann, sondern weil sie in ganz erstaunlicher Weise wandelbar ist. Von anhaltenden über explosive Geräusche bis zu Klängen verschiedenen Charakters reichen die Möglichkeiten der menschlichen Stimme.

Immer wieder wurde gesagt, daß der eigentliche Schwingungserzeuger bei Musikinstrumenten nicht den Klang erzeugt, den das Instrument schließlich abstrahlt, eine Einschränkung wäre hier nur für einige Schlaginstrumente zu machen, z. B. für den Triangel. Immer war es ein klangveredelndes Resonanzsystem, das die erzeugte Schwingung entscheidend verändert hat. Bei der menschlichen Stimme wird diese Tatsache besonders wichtig für die Klangbildung.

Die *Stimmlippen*, die eigentlichen Schwingungserzeuger, stellt man sich am besten wie die schwingenden Lippen eines Blechbläsers vor (siehe Seite 41), die den Luftstrom aus den Lungen in kleinen Luftstößen passieren lassen. Die Schwingung ist sehr teiltonreich und kann vom Sänger modifiziert werden. Zu diesem akustischen Rohmaterial für harmonische Klänge kommt die Fähigkeit, Geräusche und Explosivlaute zu bilden, indem der ausströmende Luftstrom durch Einengungen im Rachen, Gaumen oder an den Zähnen vorbeigeleitet wird. Bei den Explosivlauten D, T, G, K, B und P wird die Luft mit der Zunge oder den Lippen gestaut und plötzlich freigegeben.

Kennzeichnend für den Klang der Vokale A, E, I, O und U sind *Formanten*, die durch die Resonanzen der verschiedenen Hohlräume

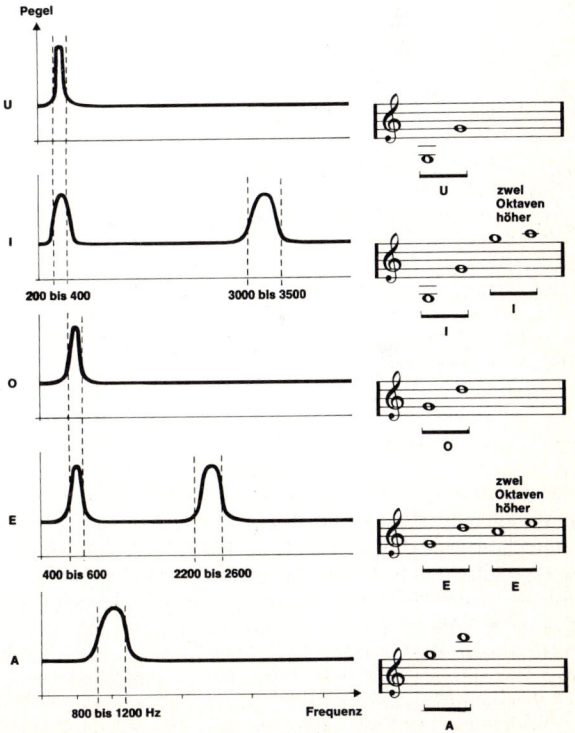

203

im Kopf gebildet werden (siehe Seite 42). Die Zischlaute S, SCH, CH entstehen aus den Strömungsgeräuschen, H ist das natürliche, ungehinderte Ausatmen. Die stimmhaften Konsonanten ergeben sich aus einer Mischung harmonischer und geräuschhafter Klangkomponenten.

Der Teiltonabstand wird bei den Vokalen von der Sprechton- bzw. Singtonhöhe vorgegeben. Der Vergleich der Formantlagen mit der Frequenz des hohen Bereichs des Soprans zeigt, daß hier nur noch das A aus der Reihe der Vokale singbar ist.

Akustisch ist der *Unterschied zwischen Sprache und Gesang* auf den ersten Blick erstaunlich gering, das gilt vor allem für Sänger ohne besondere Stimmausbildung. Die geräuschhaften Komponenten werden beim Singen möglichst verkürzt, die Vokale gedehnt, denn nur mit Vokalen und stimmhaften Konsonanten kann Tonhöhe dargestellt werden. Die spezielle Stimmausbildung hat jedoch zwei Strategien der Stimmgestaltung entwickelt, die die ausgebildete Stimme, auch für den Laien sofort erkennbar, charakterisieren; es sind Veränderungen, die der Stimme Durchsetzungskraft durch Lautstärke und Klangfarbe verleihen. Für Männerstimmen mit Ausbildung unterscheidet sich diese akustische Strategie von derjenigen der weiblichen Stimme.

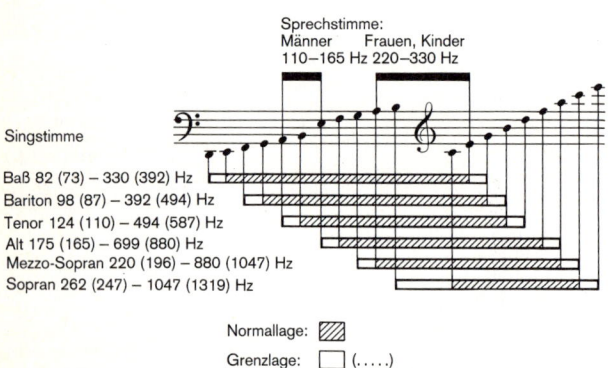

Die Einhüllende des Spektrums einer unausgebildeten männlichen Gesangsstimme entspricht grob gesehen der Einhüllenden des Spektrums eines Orchesters. Unter solchen Bedingungen kann man eine Stimme nur dann gut hören, wenn sie erhebliche Lautstärke besitzt. Man kann sie aber auch dann gut hören, wenn sie Komponenten in einem Frequenzbereich entwickelt, in dem die Klangkomponenten anderer Instrumente bzw. des Orchesters vergleichsweise schwach sind. Ausgebildeten männlichen Sängern gelingt es nun, im Frequenzbereich zwischen 2500 und 3000 Hz durch Resonanzbildung inner-

halb des Kehlkopfs einen starken Formanten zu bilden, den sogenannten *Singformanten.* Dieser Formant gibt der Stimme eine starke
klangliche Durchsetzungskraft; ist er besonders stark, so kann er sogar die gesungene Tonhöhe verschleiern, man hört den Sänger gut,
kann aber die Melodie schlecht verfolgen.

Für die Sopranstimme wurde eine andere Gesangstechnik entwik-
kelt, um ihr Tragfähigkeit und Durchsetzungsvermögen gegen größere Klangkörper zu geben: die *Formantumstimmung.* Bei der ausgebildeten Stimme werden die Formanten so verstimmt, daß sie den jeweiligen Grundton oder den ersten Oberton gerade verstärken. Die hohe
Männerstimme, der Tenor, und die tiefe Frauenstimme, der Alt, nut-
zen sowohl die Möglichkeiten, die der Singformant bietet, als auch die
Formantumstimmung. Die ausgebildete Stimme ist wie die meisten
Musikinstrumente durch das Vibrato gekennzeichnet, das die Wahr-
nehmbarkeit noch weiter erhöht.

ABBILDUNGSNACHWEISE

Germanisches Nationalmuseum Nürnberg: 17, 71, 85, 87, 90, 107, 116, Sammlung Rück: 89, 184, 189, 195, Sammlung Neupert: 189 (Tafelkl.); Deutsches Museum München: 78 (Banjo) 82; Stadt Nürnberg: 167; J. Meyer, Braunschweig: 39 (Das Musikinstr. 8/1964), 43 (Akustik u. mus. Aufführungspraxis), 76 (Physik. Aspekte des Geigenspiels); E. Jost: 45 (Akust. u. psychometr. Unters. an Klarinettenkl.).

Die folgenden Instrumentenbauer haben Fotos ihrer Instrumente bereitgestellt: Alexander: 128, 130, 131, 132, 133, 134, 135, 142; Heckel: 98 (Bassetth.); Hoefner: 78 (Git., E-Git.); Keilwerth: 95 (Sax.), 100; Kohlert: 95 (Ob., Kl., Fg., Fl.), 97 (Fl.), 98 (B.-Kl.), 101, 106 (Fl.), 107 (Kl.), 114 (Ob.), 116 (Fg., E. H.); Lefima: 150 (Tr.), 152 (Tamb.), 153 (Hbl., Kgl.); Ludwig: 149; Meinl und Lauber: 138, 140, 142; Mollenhauer: 97 (A.-Fl., Pikk.), 104; Molter: 132 (Tr. in Hoch-D und -B); Moeck: 70, 106 (Trav.), 111, 112, 113, 114, 116, 144; Neupert: 164, 182; Roland: 175; Pearl: 152, 156; Seiler: 160 (Pian.), 162; Selmer: 98 (Kl., A.-Kl.); Sonor: 153 (Bong., Cong.); Steinweg: 160 (Fl.); Studio 49: 155; Wehmeyer: 170; Westenberg: 111 (B.-Corn.); Yamaha: 163.

AUSGEWÄHLTE WEITERFÜHRENDE LITERATUR
(Gesamtdarstellungen)

Moderne und historische Instrumente

Die Musik in Geschichte und Gegenwart (MGG), hrsg. von F. Blume, Kassel 1949 ff., Bärenreiter, Taschenbuchausgabe München und Kassel 1989, dtv/Bärenreiter.

Musikinstrumente, die Geschichte ihrer Entwicklung und ihrer Formen, hrsg. von A. Baines, 2. Aufl., München 1982, Prestel.

Musikinstrumente der Welt, eine Enzyklopädie mit über 4000 Illustrationen, Gütersloh 1979, Bertelsmann.

W. Pape, Instrumentenhandbuch Streich-, Zupf-, Blas- und Schlaginstrumente, Köln 1971, Gerig.

E. Valentin, Handbuch der Musikinstrumentenkunde, Regensburg [8]1986, Bosse.

Historische Instrumente

M. Praetorius, Syntagma Musicum II, De Organographia, Wolfenbüttel 1619, Faksimile-Nachdruck, Kassel 1958, Bärenreiter.

International Directory of Musical Instrument Collections, Buren 1977, Frits Knuf Publishers.

J. H. van der Meer, Musikinstrumente, München 1983, Prestel.

D. Munrow, Musikinstrumente des Mittelalters und der Renaissance, Celle 1980, Moeck.

W. Stauder, Alte Musikinstrumente, Braunschweig 1973, Klinkhardt & Biermann.

Akustik der Musikinstrumente

A. H. Benade, Fundamentals of Musical Acoustics, New York 1976, Oxford University Press.

J. Meyer, Akustik und musikalische Aufführungspraxis, Frankfurt [2]1981, Das Musikinstrument.

Qualitätsaspekte bei Musikinstrumenten, Celle 1988, Moeck.

J. G. Roederer, Physikalische und psychoakustische Grundlagen der Musik, Heidelberg 1977, Springer.

Akustik, hrsg. von W. Fasold, W. Kraak und W. Schirmer, Berlin 1984, VEB Technik.

SACHWORTVERZEICHNIS

210

Musik im Taschenbuch bei dtv/ Bärenreiter

Walter Abendroth:
Kurze Geschichte der Musik

dtv/Bärenreiter

Nikolaus Harnoncourt:
Der musikalische Dialog

Gedanken zu Monteverdi, Bach und Mozart

dtv/Bärenreiter

Walter Abendroth:
Kurze Geschichte
der Musik
dtv 10991 / BVK 927

The Beatles Songbook
Herausgegeben
von Alan Aldridge
dtv 745

Wolf Burbat:
Die Harmonie des
Jazz
dtv 4472 / BVK 855

Michael Dickreiter:
Musikintrumente
Moderne Instrumente
– Historische
Instrumente –
Klangakustik
dtv 3287 / BVK 3287

Epochen der Musik-
geschichte in
Einzeldarstellungen
edition MGG
dtv 4146 / BVK 4146

Peter Michael Hamel:
Durch Musik zum
Selbst
Musik neu erleben
und erfahren
dtv 1589 / BVK 1589

Handbuch der
Musikgeschichte
Herausgegeben
von Guido Adler
3 Bände
dtv 5952

Nikolaus Harnoncourt:
Musik als Klangrede
Wege zu einem neuen
Musikverständnis
Essays und Vorträge
dtv 10500 / BVK 764

Nikolaus Harnoncourt:
Der musikalische
Dialog
Gedanken zu
Monteverdi, Bach
und Mozart
dtv 10781 / BVK 814

Dieter Hildebrandt:
Pianoforte oder
Der Roman des
Klaviers im
19. Jahrhundert
dtv 10990 / BVK 928

Gerard Hoffnung:
Scherzando
Cartoons
dtv 1772

Rudolf Kloiber/
Wulf Konold:
Handbuch der Oper
2 Bände
dtv 3278/79
BVK 3278/79

Clemens Kühn:
Gehörbildung im
Selbststudium
dtv 10073 / BVK 760

Musik im Taschenbuch bei dtv/ Bärenreiter

Rüdiger Liedtke: Die Vertreibung der Stille
Wie uns das Leben unter der akustischen Glocke um unsere Sinne bringt

dtv/Bärenreiter

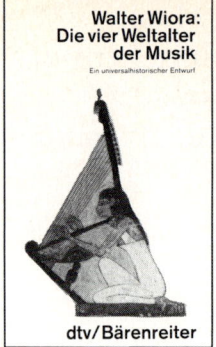

Walter Wiora: Die vier Weltalter der Musik
Ein universalhistorischer Entwurf

dtv/Bärenreiter

Clemens Kühn:
Formenlehre der Musik
dtv 4460 / BVK 4460

Rüdiger Liedtke:
Die Vertreibung der Stille
Wie uns das Leben unter der akustischen Glocke um unsere Sinne bringt
dtv 10849 / BVK 857

Diether de la Motte:
Harmonielehre
dtv 4183 / BVK 4183

Diether de la Motte:
Kontrapunkt
Ein Lese- und Arbeitsbuch
dtv 4371 / BVK 4371

Musikalische Gattungen in Einzeldarstellungen edition MGG
Band 2: Die Messe
dtv 4420 / BVK 4420

Musikinstrumente in Einzeldarstellungen edition MGG

Band 1:
Streichinstrumente
dtv 4377 / BVK 4377

Band 2:
Blasinstrumente
dtv 4388 / BVK 4388

Charles Rosen:
Der klassische Stil
Haydn · Mozart · Beethoven
dtv 4413 / BVK 4413

Dane Rudhyar:
Die Magie der Töne
Musik als Spiegel des Bewußtseins
dtv 10860 / BVK 1086

Peter Rummenhöller:
Die musikalische Vorklassik
dtv 4410 / BVK 4410

Peter Rummenhöller:
Romantik in der Musik
dtv 4493 / BVK 4493

Texte deutscher Lieder
Herausgegeben von Dietrich Fischer-Dieskau
dtv 3091

Walter Wiora:
Die vier Weltalter der Musik
Ein universalhistorischer Entwurf
dtv 4473 / BVK 4473

Über Musik und Musiker im dtv

Yehudi Menuhin: Unvollendete Reise Lebenserinnerungen

dtv/Bärenreiter
Biographie

Dietrich Fischer-Dieskau: Robert Schumann Wort und Musik
Das Vokalwerk

dtv/Bärenreiter

Walter Blankenburg:
Einführung in Bachs
h-moll-Messe BWV 232
dtv 4394 / BVK 4394

Das Weihnachts-
Oratorium von Johann
Sebastian Bach
dtv 4406 / BVK 4406

Alfred Dürr:
Die Kantaten von
Johann Sebastian Bach
dtv 4431 / BVK 4431

Die Johannes-Passion
von Johann Sebastian
Bach
Entstehung, Überliefe-
rung, Werkeinführung
dtv 4476 / BVK 4476

Burton Bernstein:
Die Bernsteins
dtv 11097 / BVK 946

Moshe Menuhin:
Die Menuhins
dtv 10834 / BVK 858

Yehudi Menuhin:
Unvollendete Reise
Lebenserinnerungen
dtv 1486 / BVK 1486

Gerald Moore:
Bin ich zu laut?
Erinnerungen
dtv 1217 / BVK 1217

Grogor Piatigorsky:
Mein Chello und ich
und unsere
Begegnungen
dtv 1080

Dietrich
Fischer-Dieskau:
Robert Schumann
Das Vokalwerk
Mit Abbildungen und
Notenbeispielen
dtv 10423 / BVK 755

Richard Wagner:
Die Musikdramen
dtv 2085

Ein deutscher Musiker
in Paris
Novellen und Aufsätze
von 1840/41
dtv 2215 (Aug. 1989)

dtv junior

Karla Höcker:
Franz Schubert in
seiner Welt
dtv 79019

Das Leben des
Wolfgang Amadé
Mozart
dtv 79011

Clara Schumann
dtv 79015

Johannes Brahms
Begegnung mit dem
Menschen
dtv 79006

Carl Maria von Weber
Schöpfer der
Romantischen Oper
Mit zahlreichen
Abbildungen
dtv 79027

Alles, was man über Musik wissen kann: MGG – die größte Enzyklopädie der Musik in 17 Dünndruck-Bänden

Die Musik in Geschichte und Gegenwart
Allgemeine Enzyklopädie der Musik

Herausgegeben von
Friedrich Blume

dtv / BVK 5913

17 Dünndruck-Bände (Format 16,8 x 24 cm) mit insgesamt 18 168 Seiten (rund 32 000 Spalten), 12 288 Schlagwörter, 1396 Tafeln, 5866 Abbildungen im Text, 1870 Notenbeispiele, 106 Notentafeln und 281 Tabellen im Text, Register mit 300 000 Stichwörtern. Diese Enzyklopädie vereinigt den Inhalt einer großen Musik- geschichte der Welt mit den Biographien aller bedeutenden Musiker von der Antike bis zur Gegenwart.

Subskriptionspreis bis 31.1.1990 DM 780,–
Nach Ablauf der Subskriptionsfrist DM 980,–
Erscheinungstermin Oktober 1989